新ノシロ語

国際普遍言語は可能だ

水田扇太郎 ＝ 著

1

序 文

人類は多年にわたる努力によって、独裁や恐怖の無い自由民主主義制度を作り上げ、諸民族と両性の平等、向上心と個性の尊重、科学技術の発展等に大きな成果を収めて来ました。他方で、解決できぬまま今に持ち越している難題もあります。その一つが、言語世界の公平化と、その公平を実現するために必要な高度に合理化された国際言語の創作であることに議論の余地はありません。

世界には約7千の言語があるとされます（昔は3千余と言われていた）。その中1228言語を調べた M. Dryer 氏に依ると、8割以上の言語が SOV 型（日本語、ヒンディー語等）、SVO 型（英語、ロマンス語等）、又は、VSO 型（アラビア語、ヘブライ語等）の文型に属します。又、130言語を調べた T. Tsunoda 氏に依れば、約9割弱がこれ等の文型に属します（S は主語、O は目的語、V は動詞で、いずれも S が O に先行する）。そこで私は、これ等の3文型を最重要な文型とし、対話の当事者が同じ語順の言語（例えば SOV 同士）で対話する場合は勿論、異なる語順（SOV 対 SVO）で話し書きしても、容易に理解し合えるような超合理的な普遍言語（世界共通語）を創れないものか、1980年代の中頃から考え始めました。

一人言語学を学ぶうちに、これまでの言語学の成果を活用すれば、多くの民族に公平で高度に合理化された普遍言語を創ることは可能と確信するに至りました。試行錯誤の末に幾つかの試案を整え、1996年頃には一つに絞り込み、それに「ノシロ語」という名を付けて手作り出版しました。ノシロ語の ノ は独語の NEU（ノイ、新しい）、 シ は中国語の世界（シージェ、世界）、 ロ はギリシャ語の ΛΟΓΟΣ（ロゴス、言語）の語頭の音を取って並べたものです（尚、ノシロ語の愛称は SAAn サーン、太陽）。そして翌1997年には、泰流社から「日本で生まれた共生時代の国際簡易言語ノシロ」を出版しました。

しかし、本をご購入下さった方々には真に申し訳ないのですが、文法の細部が未完で語彙も甚だ脆弱であった上に、脱字等の編集・印刷上のミスまで残り、出版前にそれ等に気付くことができませんでした。今読み返すと、懐かしさと共に、読者に対する申し訳無さで胸が痛みます。

出版後もノシロ文法の改良・強化と新単語の追加は続き、その全てをノシロ語 Web サイト（http://www2s.biglobe.ne.jp/~noxilo）に反映させて来ました。改良・強化のためのアップロードは、新単語の追加登録を含めて恐らく千回を超えていると思います。特にノシロの語彙体系は出版時のものとは全く別物となり、単語数も今では２万語を超え、その全てを Web サイトで見たり、そこからダウンロードしたりできます。

しかし、如何に最新のノシロ語が Web サイトで説明されていても、「パソコンより本の方が見易く書き込みも容易な上、携帯に便利で寝ながらでも読める、更に、長期保存も可能なので本を出して欲しい」という支持者の声を何度となく耳にして来ました。私自身も同じ思いで、特に Web サイトだけでは長期保存に不安があることや、パソコンを持たない方々の便宜も考え、機会があれば新版を出そうという気持ちで少しずつ準備して来ました。

それを実現したのが本書です。申すまでも無くこの『新ノシロ語』は初代ノシロ語（泰流社判 1997）以来の大原則である、

① 諸民族に公平な国際言語であること、即ち、SOV、SVO、VSO の全てが対等な標準語順（文型）で、どの語順で話し書きしても容易に理解し合えること、

② 文法が明解で覚え易い、即ち、例外、無駄、複雑な規則が無いこと。動詞や形容詞の活用が無く、冠詞、名詞の単複、性、格変化、助数詞も無いこと、

③ 現行のローマ字を自由に使え、発音はシンプルで美しく、５〜１０分程度で修得可能なこと（母音はアイウエオの５音で、th の如き難しい発音は無し）、

④ 基本語(人称代名詞等)以外の一般単語は、意味ヒントを与える部首を持ち、単語の創作も簡単にできること、混乱を避けるために一語一意であること、

⑤ 基本語の使用は必須だが、日本語や英語等の自然言語の単語（book、love、sing、本、愛、唄う、等々）をそのまま幾つでもノシロ文に入れられること、

を完全に引き継いでいます。

創作を書籍にして世に問う場合は、自分の Web サイトを使って公開する場合と異なり、何頁になろうと気にしないという訳にいきません。そのため本書では

ノシロ語の例文数は Web サイトの場合より少なくなっていますが、代わりに前著や Web では殆ど述べなかった「私の言語観」や「普遍言語の条件」についてほんの少しですが論じることにしました（主に、第１、２章で）。その一部は 慶応ＳＦＣレビュー５号（1992 年）でも述べています。

即ち、第１章ではアプリオリに、我々が住む今宇宙の意義は何か、その特徴はどういうものか、生命とは何か、意識とは何か、言語とは何か、何故多くの言語に三つの人称から成る人称代名詞があるのか、何故、動詞や時制があるのか、時とは何か ・・・ といった問題を論じています。

勿論、ノシロ語は我々が日常生活で使えることを目指した実用言語ですから、自然言語から遊離したものにならないよう、第２章ではアポステリオリなアプローチを心掛けました。近代諸言語の祖語と言っても良いパーニニによるサンスクリット語、ラテン語、その後継言語であるロマンス語、英語、ヒンディー語、中国語、そして日本語等の重要言語を慎重に比較検討し、これ等の言語の長所を見逃さないよう心掛けました。

つまり、ノシロ語は宇宙論からの演繹と、これまで人類が使用して来た自然言語との比較検討の両方から練り上げたものです。語学学習は一般に文法の理解に加えて規則や単語の暗記という味気ない作業の積み重ねに成りがちなので、何故言語が今のような形をしているのか考えたり、高度に合理化、簡素化された普遍言語はどういう形になるのか想像する楽しさを、ほんの少しですが味わって頂けるようにしました。一緒に教室や喫茶店等で歓談するような気持ちでお読み頂ければと思います。

私は、結局のところ多くの民族に公平で実用可能な普遍言語の骨格は、ノシロ語のようなものに成らざるを得ないと思います。ノシロ語では文法規則の細部についても最早これ以上は無理と言える程に改良強化され、かつ簡素化されています。他方、単語の作り方については元々自由度が高いので、ノシロ語の語彙体系しか無いとは言えませんが、それでもノシロ語に於いては機能語以外の単語は体系化された部首（意味ヒントを与える）を持ち、それでいて英単語より短いものが多いので、コストパフォーマンス（暗記や入出力が楽）に優れたものとなっています。

言語とは分野が異なりますが、メートル法については皆様もよくご存知のことと思います。合理的に創られたメートル法が全世界で採用されたことで物理化

4

学の単位や度量衡がどの国にも公平かつ合理的なものとなったのです。それに似たことが言語世界でも言えるのではないでしょうか。ノシロ語が世界に広まって行けば、メートル法の普及と同じような、否それ以上の利益が世界中で生まれると思います。そして、これは本書を読み進めると分かることですが、日本語の一部をノシロ語のように改変（易しく）すると、いきなり英語のような言語に、否それ以上の理想英語に近い言語になってしまうのです（語順だけ正反対）。即ち、一部を改変した日本語は、英語以上に世界のリンガフランカになってしまう可能性が生まれるということです（但し、文芸作品は別扱い）。どういうことか？　本書の半分位、できれば最後までお読み頂けると、自然にご納得頂けると思います。このくらいにしておきましょう。

序文を閉じるにあたり一言。ノシロ語を批判する方々から「ノシロ語は著者（水田）の好みや思い付きを集めただけで、公平でも合理的でも普遍でもない」という声を偶に聞きます。私としては、それならそうした方々が考える「諸民族に公平な言語」、「合理的な言語」、或いは「普遍的な言語」はどんな姿をしているのか、どのようにしてそれを創ったのか、是非とも考案者の実名と共に公開して頂きたいです。互いに切磋琢磨して普遍言語作りを楽しみましょう。私はノシロ語ファンの方々からの励ましやご意見だけでなく、そうした批判者や反対者からの建設的なご意見も期待しています。■

私がほぼ半生をかけて普遍言語を求める活動を続けられたのは、偏に心優しい御両親の御蔭です。父、水田清太郎と、母、水田久子（旧姓野田）の墓前に本書を捧げます。

目 次

###################### 重　要　######################

本書では紙面節約のために英字や数字を幅の狭い半角で表示している場合があります。特に２類の例文の文字や数字は半角表示されたものが非常に多くなっています。表の中の文字も、全てが表内にきちんと収まるように文字サイズを小さくした場合が多いです。見難いかも知れませんがお許し願います。

但し、全角でも半角でも重要度に差はありません。又、注意して頂きたい点については、本文中では【注】… とすることが多く、例文に対する解説中では（注）… が多い。表の中でも（注）… が多い。【注】は、（注）よりも広い範囲を視野に入れていることが多いですが、重要度に差はありません。

本書の第１、２章で述べた考楽は Web ページ にはありません。本書の例文の数は、ノシロ語の Web ページ http://www2s.biglobe.ne.jp/~noxilo よりも幾分少なくなっています。又、本書には簡易辞書（2023 年夏の総数約 20600 語）は無いので、Web サイトの日本語版 Web ページの　１４号 をご利用願います。ノシロ語の Web サイト は将来停止するかも知れませんので、是非とも、早めに全頁をダウンロードして下さるようお願い致します。

##

第1章　普遍言語の条件、アプリオリに考える

１－１　宇宙の開始

なぜ今のような宇宙（我々が住む宇宙で、今後は「今宇宙」と呼ぶことが多い）が誕生したのか？　今宇宙が生まれた意義や目的は何か？　これ等は古代より人類にとって超難問です。仏教では、今宇宙はあらゆるものの進化、取り分け人間の能力や知徳を向上させるための場であり、更には今宇宙を創り出した創造主自身（そう望む人はそれを神と言っても良いでしょう）も、より高次の創造主になることを目指して修練を続ける場であると説明されることがあると思います。

私はそうした解釈に惹かれますが、それでも完全には説明されないものが残るように感じます。これはやはり人知の及ばぬ謎としておく以外にないのではないでしょうか。実は、私は根拠も無く以下のように想像して楽しんでいます（この楽しみを音楽に倣って考楽と言うことにします）。

遥か遠い昔、世界は点にせよ、無限に広がる空間にせよ、或いは他の何かにせよ、唯それしかない一切一様の世界であり、従って意識（生死や自他や諸々の変化を識別する能力）など生まれようがない状態であった。

一切一様と言う場合、何かが絶対的に存在しながら、唯それしか無いが故に、皮肉にも有と気付けない無の世界（有の無）と、本当に何もない空っぽの世界（無の無）の二通りが考えられます。

私は、今宇宙を生み出した母体は前者（有の無）であったと想像します。何故なら、138億年前（天文学者のコンセンサスを拝借）に、その母体から我々も住む今宇宙つまり時や意識や空間や物質が存在する有の世界が生み出されたからです。ではその母体、何からできていたのでしょう？　それは解りません。

それが解らなくては落ち着けないという方は、例えば、光子だけからなる世界を考えては如何でしょう。唯ひたすらに光子だけで、それ以外は全く無い、時も空間も内も外も無い、光子と光子の間の隙間も無い、私も読者も存在しない、唯ひたすらに光子しかない一切一様の世界です。つまり光子完勝の世界ですが、それ故に光子が自分は光子だと認識したり、周囲が光子だらけと考えたりすることも不可能な、永遠に特定できないものから成る無限のエネルギー世界です。唯一つのものから成る「完全支配」というのは、即「完全消滅」つまり無の世界（有の無ですが）になってしまうのです。光子完勝でありながら、皮肉にもそれが光子の世界であることを証明できないのです。

さて、138億年前に何かの契機でその無限のエネルギー世界（一切一様の静寂世界）は、そのエネルギーのほんの一部を、後に我々がそこに生まれ育つことになる「静寂ではない今宇宙」へと変えたのです。何故なら、無限のエネルギー世界はいつまでも一切一様では退屈過ぎて、少なくともその一部を別の世界に変えてみたくなった、即ち自身の存在証明をしてみたくなったのです。

或いは、こんな風に考えても良いかも知れません。138億年より更に前（例えば500億年前）にも無限のエネルギーだけから成る一切一様の静寂世界は存在していて、その静寂世界はその一部を非静寂の世界に変えてみたが、不合理で辛い事しか起きない世界にしか成らなかったので、元の無限のエネルギー世界（静寂世界）に一旦戻した。しかし、戻した静寂世界はやはり超退屈の世界でしかなく、138億年前に幾つかのパラメータを変えた上で非静寂の世界、つまり我々が住む今宇宙（非静寂の世界）を創り直した。創り直された今宇宙は不合理な事や辛い事だけではなく、工夫と努力次第で合理的な事も楽しい事も作り出せそうなので、そのまま続けて様子を見ることにして今に至っている。

一切一様の静寂の世界がどうして「退屈」を感じたり、自身の存在証明をしたいと考えるようになったのか、私に問われても答えられません。無限のエネルギー世界（一切一様の静寂の世界）を作った大創造主がいて、その大創造主の気持ちが人間には理解不可能な理由によって変わり、無限のエネルギー世界の一部を、違いを作り出すことで実存を担保する非静寂の世界に変えた、としておく他ないでしょう。こうした疑問に拘るとメタ哲学の世界に入り込んでしまい、時間を取られる割に得るものが少ないので、このくらいにしておきます。

以上、今宇宙の開始について私の考察を述べさせて頂きました。ここで、そのエッセンス（核心）を以下に再確認し、併せて 次節 1-2 時とは何か ・・・へのイントロダクション（導入）を述べて本節を終えましょう。

138 億年前に誕生した今宇宙は、変化によって実存を担保する世界であるということです。証明はできなくても私の強固な確信の一つであり、今後もこの確信を公理のようなものとして議論を進めて行きます。その今宇宙は、「時」、「意識」、「空間」、「物質」から成ると考えます（私には他の構成を考えられません）。先ず、変化とは切っても切り離せない「時」から論じましょう。

1-2 時

1-2-1 時とは何か

時とは今宇宙内の全て（空間とそこに浮かぶ物質で、我々も含まれる）に対して変化し続けることを命じる、或いは変化を促すエネルギーです。このエネルギーは、今宇宙の全てに対して手付かずの変化機会（以後は単に機会と言う）を同じ拍子（テンポ）で休みなく提供し続けているのです。つまり、今宇宙の構成員は分子も人も海も大陸も銀河も刻々変わるように求められ、電子や光子等は他のものの変化を助けるように求められています。光子は光速で伝わることで経年変化をしなくても済む、つまり永久に生きられる（今宇宙が終わっても光子は恐らくそのまま、少なくとも別の形で生き続ける）のですが、それでも今宇宙に住まう限りは同じ位置に留まることは許されず、ひたすら決められた光速度で宇宙空間や原子内の隙間を駆け巡らなければなりません。光は光速で動くのを止めた途端に存在意義を失い死んでしまうのです（本来の動的な波動から感光フィルムや受光素子上の静的な姿へと変わる）。

繰り返しますが、時エネルギーは今宇宙全体に公平に働いて（降り注いで）います。公平というのは、今宇宙の構成員の全てに対して、同じ強さの機会が同じ拍子（テンポ）で降り注がれる（提供される）という意味です。例えば、宇宙空間に大きな正三角形 ABC を考え、その頂点に住む三者 a、b、c が正三角形の中点 P で出会った後、各自が正確な時計を沢山持って（時計の故障に備

えるため）、一年後に同じ P 点で出会う約束をし、同じ速度で進む宇宙船に乗って A、B、C に戻ったとします。

ここで、A、B、C 近くに大きな重力場（一般相対論的効果）は無く、a、b、c の誰かが高速であちこち宇宙旅行（特殊相対論的効果）を楽しんだりしなければ、三者は一年後に P 点で出会えそうな気がします。然し、私はこの二つの条件（いずれの相対論的効果も無いということ）が揃うだけでは、三者が中点 P で同時刻に会える保証は無いと思います。

【注】高速移動と重力の他に、低温も時を遅らせるような気がしますが ...。

三者が中点でぴったり同時に会えるためのもう一つの条件は、時エネルギーがこの A、B、C や a、b、c を含む系全体に全く同じ拍子（テンポ）で降り注いでいるということです。同じ拍子でというのは、パソコンに例えると、同じ周波数でコマンドや計算の全てを管理するクロックパルスのようなものです。時エネルギーというのは、a、b、c（読者や今宇宙のあらゆる構成員の代表）が何か新しいことができるように一定のテンポでまっさらの時空（機会時空）を提供し続ける特殊なエネルギーです。時エネルギーは、今宇宙が誕生してから創られたとされる電磁エネルギー等とは異なり、初めから有るものです。

いささか後ろめたい（自分では証明できないので）説明になりますが、t が同じ拍子（テンポ）で降り注いでいることは、アインシュタインを含む殆ど全ての科学者がそうした断りを一切せずに、dx/dt や d^2x/dt^2 と書いているのを見ても分かります。t が相対論的効果以外の理由で伸びたり縮んだりしてしまっては、今の科学で認められている多くの方程式の根拠が崩れてしまう筈です。

科学の法則だけではなく、我々の生活だって、時間が伸びたり縮んだり光速が変化したりしたら、総崩れになってしまうでしょう。例えば、極端の極端になりますが、時が今宇宙の全てに対して等しく進まなかったら、会話をしている同い年の相手が自分よりどんどん年をとったり、逆に若くなったりしてしまいます。光速がコロコロ変わってしまったら、顔の一番前に来る筈の鼻より耳の方が前に見えたりしてしまうのです。今宇宙がそんな仕組みになっていたら、人は知性や秩序を形成できず、否、それどころか大抵の分子も物質も人も他の

生物（秩序を持つもの全て）も存在していないでしょう。そして、この「時」は多くの言語に時制を具えさせる元となるものです。

【注】私達が日常使う「時間」や「時刻」というのは、我々が生活の便利（共同作業の実現や物事の変化の大きさや物体の移動速度や加速度を正確に測るのに役立つ）のために、一定の歩調で変化していそうなもの（公転やセシウム133 や ストロンチウム 87）を利用して、変化の大きさを測る際の定規に過ぎません。それは時の正体の一面（歩調）を利用しているだけです。繰り返しますが、私達が腕時計を見ながら語る時間や時刻は時を刻むだけで、変化を促すエネルギーまでは注いでくれないのです。実存を証明する機会を与えてくれる（変わりなさいと促す）のは今宇宙の「時」だけです。腕時計は歩調を合わせる道具に過ぎず、変化のための機会（機会時空）は提供してくれません。

「時」は我々の生活にどう作用しているのか考えてみましょう。我々が住まう今宇宙では、変化しようとしないものは今宇宙（或いはその創造者）に嫌われて消されてしまう。自ら変化を引き起こせないものは、変化を担う主役を支援する役を引き受けても良いのですが、それでも変化に背を向けるものは嫌われたり消されたりしてしまう。これは絶対的な原理で、充分大きな変化（偉業）を成した人でさえ、それを言い訳にして休み続けるとたちまち嫌われてしまうのです。私達は無頼漢や暴力団や独裁政治は早く消えて欲しいと思いますが、仏陀やキリストやアインシュタインやボーアのような人達にはもっと長生きして我々にその知恵を授け続けて欲しかったと思うのではないでしょうか。然し今宇宙はこうした超能力者にさえ特別な長寿を与えようとはしないのです。

何故か？　この願いや疑問は例えば仏陀の高弟達も抱いて、何故釈尊のような方が歳をとり入滅せねばならないかと尋ねています。法華経等は、仏陀が「私が生き続ければ、そなた達は何時も私に頼るようになり、自ら仏陀（覚者）になろうとする努力をしなくなるから私は消える」、「もう絶望しかないという程の苦境に陥れば再び地上に現れて衆生を導くから、それまでは各自が仏陀になるために全力で考え修行し人々を導け」と述べて弟子達を励ます様子を伝えています。

今宇宙は、その全ての構成員（勿論我々も）に対して、これでもう絶対に安心、これでもう完璧というものは示さず、「各自が自らその道を探求し続けるように」と諭しているかのようです。今宇宙（或いはその創造者）は、今宇宙の特性の一つである相対性に気付いたアインシュタインのような人が現れたからといって、その能力や功績を大したものとは認めず、特別な寿命など与えようとしません。それは今宇宙、或いはその創造者にとっては、自分が作り出した宇宙であり、相対性など先刻承知の当たり前のことだからかも知れません。ところで、先進民主主義国では、選挙権は偉い人にも、私達のような普通の人にも一人一票となっています。議会制民主主義の基礎を構想した思想家たちの心には、今宇宙の原理と似たものが息づいていたのではないでしょうか。

【注】死（寿命）が無くなると、即ち、コスト無しに無制限に時が与えられるようになると（時の有難味が薄くなって）怠け者になりそうなことは誰でも想像できます。又、遺伝子に自身の基本情報を刻んで遺すのは、新たにスタートする生命がゼロから体や意識を作り上げなくても済むようにするためです。但し、それだけでは生前の個体を繰り返すだけ（若年から再スタートできるメリットはあるものの）になってしまい、大きな変化や進化を生み出す新しい力は獲得し難い筈です。そこで、生物とりわけ高等生物と言われるものは、自身の遺伝子に組み込んだ能力とは別の能力を持つ遺伝子と有性生殖を行い、自身だけでそうした別能力を獲得しようとすれば何万年もかかってしまうところを、一瞬にして手に入れられるようにしたのです。私達は学校でリカルドの分業・交換の利益を習いますが、自然は遥か遠い昔からそれを絶妙に実行して来た訳です。死を設けて、怠け者になったり同じものが続いてしまうことを防ぎながら若返りもし、更には自身に欠けている他者の優れた能力をもタダで獲得（共有）してしまう。自然の知恵と技の冴えに感動します。繰り返しますが、死があるからこそ人類（他の生物にも当てはまる）は滅びずに今まで生き伸びて来られたのです。死は生命が簡単に滅んでしまわないようにするための、なくてはならないタクティクス（戦術）なのです。

今宇宙では、違いを創り出さなければ、即ち、以前の自分と違い、他とも違い続けなければ、同一性の墓場（一切一様の世界）に吸い込まれて消えて行きます。この運命は人や草木禽獣だけでなく今宇宙自身にも課されているから、今宇宙もいずれ変化を生み出す力を失った時には清算（解体）されて一切一様の世界に戻り、やがて又、その（一切一様の世界の）一部が別の宇宙に変身して姿を現すのです。つまり、変化できなくなったものは疎まれバラバラにされて

15

いく（元の電子や陽子等に戻る）。物質は時には空間を構成し、時には原子や分子や物体になる（両者は何度も役割交代する）。もはや違いを作り出す力が宇宙の何処にも無くなったときこそ、今の宇宙が終わるときでしょう。遠くに置かれていた反物質が引き戻され、我々の宇宙は対消滅して次なる宇宙へと生まれ変わる。生まれ変わって出現する宇宙は、我々が住む世界と余り変わらない非静寂の宇宙かも知れないし、全く異なる世界なのかも知れません。

変われ！　違え！　同じものに成るな！　同じものを集めるな！　進化せよ！という宇宙からの要請、或いは今宇宙の創造主からの要請は、自然科学ではエントロピーの増大（時が進むにつれ状態の複雑さは不可逆的に増す）として観察され、社会科学では限界効用逓減（同じものを獲得し続けると有難味が薄れて行く）として観察されます。いずれの法則も今宇宙の構成員が、今宇宙の要請に応えようとする営みや姿を捉えたものです。人類が発見し築き上げて来た他の知性も多くは今宇宙の要請に応えようとする構成員の意志や行動を観察したものです。偶に、「継続は力なり」というキャッチコピーを耳にしますが、創造のための継続が重要なのであり、継続のための継続（公式の暗記のような）ではありません。さーて、「時」の原理論はこれくらいにして次に進みましょう。それは時の内訳です。

1-2-2　現在、過去、未来

「現在」とは我々が違いを創り出すことができる唯一の瞬間であり、情報が海馬の中に留まっている僅かな時間と空間のセットです。脳科学者に依れば海馬の記憶（感覚記憶や短期記憶）容量は小さく、そこに情報を留められなくなるや、主に前頭前野に移されるそうです。前頭前野に移された情報が普通に言う記憶（長期記憶）です。その情報は何時でも海馬に戻すことができます。

「過去」のもの（空間も）は一切存在せず、有るのは前頭前野の中にある記憶（情報）だけです。本当に有る、触ることができるのは現在のものだけです。過去のものは全てもう無いので触ることはできません。

身近な例で考えてみましょう。例えば、読者が夜、仕事の帰りに近所の神社にお参りしてから帰宅したとします。帰宅してから神社の賽銭箱の脇に財布を置き忘れたことに気付きましたが、その夜は神社に戻らず、翌朝すぐに神社に行

って忘れた財布を確保できたとします。人は、「昨夜の神社に戻れた、昨夜そこからお賽銭を取り出した昨夜の財布だ」と思いがちですが、読者は決して昨夜に戻った（所謂タイムスリップ）のではありません。財布はもう昨夜の財布ではなく今の財布です。場所にしても賽銭箱の隣なのですが、今宇宙の中ではどちら（賽銭箱、財布）も昨夜の位置とは別の位置に移ってしまっている。全てが同じテンポで経年変化していて昨日の財布はもう存在しません。あくまで経年変化（と言っても昨夜から今朝までの僅かな期間ですが）した後の今の財布を見ているのです。

神社にしても同じことです。神社は千年前に建てられたとしても、その時の神社はもう完全に無くなっていて、現在の神社しかありません。木材は経年劣化しても屋根の銅板は木より強そうなので劣化しないと思うかも知れませんが、銅でもステンレスでも時を経て劣化します。千年前の神社も昨夜の神社も財布ももう有りません。有るのは今この瞬間の神社と財布と自分だけです。千光年離れた星に住む人なら千年前の地球上の鮮やかな朱色の神社を強力な望遠鏡で見られるでしょうが、地上の読者がそれを見るのは不可能です。又、5百光年離れたところに鏡を置いておけば、我々の子孫は千年前の朱色の神社を反射光で見ることができそうですが、あくまで子孫であり今の読者は見られません。今宇宙ではこの経年は既に述べた通り他の星でも同じ早さで進むのです。

人が自分や周囲に働きかけることができるのはこの現在だけ、つまり情報が海馬にある間だけ（一秒もない）で次々と失われて記憶というかたちで前頭前野に残るだけです。過去の物は一切無く、前頭前野等に記憶として残るのです。

実際、もし過去の神社や財布や自分自身がそのまま今も残るとしたら、この世は過去から今に至る無数の神社や財布や自分自身で溢れてしまうでしょう。今宇宙の作りも人間の意識も、重なり過ぎやそれによる衝突等が起こらないように実に巧妙に形成されています。今宇宙の、或いは今宇宙の創造主（神？）の深甚な知恵と腕の冴えを見せつけられて感嘆の溜息が出てしまいます。

「未来」は未だやって来ない世界ですから、これに直接働きかけることはできませんが（但し、経験から予想を立てて将来の備えをすることはできる）、現在という短い時間のすぐ隣にくっ付いているので、情報は直ぐに認識されて海馬に飛び込んできます。こうなると人であれ物であれ直接働きかけられるのです（触れたり逆に避けたり）。働きかけが済むとたちまち現在は終わって、過去

の世界へと移ります。つまり海馬上にあった情報が、たちまち前頭前野に移り、空きができた海馬は次に入って来る情報を待つのです。

念のために述べますが、現在を可知の世界、未来を不可知の世界と断じてしまうのは危険です。分からないのは未来だけではありません。現在にあっても全てが可知なのではありません。仏陀を尊崇したナーガールージュナ（竜樹、150-250）は、「一切を見通す千里眼を持つ者でも自身の眼を見ることはできない」（中論偈頌）と述べて、人知の原理的な限界を、即ち、瞬間に全てを見ることは不可能なことを示しました。これは今宇宙の作られ方や、意識の働き方から当然に導かれるもので、早見の訓練をしたり計測機器が更に進歩しても、この原理は不動です。数理論理学のスターの一人とされるゲーデル（1906-1978）の第二不完全性定理の核心が、大凡 1800 年も前に仏法僧によって日常言語で語られていた（ゲーデル数など用いずに）のは感慨深いことです。

【注】自分が自分の眼（どうしても無くすことができない不可知の領域）を見られるようにするにはどうすればよいか。自分だけ一個体としてのヒトから今宇宙の空間（原子の間も埋め尽くしている空間）に溶け込んでしまう手が考えられます。そこでは見る自分と見られる自分が一体であり、時間をずらして見る必要もないのです。つまり、眼球は空間全体に溶け込んでいて、見ることができない特定の領域は存在しません。そんな世界（自分だけ宇宙空間に溶け込んでいる世界）でも、空間は空間自身を一人称とし、そこに浮かぶ原子や物質を非一人称（普通は三人称と呼ぶ）とし、その非一人称の中から何かに焦点を当てれば、それが二人称（この段階では候補ですが対話すれば正式に二人称）になるという理屈は変わらないでしょう。但し、その宇宙空間を構成する各生命（空間自身とそこに浮かぶ原子や物質）が刻々どう変わって行くのか、つまり未来の変化までは依然として見通すことはできません。要するに、そんな世界（自分だけ宇宙空間に妙合する）に行ったとしても、人称や時制は我々が持つ言語のそれと基本は同じ、即ちそんな世界でさえ人称も時制も普遍的に存在すると思います。では、自分だけでなく宇宙の全てが形を失って宇宙空間に溶け込んでしまったら（排中律さえ考えられない世界）、人称や時制はどうなるのか。その場合は最早、人称も時制も無くなる、つまり我々が普通に使用している言語は使い物にならなくなるでしょう。

【注】もう一言。ナーガールージュナの言う通り、人は自分の目を見ることはできませんが、自分の意識を意識することはできます。今、active になってい

る意識（小意識）をすっかり取り囲むように意識（大意識）すれば良いのです。但し、この場合でも、取り囲む意識（大意識）の一部が今 active な意識として使われてしまうのだから、取り囲む意識は一部が欠落した状態になっていて、完璧な観察はできないのです。従い、私は、ナーガルジュナの指摘は意識だけの世界や瞑想の世界でも成り立つと思います。

未来の不明（分からなさ）は、今宇宙が変化によって実存を担保する宇宙であることから当然に生まれるのです。実存を担保できる変化は、前もって分からないからこそ変化なのです。未来が無い（変化が無い）と今宇宙はたちまち死んでしまう（但し、ナーガルージュナの指摘は、これからやって来る未来の分からなさとは別で、現在でも絶対に分からないことが常に有ることを示す）。

従い、今宇宙に於ける普遍言語は、現在、過去、未来を峻別し記述する方法を必ず具えていなければならない。ノシロ語の時制も当然に、現在、過去、未来が有り、それを示す文法が有ります。簡単にご紹介すると（詳細は後章で）、ノシロ語の現在時制は動詞の語尾に何も付けず、過去時制は動詞語尾に −T を付け、未来時制では −R を付けます。どの場合も動詞本体は変化しません。

【注】時制を動詞語尾の変化ではなく、副詞によって表す言語も多いですが、ノシロ語はその方法を採用しませんでした（2章で再述します）。

1−3　意識

意識はどうして生まれるかという議論をよく耳にします。今では脳神経学者が議論をリードしているようです。分からぬまま耳を傾けていると、「視覚系、海馬、大脳皮質が作られ・・・」といった言葉が聞こえてきます。私は、それはそれで良いと思いますが、先述した考楽で以下のように考えます。意識、少なくとも意識の種や芽は、無限のエネルギーから成る一切一様の世界が、自身の一部を割いて今宇宙を創り出した瞬間に、他の要素と共に創られた、或いはそれ以前に準備されていたものではないか、と。

何故なら、今宇宙が宇宙空間に浮く物質が互いに作用しあって形や違いを創り出していくという方法をとる以上、違いを認識するための「意識」は初めから必須のものだからです。意識とは、自分を認識し、自他を区別し、自分の位置を理解し、状況の変化を刻々識別する能力ですから、この能力が無くては今宇宙を誕生させ更に継続させる意味も無くなります。即ち、意識無しでは今宇宙は単なる巨大なエネルギーの浪費でしかなくなってしまうのです（宇宙空間と物質をドサッとぶち撒けるだけ）。

【注】私は巨大な今宇宙は唯人類を誕生させるためにだけ作られたのではないと考えます。今宇宙が人類のためにだけ創られたとしたら、今宇宙は不必要に大き過ぎます。今宇宙から生み出された人類が、無駄を省き SDG 等を進めようと頑張っているのに、母体である今宇宙（或いは今宇宙の創造者）が壮大な無駄や浪費をするとは考えられません。又、遠い星や銀河では別のパラメータを持つ別の世界（元素の種類等は大凡同じとしても）が創られ、地球に住む我々の営みとは異なる（少なくとも部分的には）営みが行われているのでしょうが、そこでも変化によって実存を担保するという原理は生きていると思います。人類が行って来た探求や探検は、新しいものを知りたい、変化したいという原初的な願いから自然に生じるもので、例えばその成果として、人類は、陸、海、空路を開拓して地上のどんな遠隔地へも月へも（間もなく火星にまで）自由に行くことができるようになったのです。何時の日か、太陽系以外の星や、今宇宙内の別の銀河や、更には今宇宙とは別の宇宙にまで、特別な方法で特別な行路を通って移動できるようになるでしょう。取り分け意義深いのは、今宇宙とは別の宇宙へ行くことではないか。人類はその時あらためて宇宙の大きさに意味があることを知らされるのでしょう（楽しみですネ）。

【注】私は今宇宙に於いて意識は人だけでなく全ての生命と物質に宿ると考えます。電子のようなものも生命と言って良いと思います。例えばある電子が隣を移動する別の電子の次の瞬間の移動先（或いは波動の変化）を 100％の精度で予測できなければ相手の電子も生命なのです。相手から見た自分も勿論生命です。当然に電子にも陽子にも意識の芽はある筈です。電子には細胞膜も遺伝子もありませんが、それでも生命、少なくとも生命芽であり、いずれは他のものと結び付いて周囲と識別できる大きな形となり、遂には文化・文明が形成されて行くのです。

繰り返しますが、意識とは自他を識別し変化や違いを認識する能力で、言語はその意識が頻繁に働く部分を音声化したり規則化したものです。ここで、人の意識の成長を概観してみましょう。人の意識は先ず、胎内にいる段階から自身の快不快（痛みや快感等）を認識する能力として出発しますが、出生後は鏡で自分の姿を見たり、外部（食べ物、両親、小動物、家屋、気象等）からの刺激を受けて急速に成長します。つまり、大脳皮質には辞書だけでなく、思考や分析や状況判断に必要となる、自分を中心とした世界のミニチュアの如きものが形成されて行くのだと思います。品詞で言うと、最初は名詞（個体や集合に名前を付ける）や形容詞（静的な状態や関係を表す）だけの状態から、それ等の変化や理由を表現したり、自ら考えたり周囲に働きかけたりする意志を表現するのに便利な動詞も生み出したのです。

こうして人は（人の意識は）、名詞、形容詞、動詞を創り出して表現力を次第に向上させながら、自身と非自身の区別等、即ち格や全体の構成も細かく記述できる能力を獲得して行きます。ここで非自身というのは自分以外の全て、即ち周囲や環境や他者のことです。自身と非自身は、言語世界では其々、一人称と三人称と呼ばれます。自身が非自身の中から対話する相手に焦点を当てると、その相手は三人称から分別されて二人称候補となり、実際に対話を開始すれば正式に二人称になります。二人称は自身や非自身のように常在しているのではなく、一人称によってその都度創り出され、解消されるのです。有用な言語はどれも、一人称、二人称、三人称を具えます。

意識は周辺とその中にいる自身の把握から更に進んで、変化を引き起こす主体と、それを受ける客体を区別するようになります（自分の足を掻くような場合は自分の感覚器と脳と手が主体で足が客体）。これは、能動態、受動態（客体を主語にする）として言語に定式化されます。意識は更に成長すると、事物や動作がはっきり分からない状態を示す推量や、条件を示す仮定も処理できるようになり、それを示す方法も文法として定式化されます（詳細は後章で述べて行きます）。人の脳には言語処理を効率よく行うための基礎能力（強力な回路網）が備わるようになり、この能力は遺伝により継承されて来たのだと思います。何故なら、ヒトが誕生する度にこうした能力をゼロから作り上げるのは極めて非効率なので、基礎回路だけは遺伝させることにしたのでしょう。

【注】一人称については、普通の一人称（英語のIや日本語の私）の他に、自分自身から離れて自分を第三者的に観察するメタ一人称も用意しておけば、人

21

工言語がより高次の知性や人格を生み育てることができるようになるかも知れませんが、今の私にはこの特別な一人称の文法を展開する余裕は無いので、今回のノシロ語では採用しませんでした（名称だけ決めて ＸＥ シェ としておきます）。同じような理由で神仏や今宇宙の創造者に特別な人称を用意することもしませんでした。

人称を人称代名詞とするのは、そうしておけば一々個人の名を入れなくても済むからで、数学が a や b や x や y 等を用いて、一々数字を書かなくても済むようにするのと同じです。意識は現在の瞬間しか働きません。瞬間と言っても最小の変化を認識できる、ある程度の幅（Δt）があります。過去や未来には現在我々が持つ意識はありません。結局、私はノシロ語の人称も、日・英語等に用意されている三つの人称で行くことにしました。主体、客体、動作は言語の世界では、主語（S）、目的語（O）、動詞（V）と呼ばれます。S、O、V の三

要素の並べ方は $_3P_3$ だから 3!/0! で 6 通りです。サイコロなら 1 から 6 まで

の各目は均等に 1/6 の確率で出ますが、言語の場合は均等ではありません。現在まで生き残っている言語の基本語順は、序文でも述べたように、SOV、SVO、VSO の三通りで、SOV が最も多い。主語も目的語も偶に省略される、特に一人称単数の主語はよく省略されますが（例えば、日本語やラテン語）、それは一人称単数の主語はその文の書き手（＝意識＝大脳皮質）に他ならず、省略しても混乱を起こす危険が少ないからでしょう。

これ等三種に共通する特徴は、全て主語が目的語に先行することです。動作者が先ず立ち上がり、その動作者によってある動作や行為が成され、その効果が相手に及ぶと見るのは無理のない解釈です。動作や行為には有限の時間（プランク時間でも）がかかるので、行為や動作を受ける者は動作者よりも後に現れるのです（時間の反転はない）。文の S が決まり、O が決まれば、S の動作がどんなものかを示す動詞はどこに置いても構わない（混乱を防げる）ので、SOV、SVO、VSO という語順（S 先行、O 後行）が生まれるのでしょう。私は、多くの人にとって馴染みやすい時系列という基準で見ると、SVO が自然だと感じますが、世界の自然言語は M. Dryer 氏等の調査に見られるように、SOV が最も多く、SVO は二番目です（大差はない）。SOV は S と O を一緒に並べて登場人物をはっきりさせてから、S の行為である V を表示する訳です。私は、SVO は時系列に沿い、SOV は 関係者（当事者）の確認に重点が置かれていると思いますが、読者はどうお考えでしょうか。 VSO については、行為や

行動が実行される前に、行為や行動が意識に上る筈であり、したがって動詞を最初に書くべきだということなのかも知れませんが、意識に上らない反射的な行動まで考えると解らなくなってきます。私には VSO がここまで少ない理由は分かりません。尚、VSO は SVO にゆっくり近付いているように見えます。VSO がいつの日か SVO に収斂してしまうと、SVO が最多で SOV は僅差で続くということになるかも知れません。

【注】非常に稀ですが、目的語が最初に来る（主語に先行）言語も報告されている。そうした言語を用いる人々の宇宙観や価値観に興味が湧きますが、哲学より大昔の支配者の発話習慣が惰性で続いているだけかも知れません。

【注】一人称というと、デカルト（フランス人の発音は デキャ や デキャル と聞こえ、無声閉鎖子音がよく分かります）の「我思う、故に我あり」を思い出すかも知れません。一切を疑った上で、「考えている自分だけは確か」と確信したとするのですが、一切を疑ってしまうと「我」という言葉は生まれ難いのです。そもそも「我」という意識は、乳児のように、空腹、睡眠、快不快を主張するだけの状態から、自分の顔を鏡で見たり、猫を抱いたり、母親や家や外の景色を見たりして次第に固められていくもので、これ等（母や猫や家）を疑ってしまえば「我」という言葉を使えなくなってしまう。「思っている自分の存在」は相当に確か（大脳皮質の容量は十分大きいので自身の思考を評価できる）だとしても、そういう論法で自分は存在すると結論できるのではありません。「私」という言葉は、二人称や三人称、取り分け三人称に支えられています。即ち「我」は意識の成長の末に使えるようになる言葉です。母や猫や家が全て疑わしいとしたのでは、それ等を利用して確立した「我」という言葉も使えなくなってしまう。デカルトは簡単に「我」という言葉を使っていますから、その意味を定立させている諸条件（母、猫等）は最初から疑うことなく信じていたことになります（つまり、自分でいう程には疑い深い人ではない、「疑った」と言っているけれど実は疑ってない）。尚、方法序説のラテン語版には主語がありませんが、これはラテン語では主語無しで意味が通る場合はそれを省略するからで、仏語版では Je がちゃんと書かれています。

時と意識について長々と私の考えを述べました。残った二つ「空間」と「物質」について、次節 1-4 で極く簡単に述べておきましょう。

1－4　空間、物質

本章の目的は今宇宙における普遍言語を考えることであり、私は時と意識を最重要なテーマとして論じて来ました。空間と物質の話は、そのような訳で極く簡単に済ませようと思います。これ等はどちらかと言えば物理学や化学の研究対象であり、大抵はこれに電磁力や重力等を併せて論じられます。

「空間」というのは「柔らかい物質」（受容物質 ＝ 宇宙空間）のことで、その中に浮いて形を作り上げて行く元素や銀河や地球や人体は「固い物質」（形成物質 ＝ 宇宙空間に浮かぶもの）です。両物質はしばしば役割交代して、ある時は形を作らない柔らかい物質（宇宙空間）となり、ある時はその宇宙空間の中で形を作る固い物質になったりします。尚、今宇宙を生み出した元の無限エネルギー世界は残っていますから、今宇宙とは別の宇宙（パラメータを少し又は大きく変えて）を何時でも幾つでも創り出せる筈です。既にそういう宇宙が幾つあっても良く、これから作られても良いでしょう。意識は固い物質にも柔らかい物質にも宿りますが、何と言っても前者の世界が紡ぎ出す森羅万象の中にその構造や現れ方を多く見ることができます。中でも、人間に宿って成長する意識は（今宇宙の創造者の意識を除けば）最も発達した意識の一つと言って良いのではないでしょうか。

第1章を終えるに当たってあと一言だけ。仏教等には言語を信用せず、最高の瞑想によって得られたものだけを本質とする考え方がありますが、私はそれに賛成できません（心を静める効用は瞑想者がそう語っているのですからその言葉を素直に受け止めますが）。人間の感覚器と脳を通して何万年もかけて形成された言語は、それなりに有用であり、対象を捉え本質を語る力も相当程度あり、ヒトが人間になるのに言語の果たした役割は土器や火の使用以上に大きかったと思います。瞑想を重視する維摩経等も紙に書かれた言語によって人々に伝えられたものです。当然に、諸民族に公平で自然言語より合理的な普遍言語を追求する営みも大変意義のあることだと考えます。■

第2章　普遍言語の条件、アポステリオリに検討する

自然言語を比較検討

さて、実用可能な普遍言語を作るには、先に触れた、人称、時制といった言語が具備すべき枠組みを考えるだけでは不十分です。即ち、これまで人類が作り上げた自然言語、取り分け他の言語に大きな影響を与えた祖言語とも言うべき重要言語や中継の役割を果たした言語が、時代の経過と共にどのように進化して現在の言語に至ったのか見ておく必要があります。その上で現代の重要言語を選び、その中になおも残る不必要な規則や使い勝手の悪い規則を取り除き、共通する良い規則だけを残して再編成し、諸民族に公平で、これ以上望めない程に合理的で、使い易く、美しい普遍言語を作り上げて行く訳です。

先に結論を言いますと、私は世界共通語を創るための「土台」として利用すべき言語に、英語（SVO型）と 日本語（SOV型）とアラビア語（VSO）を選びました。その理由についてこれから述べて行きますが、その前に予備知識として「語順」について一言ご説明します。

2－1　語順について

私は言語の最重要な文法項目は単語を配列する順序、即ち語順だと考えます。私の知る限り、各言語の基本語順と使用者数（話者数）を最も大規模に調べあげたのは、SUNY / Baffalo（ニューヨーク州立大/バファロー校）の名誉教授 Matthew S. Dryer 氏です。氏は実に 1228 もの言語を調べ、SOV型 が 497 言語、SVO型 が 435 言語、VSO型 が 85 言語、基本語順無しが 172 言語と報告しています（2005 年）。Dryer 氏の調査では、それ以前に行われた学習院大の角田多作氏（130 言語）や Arthor Tomlin 氏（600 言語）による調査より、SVO言語 と VSO言語 の割合が増えていますが、それでも SOV が最多で、SVO が続き、VSO は非常に少ないことに変わりありません。私はこれに基づきノシロ語では SOV型 を代表するノシロ語をノシロ1類とし、SVO型 を代表するものをノシロ2類、VSO型 をノシロ3類としました。

25

現在、世界には約 7 千の言語があるとされているので、何時か 7 千言語を全て調べ切る時に、SVO 型が最多と判定されたら、ノシロ語も、1 類、2 類を逆にするかも知れません。そもそも、1、2 という数字は話者数の順位でしかなく、言語の優劣を意味するものではないからです。私はノシロ語を創るにあたり、これ等三様のいずれの語順も対等な標準語順として話し書きできるようにしました。だからノシロ語を利用する限り、同じ語順の言語で対話する場合は勿論、異なる語順の言語で対話しても、一方が有利で他方が不利になるということが無く、完全に対等な対話ができるのです。

2－2　参考にした諸言語

観察の対象にした重要言語は既に述べた通り、パーニニにより精緻化されたサンスクリット語とそれを引き継ぐヒンディー語、そしてもう一つの重要言語であるラテン語（ここまでは SOV 文型）とそれを引き継ぐロマンス諸語（ここから SVO 文型に変わる）、その継承語であるゲルマン語や北欧後、そして SVO 文型を守りながら、煩瑣な「格文法」や「語尾活用」や「性」の殆どを捨て去ることに成功した英語です。アジアの言語では、サンスクリット語の後継とされるヒンディー語に加えて、トルコ語、中国語、インドネシア語、日本語を検討しました。

先ず、サンスクリット語の扱いについて簡単に述べます。サンスクリット語は他の言語に多大な影響を及ぼした大理論言語ですが、私は、その文法については主格と対格を除き採用しませんでした。月刊「言語」（大修館 2006 年 11 月号）でも述べた通り、私はパーニニの音声学上の貢献には深い敬意を表します（現在の IPA 音声表の半分以上は遥か 2 千 5 百年程も前のパーニニの業績です）が、彼が作り上げた格と性と数の文法の複雑さには共感できません。

もう一つの重要言語はサンスクリット語に勝るとも劣らない歴史を持つラテン語ですが、その基本語順はサンスクリットのそれ（SOV）と同じく SOV です。然し、その実子と言って良いロマンス諸語になると、SVO に変わってしまうのです。「ラテン語の歴史」（白水社 2001 年）に依れば、当時の著名な修辞学者クインティリアヌスが SOV 語順の固定化（マンネリ）を避けるために、SVO の文をもっと多く書くように熱心に唱道したそうです。それが功を奏したのかどうか分かりませんが、私はいずれにせよ、ラテン語の語順は本来の SOV から SVO に変わらざるを得なかったと考えます。

その訳は、V が S と O の間に移ると、語の配列が時系列になることが挙げられます。加えて(寧ろ、こちらの方が重要)、修飾句(節)中の主語が主節の目的語になっている文に於いて、主節の語順と修飾句(節)の語順がどちらも SVO となりフラクタル性が実現する、即ち言語内部のストレス(軋み)が消えるからです。つまり、これによって大脳の活動エネルギーの最少化が図られるのです(言語の変化も今宇宙の使用エネルギーの最少化という原理に支配されています)。だからラテン語の語順の変化(SOV から SVO へ)は、いずれそうならざるを得なかった必然と言って良いと思います。クインティリアヌスの唱道は溜まり続けたマグマを解放する引き金の訳を果たしたのかも知れません。

【注】サンスクリット語の修飾句は基本的に日本語と同様に、名詞 + 後置詞ですが、ラテン語では、前置詞 + 名詞 が多くなります。主節の語順は SOV のままなので、ラテン語は語順ストレスを内包したままの言語と言えるでしょう。実際、ラテン語がロマンス諸語になると、語順は SVO へと変わり、修飾句の 前置詞 + 名詞 と整合して、語順ストレスは劇的に低下したのです。

又、中国語(SVO 語順)は、それを北京官話や広東語等に分けたとしても、依然として話者数が非常に多い大言語なのですが、中国語は文法的要素が少ないため、これをベースにして合理的で洗練された文法を作り上げることは無理と考え、必要に応じて参考にするだけとしました。

2-3 SVO 型言語の代表として英語を選ぶ

ロマンス諸語以降の SVO 語順がそのまま英語の語順として継承されたのは幸いでした。格文法は殆ど無くなり、意味のない性絡みの変化も無くなって相当程度に合理化された言語となった英語は、事実上の国際標準語の地位(de facto standard)を獲得するのにふさわしい言語へと育っていたのです。

勿論、現在の英語の地位は、英米系国家取り分け米国の科学技術力、民主的な政治制度、そして申すまでもない圧倒的な経済力と軍事力にも支えられていることも間違いありませんが、英語という言語が先輩諸言語に残る無意味で煩瑣な文法をほぼ捨て去って、かなり合理化されたスリムな言語に進化していたことは見落とせません。米英が殊更に普及活動などしなくても、多くの国で自然に受け入れられ易い言語に成っていたのです。その英語にも、主語が 3 人称単

数の場合は動詞に es を付けるとか、動詞の不規則変化とか、母音の発音が単語ごとにバラバラだとか、the の次の語が母音時の場合に発音を変える、といった無意味な規則は未だ残っていますが、それでも先輩諸言語に比べれば遥かに簡素化された合理言語となっているのは間違いありません。以上の理由に依り、私は「現代英語」を、普遍言語の土台として利用すべき代表言語（SVO 言語群の代表）として選びました。

2－4　SOV 型言語の代表として日本語を選ぶ

次に、SOV 型言語としては、サンスクリット語、その後継とされるヒンディー語とトルコ語、そして、サンスクリットだけでなくアルタイ言語の影響も受けている日本語を検討しました。

ヒンディー語やトルコ語は話者数の多い重要言語ですが、サンスクリット語より簡素化されたとはいえ、未だ多くの格文法を残しています。

結局、私は英語の場合と同様に、格、性、数の煩瑣な文法をほぼ克服しているという点で、日本語を SOV 言語の代表として選びました。実は日本語の源流は不明です。アルタイ言語やサンスクリット語や中国語が混ざり合っていますが、成立に至る歴史や系譜が英語程はっきりしないのは残念です。

日本語は、英語と同様に、格、性、数をほぼ克服しているだけでなく、母音の種類が 5 個（多過ぎず少な過ぎず）で発音が非常に明解な他、冠詞のような曖昧な規則を持たないという長所も有します。やや問題なのは文法の一貫性や簡明性が不十分なことでしょう。例えば、日本語では文種を規定する方法が動詞語尾の活用と多くの助詞に分散されて一貫性を欠くことや、時制表現が余り明瞭ではないこと等です。外国人（日本人でさえ）には難解な敬語表現や助数詞も存分にあります。そこで私は、日本語の文種の規定は、節理詞と修飾詞（英語の接続詞と前置詞）にまとめて担わせ、複雑な活用は止めて膠着式に変え、時制表現は動詞の語尾に移し、外国人泣かせの敬語表現も徹底的に簡素化しました。助数詞は日本語だけでなく、他のアジアの言語にも多いですが、普遍言語の文法として採用すべきものとは考えませんでした。

2−5 VSO型言語

最後に、VSO語順の言語ですが、話者数で比較するとSOVとSVO言語のそれより遥かに少ない。主な言語は、アラビア語、ヘブライ語、ゲール後、タガログ語等ですが、アラビア語の話者数が最多なので、アラビア語（特にエジプトの）をVSO言語の代表として検討しました。尤もアラビア語の場合、厳密にVSO語順で書かれるのは公文書で使われるフスハーだけで、日常生活で使われるアンミーヤはSVO語順です。私はエジプトに住んだことはないのですが、外国人がエジプトを訪れて見聞する（看板を見たり買い物をしたり）言語はアンミーヤだそうです。私は、アラビア語の語順はゆっくりとアンミーヤ語順に変わっていく、つまり英語と同じSVO語順に収斂して行くと思っています。

【注】VSO言語の話者数がかなり少ないこと、アンミーヤは SVO語順に近いこと、それと出版上の制約（頁数制限）とから、本書では<u>VSO文法の解説は省略</u>することにしました（但し、ノシロ語のウェブサイトには載っています）。

2−6 SVO言語 と SOV言語の内部の語順を詳しく見る

次に、英語（SVO言語の代表）、日本語（SOV言語の代表）、其々の言語内での文の語順と、その内部にある修飾句、修飾節の語順について少し述べておきます。米国の著名な言語学者 J. H. Greenberg は、SVO言語と VSO言語では高い頻度で前置詞が用いられ（前置詞 + 名詞 という語順）、SOV言語では後置詞が用いられる（名詞 + 後置詞）と述べたそうです（小泉保「言語学コース」大修館 1984）。私は、そうなる理由は語順の一貫性や整合性が脳細胞のストレスを軽減させるからであり、それは脳細胞の活動エネルギーの最小化という生体の経済原理に叶うからだと思います。語順の一貫性というのは文の語順とその文の中にある修飾句（節）の語順が同じ（一貫している）であることです。

【注】勿論、例外もあります。小泉氏が指摘する通り、現代ペルシャ語の語順は日本語と同様に SVO ですが、前置詞を使います。

文本体の語順とその中にある修飾句(節)の語順の一貫性について、実際の日本文と英文を用いて比較して行きましょう。先ず、主語と動詞と修飾句だけから成る最も単純な SV 型の文を見ます。

日本文：　私は NY へ　行く。

英文　：　I go to NY.

「NY へ」と「to NY」という修飾句を、やや強引ですが「目的語もどき」と見做します。つまり「私は NY を見る」のような文と考えるのです。すると、この日本文は SOV、英文は SVO という語順になります。そして日本語の「～へ」も英語の「to～」も、実質的な意味は動詞「行く」や「go」と同じなので、修飾句の語順は日本文では、名詞 + 動詞（O + V）、英文では、動詞 + 名詞（V + O）となります。即ち、日本語の文の語順は <u>SOV</u> で、修飾句「NY へ」の語順も OV で一致し、他方、英語の文の語順は <u>SVO</u>、修飾句「to NY」も VO となって一致するので、両者共に語順ストレスの最小化（語順調和でも良い）が実現しています。続いて以下の例文を検討しましょう。

日本文：　私はリボン付きの箱を買う。　　（I buy box with ribbon.）

先ず英文から検討します。文の要素に SVO を付し、修飾句の要素に(s)(v)(o)を付すと以下のようになります。

```
        S  V   O
例文：  I buy box with ribbon.     （冠詞は省略）
        (s) (v)   (o)
```

文の主語 I と修飾句 with ribbon を除いた残りの部分 buy box は VO 語順です。修飾句の with ribbon は「前置詞 + 名詞」ですが、with は品詞こそ違え、その意味は 動詞 have と同じですから、この修飾句も実質的に (v)(o) という語順です。どちらも同じ語順 VO になっていて語順ストレスは生じません。文の主語の I や、修飾句の意味上の主語である box を含めて比較すると、文の語順は SVO、修飾句の語順も (s)(v)(o) となるので、語順ストレスはやはり生じません。これ程まで語順ストレスが無いと、脳内シナプスの緊張は少なく、発熱も僅かなのではないでしょうか。

【注1】　英文（SVO）では、主語以下の VO は「動詞 + 目的語（名詞）」で、目的語 O に掛かる修飾句は「前置詞 + 名詞」という形で、目的語の後ろから目的語を修飾します。上述した通り、前置詞は動詞に近いもので、それに続く名詞は目的語なので、節の主語以下の語順 VO と、句の語順 VO が一致して、語順ストレスが無くなるのです。

【注2】with に限らず、at、by、for、from、in、to　等の前置詞は、其々、「〜にある」、「〜を使う」、「〜のためにする」、「〜から出発する」、「〜に入る」、「〜へ行く」という動詞とほぼ同じ意味を持つ。

他方、日本文(SOV)では以下のように、節から主語「私」と修飾句「リボン付き」を除いた部分「箱を買う」は OV で、修飾句「リボン付き」（名詞 + 後置詞）の語順も (o)(v) なので同語順だが、修飾句の意味上の主語「箱」を含めて比較すると、修飾句の語順は (s)(o)(v) ではなくて、(o)(v)(s) だから、節の語順 SOV と一致しません。

```
         S              O    V
例文： 私は　リボン 付きの 箱を 買う。
         (o)     (v)   (s)
```

(注) 後置詞「〜付き」は動詞「〜を持つ」（have）の如く働いている。

このように語順ストレスという視点からは、SVO 語順の英語は、SOV 語順の日本語より語順ストレスが幾らか少ないと言えます。英語は、動詞と目的語の隣接を確保(文を理解し易くなる)するだけでなく、語順ストレスも小さいのに対し、日本語は、動詞と目的語の隣接は確保していますが、語順ストレスは英語より少し大きくなるからです。続いてやや複雑な別の文を見てみましょう。

```
         S  V      O
例文： I like my mother who makes riceball.　　（冠詞は省略）
         (s)         (v)      (o)
```

主節の語順は SVO で、修飾節の語順も (s)(v)(o) で同語順だから、語順ストレスは無い。又、V と O が隣接していて、like の目的語が mother であることが良く分かります。これに対して日本文は、

```
            S                   O      V
例文：  私は  おにぎりを   作る  母を  好く。
          (o)     (v)    (s)
```

であり、母を好く と おにぎりを作る だけを比較すると、其々、OV、(o)(v)
で語順ストレスは無いが、主語の 私 と 母 を含めて比較すると、主節のSOV
に対して、修飾節は(o)(v)(s)で語順の整合性がなく、語順ストレスが生じて
います。母をおにぎりの前に移すと、修飾節は(s)(o)(v)となり、主節の語順
SOVと一致して語順ストレスは消えるが、O(母) と V(好く) が離れてしまい、
「好く」の目的語が、母なのか、おにぎりなのか分かり難くなってしまう。

上例では、「母」は主節の目的語だか、修飾節では主語であり、共通部分がな
いので、文頭のS (I、私) を除いて、語順は全てが反対になる。記号で示す
と、英文は SVO_{vo} 日本文は $S_{ov}OV$ となる（最初のSを除くと分かり易い）。

次に、「母」ではなく「おにぎり」が「好く」の目的語になる文を見よう。

```
        S  V    O
例文：  I like riceball that my mother makes.      （冠詞は省略）
            (o)            (s)     (v)
```

主節から主語の I を除いた部分 like riceball の語順はVOで、修飾節から
意味上の主語である that my mother を除いた部分は riceball makes で
(o)(v) であり、語順は反対になります。主語 I や that my mother を含めて
比較しても、SVO 対 (o)(s)(v) となって語順ストレスは残る。mother makes
を riceball の前に移すと主節の SVO と修飾節の (s)(v)(o) が一致してスト
レスは消せますが、先掲の文

I like my mother who makes riceball.   私は おにぎりを作る母を 好く。

と同じになり、文の意味がすっかり変わってしまう。

従い、英文でも riceball が like の目的語になっている場合、語順ストレスは無くせない、というより my mother を目的語にする文と区別するために語順の不一致（語順ストレス）はどうしても生じてしまうのです。

次に日本文を見てみましょう。

```
          S              O       V
例文：  私は  母が  作る  おにぎりを  好く。
        (s)  (v)         (o)
```

主節の語順 SOV と、修飾節の語順 (s)(v)(o) は一致せず語順ストレスがあります。「おにぎり」を「作る」の前に移すと修飾節の語順は (s)(o)(v) となり、語順ストレスは消えるが、動詞「好く」と目的語の隣接が無くなり、「おにぎり」を好くのか「母」を好くのか分からなくなってしまう。上の文は「おにぎり」が主節と修飾節の双方の目的語になっていて、それが共通部分が全く無かった先の文（私はおにぎりを作る母を好く）と異なる。英、日の文を記号で書くと其々 SVO$_{sv}$ S$_{sv}$OV となり（小文字の $_{sv}$ は修飾節の要素）、小文字の $_{sv}$ が共通している。

日英両語の語順は見事に対称（並べ方が逆）になっていますが、語順ストレスという観点も加えて両言語を比較すると、全く同じ意味の文であっても、並べ方が逆になるだけでなく、語順ストレスが少し異なることがある。最も良く見かける SOV（英語は SVO）文の場合は、英語（SVO 言語）の方が日本語（SOV 言語）より少しだけ語順ストレスが少ないということが言えるのではないでしょうか。尚、主節が SVO で、修飾節が SVOC のような文（例えば、私は娘を科学者にした母を尊敬する）では、始めから語順の整合はあり得ません。

SOV と SVO という二つの語順（VSO は SVO に含めよう）のどちらも標準語順として公平に扱うには、語順の対称性は非常に重要で、実際にノシロ語は日英両語の対称性を最大限に利用してでき上がっています。語順ストレスが少なければ言語処理を担う脳はきっと楽でしょう。

然し、語順整合の弱い、或いは語順整合がない文であっても、我々の脳はきちんと処理をしてくれます。我々日本人が関係代名詞のある英文を滑らかに話せ

33

なくても、練習を重ねるうちに何とか話せるようになるのを見ても分かります。体操競技では技の難度が上がっても練習を重ねることにより困難を克服していくし、更には難しさを楽しむ気持ちさえ生じて来る。きっと複雑な脳内回路が作られて、電流が余分に流れたり余計に発熱したりしながら処理するのでしょう。脳がこうした対称性の僅かな違いや、語順ストレスの違いをどう処理しているのか大変興味深い。脳科学の進展が楽しみです。

ノシロ語では、語順の対称性（対称性の公式）を利用するだけでなく、以下の簡単な規則を追加して、修飾句や修飾節（所謂、入れ子）が加わる場合も、両言語の変換の容易さと確実さを確保しています（後章で詳しく学びます）。

● 一類では関係代名詞 Ky（キュと読む）を修飾節の後に置き、二類では修飾節の前に Ky を置く。
● 主節中の目的語に -O（オ）を付け、修飾節中の目的語には -OL（オル）を付けて区別する。
● 先行詞や後行詞に修飾語（句）が掛かる場合は、先行詞や後行詞の頭に An（アン）を付けて簡単に見分けられるようにする（単なる識別助詞で、一つのという意味ではない）。

2－7　普遍言語は可能 --- 対称性の利用

こうした作業（日・英両語の簡素化、合理化）を毎日続けるうちに、私は日本語の文法が英文法と心憎いばかりに対称になっていることに気付き始めました。勿論、普遍言語は可能か考え始めた当初から、SVO と SOV から S を除けば VO 対 OV の対称形になるので、この特性を利用してなんとか統一言語に辿り着けるのではないかとおぼろげな期待はしてはいましたが、日本語に上述のような部分的な改良を施すだけで、これ程まで鮮やかに英語と対称になってしまうのは大きな驚きでした。それは雪の美しい結晶や水晶や黄鉄鉱の結晶を見たり、量子もつれの話を聞いた時の感動に勝るとも劣らないものでした。

何故こんなことが起こるのか摩訶不思議です。長い歴史の中で SVO 言語を発達させて来た人々と、SOV 言語を発達させて来た人々が、其々の言語の対称性を

保とうと連絡し合って来たとも考えられませんし、又、偶然の一致でもないでしょう。

一般論ですが、今宇宙（空間も時も球対称に作られている）では、重力の影響を受けるものはその影響を軽くしようとします。例えば我々の人体も、一つしかない臓器は成るべく中央に配置し二つあるものは左右に配置して重さや大きさのバランスをとります。そのバランスが無いと傾いてしまうので、バランス維持のため筋肉に余計なエネルギーを注がなければならなくなります。これを避けようと最初から臓器は対称に配置されるのでしょう。眼球や腕や足は正確な測定や無駄の無い動作ができるように、左右対称に配置されるのでしょう。

言語の場合は重力と直接の関係はなさそうですが、我々の感性や知性は重力を考慮して作られる生物の構造に合わせて形成され、対称なものを見ると恐らくセロトニン様のものが多く出て、非対称なものを見るとその反対が起こるのかも知れません（例えば、英語話者には、文のトップヘヴィー（頭でっかち）を嫌う共通した感性があります）。

これは人の脳内に言語芽のようなものがあって、使用言語が SOV 型と SVO 型に分かれる場合には、量子もつれのような感じで対称性が生まれるからかも知れません。或いは、SOV と SVO に分かれる時に、言語ストレスの最少化（経済的合理性とも言える）といった今宇宙の要請に叶うパラメータを両者が授かって別れるために、自然に対称になって行くのかも知れません（大脳生理学等の成果が待たれます）。

もし脳内の言語芽や言語遺伝子が無いとしても、今宇宙やそれに近い宇宙には宇宙遺伝子（生物の遺伝子よりも高次）の如きものがあり、その宇宙遺伝子の中には対称性や限界効用逓減が備わっていて、無生物であれ生物であれ、そこから対称性が生じるのではないでしょうか。宇宙遺伝子を取り出して見せてくれと言われると困ってしまいますが ・・・

【注】今宇宙やそれに近い宇宙とは、どちらも変化を実存の担保とする宇宙だが、パラメータが少しだけ異なる宇宙です（例えば、光速は今宇宙の 30 万 km/秒ではなく 10 万 km とか 100 万 km といった具合に）。

【余談】秒速 20 万 km や 50 万 km で進む光が見つかれば、それは宇宙空間も我々が老いるように部分的に老化して、ドンピシャリの 30 万 km で光を伝播させることができなくなっているのかもしれない、或いは、今より前の宇宙の空間が消滅し切らずに残っていて（固い物質の方は恐らく跡形も無く消滅している）、今宇宙の空間と部分的に重なっているのかも知れません。その重なった部分では光は多くの場合、秒速 30 万 km で進むと観測されるけれど、偶に 20 万 km や 50 万 m と観測されるのではないでしょうか。ひょっとしたらそれは今宇宙の老化でも過去の宇宙との重なりでもなく、今宇宙とは別の今宇宙が作られていて、それと部分的に重なっているのかも知れません。しかしそれが 50 万 km で伝わる宇宙であった場合は、とんでもないことが起こると思います（例えば株で大儲けができるかも）。しかし、光が 20 万 km や 50 万 km で進む空間はどこにも発見されていないので、過去の云わば燃え残りの宇宙も、又、今宇宙と同時に生まれているかも知れない宇宙も無いのではないでしょうか。

繰り返しになりますが、私は公平な普遍言語というものを意識し始めてから、それを是非創ってみようという意欲とは裏腹に、やはり無理ではないかという不安を拭えませんでした。それは、SOV と SVO と VSO の完全統一（どれか一種類に統一する）をしようとすれば、結局、一つの語順が他の二つの語順を支配し従わせることになってしまうからです。これまでに提案された主要な人工言語はどれも公平性の実現という高い壁を乗り越えることができていません。

そうした中で、ノシロ語は今宇宙に備わった対称性を利用して、雪の結晶のように美しい構造をもつ普遍言語となり、言語世界の公平性という人類の悲願の実現が十分可能であることを示したのです。これまで無理と考えられて来た「殆どの民族に公平な合理言語」がついにでき上ってしまったのは、自分にとっても痛快な驚きでした。

驚きついでにもう一つ驚天動地をご案内しましょう。と言っても別の新しいことをご紹介する訳ではなく、今まで述べてきたことの中にあります。それは、もし日本語がノシロ語 1 類の如く部分改変されるなら、日本語はリンガフランカの資格を否応なしに備えてしまうということです（序文でも触れました）。

勿論、ノシロ語１類様の日本語をリンガフランカにするには、日本人もノシロ語に慣れる必要があります。例えば、生(ナマ)の日本語の助詞を使わず、動詞語尾の活用も止めて接続詞（ノシロ語では節理詞と言う）に集約させる必要がありますが、然し、そうした作業は文法の難化作業ではなく、ズバリ易化作業（難しい文法を捨てて易しくする作業）ですから、誰でも少し練習するだけで容易に習得できます。恐らく標準語を使う人の場合、ノシロ語１類の習得は青森弁や沖縄弁を修得するよりずっと簡単だと思います。日本語にちょっとした改変を施して新日本語にするだけで、それがいきなり英語と並ぶ世界語になってしまうということです。これももう一つの驚天動地です。

以下に、日英両語の対称性を利用したノシロ語文法の最も基本となる事柄をまとめておきましょう。

ノシロ語文法は、文は、S、V、O、C の４つの要素から成り、その配列は日本語型のノシロ１類は、SV、SOV、SCV、SOOV、SOCV となり、英語型のノシロ２類は、SV、SVO、SVC、SVOO、SVOC となることです。文法の詳細は後章でご案内して行きますので、ここではノシロ語の特徴だけ簡単にまとめておきます。

Ⓐ　主語は目的語に先行する。

Ⓑ　動詞と目的語はできるだけ隣接する。

Ⓒ　動詞は活用しない（辞書の見出し語を覚えるだけで済む）。

Ⓓ　語順ストレス(脳内ストレス)を小さくする、つまり SOV 語順のノシロ語

　　１類では、後置詞を用い、SVO（VSO も）語順の２、３類では前置詞を使う。

Ⓔ　助数詞も冠詞も無い。

Ⓕ　名詞、動詞、形容詞は、数や性によって形を変えない。

【注】Ⓐ は SOV、SVO、VSO に共通し、Ⓑ は SOV、SVO に共通します。
VSO 型 は次第に SVO に近付いている（V と O は隣接）。

いよいよ第２章の終わりが近づいて来たので、対称性と語順ストレスの問題はこのくらいにして、他の気になる幾つかの問題点に簡単に触れておきます。

大抵の言語学の本には、屈折言語、膠着言語、孤立言語の解説があります。膠着言語はアルタイ言語に多く見られる劣った言語で、屈折語は西欧言語に多く見られる進んだ言語であるという昔の見方は、トルベツコイ等の研究で改められました。ノシロ語は基本的に膠着言語ですが、屈折と膠着は場合により竹を割るようにスッパリ切り分けるのが難しい面があります。屈折言語にすると、語の意味と文法を示す部分が連鎖して全体を把握するのに時間がかかることが多い。それに対し、膠着言語は語の本体の意味と時制や他の語との係りを示す文法部分が分離されているので、その言語を母語としない人でも、理解しやすく、覚え易く、使い易いのです。これまでに提案された殆どの人工言語が膠着言語であるのはこのためです。孤立言語については既に述べたことですが、整然とした完成度の高い文法を構築し難いので除外しました。

又、能格言語は動詞が自動詞か他動詞かによって主語の形が異なり（能格接辞が付く）、自動詞文の主語と他動詞文の目的語が同じになる珍しい言語です。ある先生が能格言語は将来は優勢になるかも知れないと言うのを聞いて驚いた憶えがあります。結論として、私は能格文法を普遍言語の構造に取り入れる意義はないと考え採用しませんでした。

最後に、日本人が苦しむ冠詞について一言。冠詞は国際普遍言語に必須のものとは認められないので採用しませんでした。英、仏、独語に慣れた人達はこれが無いと文意が曖昧になると言うのですが、現代使われている大半の自然言語に影響を与えたとされるサンスクリット語には冠詞は無く、比較的最近まで学位論文を書くにはこれを使うのが当然とされたラテン語にも冠詞は無く、又、日本語も科学技術論文を書くのに、冠詞無しで幾らでも最先端の論文を書くことができます。中国語やヒンディー語やロシア語にも冠詞はありません。尚、ノシロ語でどうしても冠詞を付けたい方は、冠詞の代わりに指示形容詞（TO ト や BOI ボイ や SED セドゥ）を使うことができます。

以上で第2章を終わります。浅学非才を顧みずに私の言語観や普遍言語の条件をざっと述べさせて頂きましたが、読者各位にはご共感を頂けたところも頂けなかったところも有ると思います。しかし、頁数の制限がありますから、この辺で話を切り上げることにします。読者には貴重なお時間を割いてお付き合い下さり有難うございました。この後3章からは、多くの言語（学）のテキストと同様に、文字、発音、そして文法の説明になります。■

第3章　文字と読み方（発音）

本章ではノシロ語の「文字」と「読み方」をご案内しますが、語学好きの方は直下の 3-1 文字 ではなく、いきなり 3-2 の最後にある 実例 に進んでも大丈夫でしょう。

3-1　文字　・・・　（当分の間、暗記不要です）

ノシロ語には独自の美しいノシロ文字があります。然しノシロ文字を知る人は未だ少ないので、本書では私達が日常利用しているローマ字を使って解説しています。次頁にローマ字（横線の上側）とノシロ文字（下側）の対照を示す。

(1)

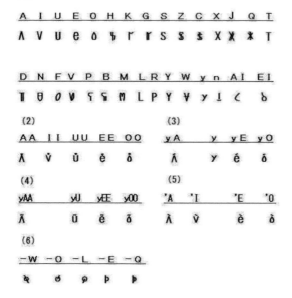

(2)

(3)

(4)

(5)

(6)

3−2　読み方（発音）

上表中の (1) の最初の集団は、ローマ字(横線の上側)とノシロ文字(下側)の対照です。このノシロ文字を左から読むと、アイウエオフクグスズツシュジュチュトゥ、二つ目の集団は、ドゥヌフ(f) ヴ(v)プブムル(l)ル(r)ユウュ(拗音)ン(撥音)、そして最後の二つは二重母音で、其々、アイ(AI)、エイ(EI)と読む。ローマ字だと AI や EI の如く 2 字必要だが、ノシロ文字を使えば一字で済みます。L の ル は日本人は苦手ですが、世界中にあるので修得して頂く他ありません。R は日本人の ル で OK。W は口を尖らせて言う ウ です。

ノシロ語の母音は五つで、上表(1)の最初の集団のそのまた最初に並んでいるA ア、I イ、U ウ、E エ、O オ です。ノシロ語は常に一字一音なので、どの単語の中でも、A の文字は ア、I の文字は イ … と発音します。尚、サンス

40

クリット語を完成させたパーニニは R ル も母音としますが（恐らく調音点が無いとして母音に含めたのでは）、ノシロ語は上記の五つだけです。

子音は最後に短い ウ[u] 音を加えます。例えば、H や K は [hu] や [ku] と短くウ[u] 音を加えて、「フ」や「ク」と発音します。H や K の後に U の字が無くても、短く然しはっきり ウ[u] を加えるということです。サンスクリット語では子音字に ア[a] を加えますが、ノシロ語はウ[u]を加えるのです。

子音の後に U 字がある場合は長くウー[u:]と伸ばす。それは書かれていなくても発音する U 音と重なって長い U 音[u:]になるからです。例えば、H はフですが、HU と書くとフーと伸ばします。K はクですが、KU はクーと伸ばします。カキクケコ は、ノシロ語では、KA、KI、K、KE、KO と書く。これを KA、KI、KU、KE、KO と書くと、カ、キ、クー、ケ、コ と読みます。ガギグゲゴ も同じ要領で、GA、GI、G、GE、GO と書く。GA、GI、GU、GE、GO と書くと、ガギグゲゴ ではなく、ガギグーゲゴ と読むことになります。

但し、U 字が子音の前に書かれる場合は、普通の長さのウと発音します。例えば、K はク、KU はクーですが、UK はウクとなります（ウークではない）。従い、UKU はウクーと読むことになります。

子音字の読み方には、英語等の読み方とは異なるものがあります。それは、C、X、Q の三つで、其々、ツ、シュ、チュ と読みます（スィー、エクス、キューではない）。5 母音と組み合わせる時の読み方を下記します。

CA（ツァ）、　CI（ツィ）、　C（ツ）、　　CE（ツェ）、　CO（ツォ）

XA（シャ）、　XI（シ）、　　X（シュ）、　XE（シェ）、　XO（ショ）

QA（チャ）、　QI（チ）、　　Q（チュ）、　QE（チェ）、　QO（チォ）

【注】XA や QA を XyA や QvA としなくて良い理由については以下で解説。

41

X、J、Q の音は直音が無く混乱の心配が無いので、小文字の y を省略して（発音経済に則る）、X、J、Q と書くだけで、シュ、ジュ、チュと読みます。結局、この三字と母音の組み合わせは、

XA(シャ)、 XI(シ)、 X(シュ)   XE(シェ)、 XE(ショ)

JA(ジャ)、 JI(ジ)、 J(ジュ)、 JE(ジェ)、 JO(ジョ)

QA(チャ)、 QI(チ)、 Q(チュ)、 QE(チェ)、 QO(チョ)   となります。

X、J、Q を、XU、JU、QU と書けば、シュー、ジュー、チューと伸ばします。

(2) は、アー、イー、ウー等の長母音。長母音は母音字を二つ重ねて書くだけです。異なる母音字を組み合わせることもできます。例えば、AI アイ、EI エイ、IE イエ、IOO イオー 等々。

(3) は、キャ、キュ、キェ、キョ等の拗音(キィ音は y を書かずに KI)。
拗音は小文字の y を使って表す。例：KyA キャ、Ky キュ、KyE キェ、KyO キォや MyA ミャ、My ミュ、MyE ミェ、MyO ミォ 等。Ky や My は後ろに U が無くても、キュ、ミュと発音します。KyU や MyU と書くとキュー、ミューと伸ばす。KI キ や MI ミ は y を書かず、単に KI、MI で良い。

(4) は、キャー、キュー、キェー、キョー等の 拗音 + 長母音。
XAA シャー、XII シー、XU シュー、XEE シェー、XOO ショー となります。

(5) は、拗音に母音が続く場合で、この母音を独立音として発音する場合。
例えば、KyA はキャだが、これをキュアと読ませたい場合は Ky' A と書く。

(6) については、次章できちんと解説しますので、今はチラッと見るだけで結構です。これ等は、主語、目的語、補語を示すために付ける要素助詞で、主語には -W（ワと発音するので -WA と書いても良い）を付ける。但し人称代名詞と疑問詞が主語になるときは何も付けない。補語には、-E（エ）又は -EQ（エチュ）を付けるが、ノシロ語に慣れて来たら省略する。名詞節中の目的語には-O（オ）を付け、修飾句（形容詞句と副詞句）や修飾節（形容詞節と副詞節）

42

の中の目的語には -OL（オル）を付ける。-E や -EQ は省略できるが、-O や
-OL は省略不可。

実 例

実際のノシロ単語（左側の見出し語）を見ながら読み方を学びます。大切なこ
とは、子音字が一つの場合は、子音字の後に U の文字が無くても必ず子音の直
後に短い ウ音 [u] を加えるということです。例えば、B はブ、K はク、M は
ム、L はル、Z はズと発音します。子音字の後に U の文字が有るときは、ウー
[u:]と伸ばしします。例えば、BU はブー、KU はクー、MU はムーと読む。早速、
やってみましょう。

UPNO　ウプノ。子音字 P の前にある U は ウ[u] と発音します。意味は
　　　　「北」。参考までに、南は UPSA ウプサ です。因みに、UP は方角を示す
　　　　部首で、NO は英語の north の最初の音、SA は south の最初の音です。

　　　　【注】音声学ファンのために付言しますと、最初の U（P の左側の U）よ
　　　　り、P の右側の [u] の方が短くなります。日本語はモーラ言語だからと
　　　　いって、同時間になるように練習したりする必要ありません。日本語で
　　　　普通のスピードで ウプノ と言えば十分です。

UOLA　ウオラ。最初の U は ウ [u] と発音します。意味は「軽い」（light）。

YUP　　ユープ。子音字の後の U は ウー[u:]と伸ばしします。意味は「はい」
　　　　で英語の Yes。因みに、こうした基本単語（文法と一体の最重要単語）
　　　　には部首がありません（後章で学ぶので今は気にしなくて大丈夫）。

YUPn　ユープン。日本語の「ん」（撥音）は小文字の n を使って表す。
　　　　但し、発音記号は [n] ではなく [N] を用いる。因みにナ行の発音は、
　　　　NA ナ[na]、NI ニ[ni]、N ヌ[nu]、NE ネ[ne]、NO [no] で、撥音では
　　　　ありません。NU と書くと発昔は ヌー[nu:]。YUPn は Yes の強調形。

CU　　　ツー。C はツと発音します（シーでもスィーでもありません）が、

CA（ツァ）、CI（ツィ）、C（ツ）、CE（ツェ）、CO（ツォ）。CU の意味は
「歌う」（sing）。

Ky キュ。英語の関係代名詞 that、who、which、when 等を合わせたもの。
キャ行の発音は、KyA キャ、KI キ、Ky キュ、KyE キェ、KyO キョ。
KyU と書くと キュ ではなく キュー と読みます。

My ミュ。英語の名詞節を導く接続詞 that にあたる。MyU なら ミュー。
ミャの発音は、MyA ミャ、MI ミ、My ミュ、MyE ミェ、MyO ミォ。

Ny'I ニュイ。'が無いとニュイよりニィとなってしまうので'を入れる。
この読み方は極めて少ない。夜の意。NyUI だとニューイと読む。Ny'A
は ニュア、Ny は ニュ、Ny'E ニュエ、Ny'O ニュオ。NyUA なら
ニューア、NyUI ニューイ、NyU ニュー、NyUE ニューエ。

FOnBA フォンバ。蝶の意。もし FONBA と書くと フォヌバ と読みます。

NAI ナイ。意味は「いいえ」で英語の no や not です。

NAIn ナイン。NAI の強調形で、英語の never。もし NAIN なら ナイヌと読
むことになります（但し、NAIN という単語は実在しない）。

XAn シャン。記号の〈（小なり）。XyAn とは書かない。X［shu］（シュ）、
J［ju］（ジュ）、Q［chu］（チュ）は注意を要します。これ等三つはいず
れも直音が無く混乱の心配が無いので、拗音を示す小文字の y を書か
ない（最後に U 音を加えることは必要）。シャ、シ、シュ、シェ、ショ
は XA、XI、X、XE、XO。ジャ、ジ、ジュ、ジェ、ジォ は JA、JI、J、
JE、JO。チャ、チ、チュ、チェ、チョ は QA、QI、Q、QE、QO。

XPAADA シュパーダ。さあ行くぞの意。XyPAADA と書かない。シャ行の綴りは
シャ（XA）、シ（XI）、シュ（X）、シェ（XE）、ショ（XO）です。

XU シュー。XyU とは書かない。英語の関係代名詞 what に相当。

JE ジェ。誰か、英語の someone。JyE と書かない。

QAAI　　　遊具。各種の遊具やおもちゃの総称。QyAAI と書かない。

EVKK　　　エヴック。冗談。子音字が二つ重なると日本語の促音「っ」になる。

以上で読み方の練習は終わり。要するに、ローマ字を大体日本式に読むだけであり、例外も無いので簡単ですね！　続いてアクセントですが、ノシロ語ではアクセントは左程重要ではありません（最初はアクセント無しに読んでも構いません）。

3-3　アクセント

ノシロ語のアクセントは高低よりも強勢です。やや強いアクセントが単語の第１母音に置かれます。数は非常に少ないですが、７字以上からなる単語（つまり長い単語）の場合は第３母音字にも置かれます。長母音と、促音を構成する連続子音字の前の母音（母音字 U は書き出さない）にもアクセントが置かれます。これ等が煩わしい方は、最初のうちはアクセントを気にせずにフラットに発音して構わない（ノシロ語では、アクセントは左程重要ではない）。但し、アクセントは一語につき二つまでとします（語頭から数えて二つのアクセントがあればアクセントはそれで打止め）。尚、助詞（接頭語、接尾語等も）には母音字があってもアクセントは置かず、又、合成語の ＿ で繋がる後続部分、即ち２語目、３語目にもアクセントは置かない。下表の例で練習しましょう。

No.	ノシロ単語　[発音]　意味	アクセントが置かれる位置
1	AUB [aub] big	A（第１母音）
2	IMREI [imrei] appraisal/judgment	I（第１母音）
3	IEST [iest] strong	I（第１母音）
4	BOnRy [boNry] cooking/dish	O（第１母音）
5	GEIT [geit] station	E（第１母音）
6	ELΛFΛNΛ [olafana] affirmative	E（第１母音）とA（第３音） （注）これは ７字語 だから A にも

		アクセントを置く。
7	EUUVIO [euːvio] violent	E（第1母音）と UU（長母音）
8	EUDAA [eudaː] dryer	E（第1母音）と AA（長母音） （注）語末の AA は助詞ではない。
9	InTAAD [iNtaːd] standard	I（第1母音）と AA（長母音）
10	KUI [kuːi] eat	U（長母音） （注）子音字の後の U は ウ [u] ではなく ウー[uː]と伸ばす。
11	ILyUM [ilyuːm] father	I（第1母音）と U（長母音） （注）子音字の後の U は、[u]ではなく [uː]と伸ばす。
12	IPASSE [ipa_se] assembly	I（第1母音）と A（連続する子音字 SS の前の母音）
13	XOPP [sho_p(u)] ship	O（連続する子音字 PP 前の母音） （注）これは第1母音でもあるが、この場合のようにアクセントを置く理由が重なるからといって殊更に強いアクセントを置く必要はない。
14	TyUIAA_ST [tyuːiaːst] テューーイアーストゥ passenger list	U（第1母音） （注）TyUIAA（乗客）と ALST（名簿）の合成語。TyUI は動作動詞、乗る。 （注）TyUI の後の AA は助詞なのでアクセントなし。 （注）合成語の2語目（_ST）や3語目にはアクセントは置かない。

【注】上記の規則は殆どのノシロ単語に適用されますが、アクセントに関する規則は他のノシロ文法に比べて将来修正（変更）される可能性があります。

以上で3章は終わりです。長くお付き合い頂き有難うございました。■

第4章 語と品詞、句、節、文型

これまで繰り返し述べて来たように、ノシロ語は諸民族に公平に作られた国際普遍言語です。本章（及び、5章）ではその公平性を支える文法や規則が幾つも登場します。特に 4-2、4-3、4-4、4-5、5章では、5-2、5-3、5-4 がハイライトです。是非お楽しみください。

4-1 語

語 とは単語のこと。語は複数の文字が集まったもので特定の意味を表す。

ノシロ語の単語の総数は 2023 年夏で約 20600 語です。ノシロ単語をローマ字で書く場合（当分の間これが普通でしょう）、大文字は A ～ Z まで 26 種全てを使うが、小文字は拗音を表すための y と 撥音を表すための n の2字しか使いません。

ノシロ語の単語は、**基本単語**（約 500 語）と **国際標準単語**（約 20100 語）から成ります（国際標準単語を単に標準単語と言うこともある）。

基本単語 は、ノシロ文法を支える機能語でノシロの造語です。即ち、助詞、代名詞、修飾詞（前置詞と後置詞）、節理詞等で、殆どの基本単語は、2～5字から成る。総数は約 500 語ですが、70 語程度を覚えるだけでもかなりのノシロ文を書くことができ、150 語も覚えてしまえば殆どのノシロ文を書き話しできるでしょう。何故なら、ノシロ語では基本単語以外の単語は、日本語だろうと英語だろうと（他の何語でも）幾つでもノシロ文に挿入して良いからです。尚、基本単語 500 語には意味ヒントを与える部首はありません。

国際標準単語 は、意味ヒントを与える「部首を持つ単語」20050 語と、昔使っていた友好単語を国際標準単語に横滑りさせた「部首を持たない単語」（50 語弱）から成ります。友好単語というのは、自然言語の単語をほぼそのままの形で取り入れたもの（例えば、友好単語の AKI は日本語の「秋」を採用してローマ字表記した）で、昔はこれを利用していました。今は、秋は AZOOL で AZ は季節を表す部首です（ご参考までに、AZRIn 春、AZMAA 夏、AZWIn 冬）。

上述のように、ノシロ単語の殆ど（20050 語）は意味推定をするのに便利な部首を持ちますが、それにも拘わらず対応する英単語より字数が少ないものが多い（逆に長くなる単語も少し有る）。ノシロ語は、暗記したり読み書き入力するための労力と時間を少なくでき、紙の節約にもなる 省エネ言語 です。

【注】ノシロ単語は、作られ方（誕生の仕方）により、**原生語** と、原生語の語尾に変換助詞 TI （元の語(例えば動詞等)を名詞に変換する）、NA（元の語(名詞等)を形容詞に変換）、LI（元の語(形容詞等)を副詞に変換）、S（元の語(名詞等)を動詞に変換）、Z（元の語(名詞等)を自動詞に変換） 等の変換助詞を付けて作った **派生語** と、幾つかの単語を組み合わせてアンダーバー「 _ 」で結んだ **合成語** に分けられる。名詞と形容詞は原生語が多く、副詞や動詞には派生語が多い。

４－２　品詞

品詞 は、語の性質や役割から見た分類です。ノシロ語の場合、名詞、代名詞、動詞、助動詞、準動詞、形容詞、副詞、修飾詞、構成詞、節理詞、助詞、自然詞の 12 種から成ります。句、節、文を書くときに、語と語の間は一字分空けます。句読点については、1 類は 「、」と「。」を使い、2 類は 「，」と「．」 を使う。「?」、「!」、「:」、「;」、「'」、「"」、「/」「-」等の記号は、1、2 類共通。半角、全角の使い分けは、スペースの広さやバランスを考慮して書き手が随時決めます。ノシロでは意味が同じ場合は長分より短文を良しとし、難解表現より平明な表現を心掛けます。

【注】今後は、疑問代名詞、疑問形容詞、疑問副詞等をまとめて疑問詞として扱うことが多い。

先ず、品詞について簡単にご説明しますが、名詞、代名詞、動詞、形容詞、副詞 の働きは日本語や英語と殆ど同じなので、ここでは説明を省略して(後できちんとご説明するので心配ご無用)、ノシロ語に個有の品詞だけをざっとご案内します。

助動詞 は、動詞だけを修飾する副詞で、常に動詞の直前に置かれる。英語の can、may、must 等に相当するが、ノシロの助動詞にはもっと色々なものが有り、英語の「完了」や「経験」の如きものも助動詞で表す。

準動詞 は、動詞を基礎にして作った名詞と形容詞 で、其々「動名詞」、「動形容詞」という。動名詞の形は、動詞-M と 動詞-D の二つがあるが、動形容詞は 動詞-K と 動詞-KE だけである。これ等は、動詞であると共に、名詞、形容詞 としても働く。自動詞から作った準動詞は目的語を取らないが、他動詞から作った準動詞は原則として目的語を取る。動名詞は英語の動名詞に近く、動形容詞は 英語の形容詞、分詞、関係詞 のような役割をする。

修飾詞 は、名詞（代名詞、動名詞も）や 動詞 と結び付いて修飾句（形容詞句 か 副詞句）を作る。名詞と結合する修飾詞は、AB（アブ、〜について）、IM（イム、〜から）、UT（ウトゥ、〜 へ）… 等80余語あるが、動詞と結合する修飾詞は、BI（ビ、〜するには、〜するのは）、CI（ツィ、〜するほどの、するほど）、DI（ディ、〜ための、ために）、FI（フィ、〜ならば）、GI（ギ、〜ならば）、JI（ジ、〜しながら）の６語だけ。前者は、英語でいうと、about や from や to … のようなもので、後者（動詞と結合する修飾詞）は、英語の to-不定詞 のような働きをする。修飾詞は、１類 と ２類で綴りが異なる。即ち、１類の修飾詞の語尾に L を付けると ２類の修飾詞 になる。ここに挙げた例は、全て１類の修飾詞であり、これ等を２類の修飾詞にするには語尾に L を付けて、ABL アブル、IML イムル、UTL ウトゥル … とする。

１類の修飾詞は、名詞（代名詞、動名詞）や動詞の**後に**置かれるので後置詞（こうちし）と呼び、２類の修飾詞は名詞(代名詞、動名詞)や動詞の**前に**置かれるので前置詞と呼ぶ。例えば、「パリへ」(Pari はフランスの首都で固有名詞)は、１類では Pari UT となり、２類は UTL Pari となる。これを見て分かる通り、２類の修飾詞のうち、名詞や代名詞と結び付く修飾詞は英語の前置詞に近い。実際、UTL Pari を英語にすれば to Pari で、UTL が英語の前置詞 to に相当する。

注意して頂きたいのは、英語の「前置詞 ＋ 代名詞」で修飾句を作る場合に、代名詞は目的格になる(例えば、for him となり、for he としない)が、ノシロ語では目的格ではなく主格と同形（for he の如く）にする。

構成詞 は、主に文の論理構成を担うもので、OnD（オンドゥ、及び）や OA（オア、又は）が代表的。英語で言うと接続詞の and や or がこれにあたる。しかし、同じ接続詞である that や although や when 等に相当する語は構成詞に含めず、節（節は主語と動詞を有する）を導く「節理詞」とする。

節理詞 は、節の最後 （1 類）又は 最初 （2 類）に来て節を導くもので、My（ミュ、～ということ）、Ky（キュ、ところの）、UUS（ウース、けれども）等々多数有る。 例えば、日本語の「私はあなたを好きだ ということ」や「我々が招待した<u>ところの</u>」 や 「私はあなたを好きだ<u>けれども</u>」における「ということ」や「ところの」や「けれども」にあたるもので、英語なら、<u>that</u> I love you や <u>whom</u> invited や <u>though</u> I love you と言うときの that や whom や though、つまり接続詞や関係代名詞に相当する。節理詞は、修飾詞と同様に、節理詞の置かれる位置が、1 類 と 2 類で正反対になることに注意。尚、ノシロ語では and や or にあたる OnD オンドゥ や OA オア は節理詞に含めず構成詞に分類する。

助詞 は種類が多い。文の要素である主語、目的語、補語の後ろに付いて、それが、主語、目的語、補語であることを示す為の要素助詞、動詞に付いて時制や態を明示する時制助詞や態助詞、ある品詞を別の品詞に変換させる変換助詞などが代表的なものである。ここでは **要素助詞** （要素詞）と **時制助詞** を覚えて下さい（以下）。

先ず、主語 を示す**要素助詞** （要素詞）-WA ワ から。ノシロでは、「人称代名詞（SE 私は、ME あなたは等）と 疑問詞（HA 何が、HI どちらが 等）」以外の全ての主語に、<u>主語であることを外形的に示す要素詞 -WA</u> を付ける （例えば、学校、りんご、感謝、中村氏、等々が主語になるときは、学校-WA のように書いて、ガッコウワ、と読む）。 勿論、-WA に代わるノシロ独自の文字記号はあるが、ワープロにノシロフォントを入れない限りそれを出力できないので、ローマ字を用いて 主語-WA と表す。ノシロ独自の記号なら 1 字分しか取らないのに、ローマ字を使うと -WA という具合に 2 字（W と A）になってしまう。これは冗長を嫌うノシロ語としては些か残念なので、慣れてきたら -W と書くようにしよう。-WA でも -W でも読み方は「ワ」です。A の 字が無いのに［wa］と発音する不合理を押し付けて心苦しいのですが、1 字分詰められる利点を優先します。

目的語を示す要素詞（-O と -L）は、目的語の後に付けてそれが<u>目的語であ</u><u>ることを外形的に示す</u>ためのもので、やはりノシロ独自の記号が二種類（「オ」と「オル」）用意されているが、PC にノシロフォントを入れない限り出力できないのでローマ字を用いる。主節、目的節、補節の中の目的語を示すには 目的語-O オ とし、修飾節（形容詞節 と副詞節）の中の目的語を示すには 目的語-OL オル とする。-OL は、主語を示す為の -WA を、慣れて来たら成るべ

く -W とするのと同じ理由で -L とする。こう書いても読み方は オル。主語
を示す -W は、その主語が主節（及び目的節と補節）の中に有るか修飾節の中
に有るかに関係無く一律に -W だが、目的語を示す要素詞は、その目的語が名
詞節（主節、目的節、補節となる）の中に有るか、修飾節の中に有るかで -O
オ と -OL オル（慣れてきたら -OL ではなく単に -L と書こう）を使い分け
ることにご注意。修飾節というのは、形容詞節 と 副詞節 のことです。

補語を示す要素詞（-E と -Q）もノシロ独自の記号があるが、ワープロ表記で
きないのでローマ字を使う。主節、目的節、補節の中の補語を示すには、補語
-E エ とし、修飾節（形容詞節 と 副詞節）の中の補語を示すには、補語-EQ
エチュ とする。-EQ は、主語を示す為の -WA を、慣れて来たら成るべく -W
とするのと同じ理由で -Q とする。こう書いても読み方は エチュ。実は、補
語を示す要素詞は、長く複雑な文で、読み手を混乱させる恐れがある場合しか
表示しない。例えば、「これは本です」の如き簡単な文では、

TO-W　本-E　RI。　トワ ホンエリ リ　とせずに、

TO-W　本　RI。　トワ ホン リ　で良い。

２類も同様に、TO-W　RI　book-E.　トワ リ ブックエ　とすることなく、
TO-W　RI　book.　で良い。

【注1】TO は「これ」、RI は「〜です」で英語の be 動詞。結局、-E エ と
-Q　エチュ は、-W ワ や -O オ や -L オル 程には頻繁に使われない、従っ
て見かけることも殆どない。つまり、-E や -Q は自分が文を書いたり解析す
るときに、これは 「補語なんだぞ」 ということを確認するために付けるも
の。尚、この後に学ぶことですが、簡単な SCV 型（２類は SVC 型）の文で、
動詞が RI（英語の be 動詞）で、かつ、その時制が現在形の場合（英語の is
か are）は、RI を省略し、TO-W　本.とすることができる。つまり、-E も
RI も省略されて、句読点（１類は 。 に対し ２類は ，．）以外は 1、2
類が完全に同じ文になる。

【注2】要素助詞は文の要素（S、O、C）に付けるもので、言語学で習う格助詞
より守備範囲が少し広い。言語学の能格、対格、絶対格等の知識は不要（日・
英語の知識だけで十分）です。

要素助詞（= 要素詞）をまとめて表にしましょう。

要素詞	主節、目的節、補節 （即ち、名詞節の中で）	修飾節 （形容詞節と副詞節の中で）
主語に付ける要素詞	－W　ワ	－W　ワ
目的語に付ける要素詞	－O　オ	－L　オル
補語に付ける要素詞	－E　エ	－Q　エチュ

【注1】修飾節（形容詞節と副詞節）というのは、英語で言えば、関係代名詞の that、who、when 等に導かれる形容詞節、及び、接続詞の after（〜後）、if（もし〜）、when（時）、because（何故なら）等に導かれる副詞節をいう。

【注2】慣れるまでは、-W ワ を -WA と書いても良い(-WA なら発音と文字が一致する)。同様に、－L オル を -OL、-Q エチュ を -EQ と書いても良い。

【注3】-O と -L は省略できないが、-E や -Q は、ノシロ文法に慣れて来たら省略してよい。実は -E や -Q は、それが補語であることを自分で確認するためのものなので、補語であることを理解しているなら付けなくて良い。

動詞の時制を示す **時制助詞** は簡単そのもの。過去は動詞の語尾に -TA タを付け、未来は -RE レ を付ける。其々 -T タ、-R レ と省略可。-TA も -Tも「タ」と読む。同様に -RE も -R も「レ」と読む。- は読まない。現在時制なら何も付けない。

例）RyU リュー 歩く（現在）、RyU-T リュータ 歩いた（過去）、RyU-Rリューレ 歩くだろう（未来）。

動詞の時制を示す **時制助詞** は簡単そのもの。過去は動詞の語尾に -TA タを付け、未来は -RE レ を付ける。其々 -T タ、-R レ と省略可。-TA も -Tも「タ」と読む。同様に -RE も -R も「レ」と読む。- は読まない。現在時制なら何も付けない。

例）RyU リュー 歩く（現在）、RyU-T リュータ 歩いた（過去）、RyU-Rリューレ 歩くだろう（未来）。

52

時制助詞 をまとめて表にしよう。

【注】態や進行形は、次章「動詞」 で学ぶ。

時制助詞	過去	現在	未来
動詞の語尾に付ける	－T　タ	何も付けない	－R　レ

【注】慣れるまでは、-T を -TA と書いて構わない。読み方はどちらも タ で
ある。同様に -R を -RE と書いてもよい。読み方はどちらも レ。ハイフンは
読まない。

締めくくりは **自然詞** です。自然詞は、感嘆詞や擬音語や動物の鳴き声を表し
ます。例えば、感嘆詞は、AA アー、OO オー、SOO ソー 等です。自然詞はこ
れだけ。説明も何も必要ない。超簡単ですね。

４－３　　句

語が２語又はそれ以上集まったものだが節には届かないもの。　名詞句、形容
詞句、副詞句がある。後の二つ即ち、形容詞句 と 副詞句 は、他の語（稀に
文全体）を修飾するので 修飾句 という。

名詞句 は、「目的語（又は補語）と 動名詞が組み合わさったもの」で、主
句、目的句、補句のいずれかになる。

形容詞句 は、「目的語（又は補語）と 動形容詞が組み合わさったもの」と
「名詞（又は代名詞）と 修飾詞が組み合わさったもの」と「動詞 と 修飾詞
が組み合わさったもの」の三種ある。形容詞句は名詞や代名詞を修飾する。

副詞句 は、「名詞（又は代名詞）と 修飾詞が組み合わさったもの」と「動詞
と 修飾詞が組み合わさったもの」の 二種ある。副詞句は、形容詞、副詞、動
詞、又は文全体を修飾する。

【注】 一語しかないときは、句ではなくて「語」です！

例）　パリへの（形容詞句）、パリへ（副詞句）

1類：　P a r i　U T　　　　パリ　ウトゥ
2類：　U T L　P a r i　　　ウトゥル　パリ

（注）単語を書くだけではノシロ語らしさを感じ難いが、句や節では、1、2類間の語順の対称性を見ることになるので、ノシロ語らしさを感じることができるでしょう。上例は、Pari という名詞（固有名詞）と修飾詞 UT（2類は UTL になる）が組み合わさってできた「句」で、形容詞句（**パリへの飛行機**）にも、副詞句（**パリへ行く**）にもなる。1類の修飾詞の後に L を付ける（UT を UTL にする）と直ちに2類の修飾詞になる。UTL の発音はウトゥル。

4－4　節

節は、語や句が集まって　「主語＋動詞」　という骨格ができ上がり、全体が節理詞に導かれているものをいう。節理詞の位置は、修飾詞の場合と同様に、1、2類 で対称的になる。即ち、

1類の基本語準は、「主語＋動詞 」＋ 節理詞　となり、
2類の基本語準は、 節理詞 ＋「主語＋動詞 」　となる。

一番簡単な節は、ここで述べたような 主語 と 動詞 と 節理詞 の3語だけからなるが、大抵はこれ等の他に目的語（又は補語）や 修飾語 や 修飾句が加わる。節には、名詞節、形容詞節、副詞節がある。後の二つを修飾節という。

名詞節 は、節理詞 My ミュ（英語の that）か Dy デュ（wether）に導かれ、主節、目的節、補節のいずれかになる。例を見ましょう。

例：　私はあなたを好くということ

1類：　S E　M E－O　A P L I S　M y　　セ　メオ　アプリス　ミュ

2類：　M y　S E　A P L I S　M E－O　　ミュ　セ　アプリス　メオ

（注）ＳＥ は人称代名詞で「私は」。ＭＥ も人称代名詞だが「あなたを」という目的語なので －Ｏ が付く。この －Ｏ を付けないと主格「あなたは」になってしまう。APLIS は「好く」。My ミュ は名詞節を導く節理詞で「〜ということ」。英語の接続詞 ｔｈａｔ にあたる。１類は、My が最後に来て ＳＯＶ の骨格を導くのに対し、２類では My が最初に来て ＳＶＯ の骨格を導く。これは先に学んだ 句 の場合に、１類の修飾詞は後置されるのに対し、２類の修飾詞は前置されるのに相応している。

日本語や英語を使って以下のように書いても良いが、基本単語（ここでは ＳＥ、ＭＥ-０、My の三語）の使用はどんな場合でも必須である。従い、先ず使用頻度の高いノシロ基本単語を先ず 30 語 ほど覚え、更に 60〜70 語 まで覚えてしまうと、ノシロ語学習が楽しくなり、自らノシロ文を書いてみようという気持ちになると思います。

１類： ＳＥ　ＭＥ－Ｏ　好く　My　　　　セ　メオ　スク　ミュ
２類： My　ＳＥ　like　ＭＥ－Ｏ　　　ミュ　セ　ライク　メオ

（注）英単語をそのまま利用する場合は小文字で（like のように）書く。日本語はそのまま（好く）でＯＫ。

形容詞節 は、節理詞の Ky キュ（英語の that、who、which 等）に導かれて名詞や代名詞を修飾する。英語の「関係代名詞 ＋ 形容詞節」は、ノシロ語では、「節理詞 ＋ 形容詞節」になる（１類は、「形容詞節 ＋ 節理詞」）。ノシロ語には、関係代名詞というのは無い。

【注】形容詞節は、主語や目的語が形容詞節内から外に抜け出して空席状態になることがある（英語の関係詞を用いる場合と同じように）。

副詞節 は、副詞節を導く節理詞（数多くある）に導かれて、形容詞、副詞、動詞を修飾する。時には文全体を修飾する。

４－５　文型

４-５-１　文の要素

主語（Ｓ）、動詞（Ｖ）、目的語（Ｏ）、補語（Ｃ）を文の要素という。主

語、目的語、補語は其々、主節、目的節、補節 となることもある。動詞が文の最後に来る ＳＯＶ型 を１類、動詞が主語の直後に来る ＳＶＯ型 を ２類と総称する（英語で １類、２類 を説明する時は、Mode I、 Mode II、又は、Mode 1、Mode 2 と書く）。ノシロ語では、１類も２類も３類も標準で全く対等です。文を書くときは、単語と単語の間を１字分空ける。

ノシロ１類、２類の文は、主語以外の語順が対称的（１類は ＯＶ、 ２類はＶＯ という具合）になっているので、その語順（単語の配列）を機械的に置き換える（逆にする）だけで直ちに相手側の文になる。厳密に言うと、１類と ２類 の違いは、語順の対称性だけではなく他にも幾つかの小さな違いがある。その主なものは、句読点の違い（１類は 。 と 、 を使うが、 ２類は ． と ， を使う）、それと １類の修飾詞の語尾に機械的に Ｌ を付けたものを ２類の修飾詞とする（例えば、「どこそこへ」の意の修飾詞は、１類では ＵＴ ウトゥ だが、２類では ＵＴＬ ウトゥル）という点だが、何といっても最重要なのは語順の対称性です。

ノシロ語の学習者は、１類、２類 の双方を同時に学ぶが、使用に際しては使い勝手の良いほうを自由に選べます。語順の対称性と、無意味な例外や不規則変化がない合理的な文法のおかげで、対話の当事者が同じ語順で対話する場合は勿論のこと、逆の語順で対話しても容易に理解し合うことができる。ノシロ１類 で話したり手紙を書く時は先ず ＦＩＩＮＡ フィーナ と挨拶して自分がノシロ１類を用いることを相手に知らせ、ノシロ２類を使う時は、最初にＡＬＯＯ アロー と挨拶して自分が２類を使うことを相手に知らせます。

ＦＩＩＮＡ、ＡＬＯＯ は、「こんにちわ」の挨拶も兼ねる。会話や手紙の書き出し、電話、それと電子メールの最初の言葉でもある。街や野山でノシロ仲間に会った時も、ＦＩＩＮＡ や ＡＬＯＯ と声をかけてください。挨拶だけで、会話をしなくても構いません。屋内で出会った時はどう挨拶するのか ？勿論、FIINA、ALOO です。尚、３類の挨拶は ＳＡＬＡＭ サラム を予定。

１類の基本語順 をもう少し詳しく分けると、
ＳＶ、 ＳＣＶ、 ＳＯＶ、 Ｓ（Ｏ$_a$Ｏ$_b$）Ｖ、 Ｓ（ＯＣ）Ｖ となる。

２類の基本語順 は、
ＳＶ、 ＳＶＣ、 ＳＶＯ、 ＳＶ（Ｏ$_a$Ｏ$_b$）、 ＳＶ（ＯＣ） となる。

【注】 O a は間接目的語、O b は直接目的語。

S と V しかない最も単純な文は、1、2類とも同じ語順だが、 C や
O が続く場合は、主語以下の語順が逆になる。つまり、CV と VC、
OV と VO、（O a O b ）V と V（O a O b ）、（OC）V と V（OC）
という具合に。（ ）内に収まっている O a O b 、OC の順序は、1、2類と
も同じ。尚、（ ）は、語順の理解を容易にするために書いたもので、実際の
文で（ ）を書き出す訳ではありません。

上記の 1、2類 の基本語順の分類には示していないが（紙面が混み合って見
難くなるので）、人称代名詞（私、あなた等）と 疑問詞（誰、どちら等）以
外の主語には、それが主語であることを示す助詞（要素詞）－WA が付く。
ノシロに慣れて来たら －W と略すが、略しても読み方は同じで［ｗａ］ワ
である。 実は、ノシロ語には －W の代わりに、ノシロ独自の記号（勿論、
読み方は同じで ワ ）が作られているが、今のワープロではその記号を表記で
きないので、ローマ字を使って －WA と書く。しかし、ローマ字では残念な
がら 2文字になってしまうので、 A を落として －W とするが、読み方は
ワ を保つのである。人称代名詞と疑問詞に －WA や －W を付けない理
由は、人称代名詞や疑問詞は数が少なく、誰でも直ぐに覚えられるので、一々
付けなくても主語であることが簡単に分かるから。ハイフン（－）（ノシロ語で
は キウィットゥ と呼ぶ）は読まない。

又、主節、目的節、補節の中の目的語には、それが目的語であることを示す要
素詞 －O を付けて オ と読む。修飾節（形容詞節と副詞節）中の目的語には
－OL （オル）を付ける。慣れて来たら －OL を －L と略すが、略しても
読み方は同じで オル。 － は読まない。ノシロには主語の場合と同様に目的語
を示すための独自の記号があり、オ や オル と読むが、やはり現在のワープ
ロソフトではその記号を表記できないので、ローマ字を使う。

長くて解り難い主節、目的節、補節の中の補語には －E を付けて エ と読
む。長くて解り難い修飾節中の補語には －EQ エチュ を付ける。これもノ
シロに慣れたら －Q と省略して良い。省略しても読み方は同じで エチュ で
ある。目的語に付ける －O オ や －L オル はどんな場合も必須だが、－E
エ や －Q エチュ は長く複雑な文で、読み手が苦労しそうな場合だけ付け
る。ノシロにはこのように補語を示すための独自の記号があるが、やはり今の
ワープロソフトでは表記できないので、ここに述べたローマ字を使う。上述の

57

1類と　2類の基本語順の分類（ＳＯＶ、ＳＶＯ等）では、見易くするために、主語、目的語、補語に付ける要素助詞を一切省いてあるが（例えば、　Ｓ-Ｗ　Ｏ-Ｏ　Ｖ　と書かず、単に　ＳＯＶ　と書いている）、実際に文を書く時は要素助詞を忘れずに書いて下さい（但し、補語に付ける　-Ｅ　と　-Q　は非常にしばしば省略される）。

　又、動詞の現在形には時制助詞は付かないが、過去形には　－ＴＡ　タ　を付け、未来形には　－ＲＥ　レ　を付ける。ノシロに慣れたら　－ＴＡ　は　－Ｔ　と書き、－ＲＥ　は　－Ｒ　と書いて構わない。短く書いても読み方は同じで、其々、タ［ｔａ］、レ［ｒｅ］である。－　は読まない。

　5文型の例をざっと見ておきましょう。但し、今は、Ｓ、Ｏ、Ｃ　が、名詞や形容詞や動詞である文を見ることにしよう。Ｓ、Ｏ、　Ｃ　が節や動名詞である文は、節理詞の知識も必要になるので後章で学びます。

4-5-2　基本文型

● 　ＳＶ　型

この文型だけは、1類も　2類　も同じ語順。

【注】但し、Ｓ（主語）や　Ｖ（動詞）に修飾句や修飾節が加わる場合、ＳＶの位置関係は不変だが、修飾句や修飾節の位置は逆になる。

例文：　　私は歩く。

1類：　ＳＥ　ＲｙU。　　　　　セ　リュー
2類：　ＳＥ　ＲｙU.　　　　　セ　リュー

ＲｙU　は「歩く」。「歩く」に日本語の「歩く」や、英語の‘walk’をあてると以下のようになる。但し、人称代名詞　ＳＥ　セ　は基本単語なので他の言語に置き換えることはできない。人称代名詞　と　疑問詞　には、主語を示すための要素助詞　－Ｗ　ワ　を付けない。何故なら、人称代名詞と疑問視は数が少なくて簡単に覚えられる、そして一旦覚えてしまうと、一々要素助詞　－Ｗ　を付けるのが却って面倒になってくるからです。

1類： SE 歩く。　　　　セ　アルク
2類： SE walk.　　　セ　ウォーク

SOV 型　　（2類は SVO）

例文：　私はあなたを愛する。

1類： SE ME−O APLOS。　　セ　メオ　アプロス
2類： SE APLOS ME−O.　セ　アプロス　メオ

（注）SE は人称代名詞の一人称主格単数で「私は」。人称代名詞と疑問詞の
主格には要素助詞 −W を付けない。 ME−O は人称代名詞の二人称単数
の目的格で「あなたを」。目的語だから要素助詞 −O を付ける。APLOS は
他動詞で「愛する」（love）。時制は現在だから時制助詞 −T も −R も
付けず APLOS のまま。日本人、韓国人、インド人等は 1類の語順に親しみ
を感じ、英米人等は 2類の語順に親しみを感じると思うが、どちらを使うか
は書き手（話し手）の自由です。参考までに、APLIS は「好む」（like）。

● SCV 型　（2類は SVC）

例文：　その家は大きいです。

1類： BOI BIIUS−W AUB （RI）。
　　　ボイ　ビーウスワ　　　アウブ　（リ）

2類： BOI BIIUS−W （RI） AUB.
　　　ボイ　ビーウスワ　　　（リ）　アウブ

（注）BOI は 「その」。BIIUS は「家」。この BIIUS は人称代
名詞でも疑問詞でもないから要素助詞 −W を付ける。−W なのに ワ と
読むのに抵抗を感じる人は、慣れるまで −WA と書いても良い。 AUB
は「大きい」。RI は 〜 です。英語なら be 動詞の is。この文は短く
て簡単な文なので AUB−E としなくて良い。要するに、−E は自分で
「この語は補語だ」ということを確認するためのもの（解っていれば書き出す
必要なし）。尚、この型の文、つまり SCV（2類は SVC）型の文で動詞

が RI の現在形の場合に限り、RI を省略できる。省略すると、句読点の種類を除き、1、2類とも全く同文になる。但し、動詞が RI であっても、過去形や未来形の場合は省略せずに RI-T （リタ と読む）や RI-R （リレ と読む）と書く。

● S（O_aO_b）V 型 　　　　（2類は SV（O_aO_b））

例文： 私は彼人（かのひと）に化学の本をあげた。

1類： SE FE-O EQMII BEEK-O APIS-T。
　　　　 セ　フェオ　　エチュミー　ベークオ　　　アピスタ

2類： SE APIS-T FE-O EQMII BEEK-O.

（注）SEは、「私は」。FE-O は「彼人（かの人）に」。目的格なので要素助詞 -O　オ　が付く。FE は人称代名詞の三人称単数形だが性を区別しないので、英語なら the person であり、彼にも彼女にもなる。どうしても 彼（He）と言いたいときは FE ではなく、MAFE マフェ を使い、彼女（She）と言いたいときは DAFE ダフェ とする。EQEMII は「化学」。BEEK は「本」。目的語なので -O を付ける。目的語を示す要素助詞 -O は、直接目的語、間接目的語の区別をしない。APIS は、「あげる」 で英語の動詞 give。ここで復習！ APIS（あげる）、APLIS（好く）、APLOS（愛する）。

この文では以下のように、「～へ」を表す 修飾詞 UT （2類は UTL）を使う表現も可能。

1類： SE <u>FE UT</u> EQMII BEEK-O APIS-T。
2類： SE APIS-T EQMII BEEK-O <u>UTL FE</u>。

（注）「彼人」 は 「あげた」 を修飾しているわけではないことに注意。 この文は、移動元、移動先、移動物、行為の四つが独立していて、どれがどれを修飾するといった関係にはない。

更に、以下のように 「移動元」（私）と 「移動先」（かの人）をセットにして最初にまとめ書き（下線で示す）してしまう表現も可。

1類： SE FE UT EQMII BEEK-O APIS-T。
2類： SE UTL FE APIS-T EQMII BEEK-O.

（注）英語は、「前置詞＋代名詞」で修飾句を作る場合、代名詞は目的格になるが、ノシロは原形（主格と同形）。つまり、FE-O UT や UTL FE-O のようにしないで、 FE UT や UTL FE とする。

● S（OC）V 型 （2類は SV（OC））

★ C が形容詞の場合

例文： あなたは彼の無罪に（彼が無罪なことに）気づくだろう。

1類： ME MAFE-O 無罪-E 気づく-R。
2類： ME find-R MAFE-O innocent-E.

（注）-R レ は未来時制を示す時制助詞。

基本単語以外は上例のように日本語や英語から単語をいくら流用しても構わない。ノシロ語はそれができるように作られています。参考までに、「無罪」と「気付く」意の国際標準単語は、IAANAL イアーナル、UREAS ウレアス です。SOCV（2類は SVOC）の文では、O を原形にすれば、即ち、MAFE-O から -O を落としてしまえば（-O が付かない裸の MAFE が原形で、形の上では主語の形と同じになる）、以下のように要素助詞 -E をも省略できる(結局、SOCV（SVOC）の O に付ける -O と、C に付ける -E とを共に消せる)。

1類： ME MAFE 無罪 気づく-R。
2類： ME find-R MAFE innocent.

例文： 彼はその部屋を清潔に保つ。

1類： MAFE BOI 部屋-O 清潔-E 保つ。
2類： MAFE keep BOI room-O clean-E.

あえて、目的語の 「部屋」 に -O を、補語の「清潔」に -E を付けて

61

書きました（勿論、誤りではないです）。しかし、「ＢＯＩ　部屋」 を原形にすれば（ＢＯＩ　部屋－Ｏ　から　－Ｏ を除けば原型になる）、以下のように　－Ｅ まで省略できる。「部屋」の意の国際標準単語は　ＴＯＭ。

1類：　ＭＡＦＥ　ＢＯＩ　部屋　清潔　保つ。
2類：　ＭＡＦＥ　ｋｅｅｐ　ＢＯＩ　ｒｏｏｍ　ｃｌｅａｎ。

例文：　警察は殺人犯を生きたまま捕まえた（無抵抗だった？ ので射殺せずに済んだ）。

1類：　警察－Ｗ　殺人犯－Ｏ　生きたまま－Ｅ　捕まえる－Ｔ。
2類：　Ｐｏｌｉｃｅ－Ｗ　ｃａｔｃｈ－Ｔ　Ｋｉｌｌｅｒ－Ｏ　ａｌｉｖｅ－Ｅ。

殺人犯－Ｏ　を原形にすれば（－Ｏ　を除けば）、以下のように　－　も　－Ｅ　も無い短い文にできる。

1類：　警察－Ｗ　殺人犯　生きたまま　捕まえる－Ｔ。
2類：　Ｐｏｌｉｃｅ－Ｗ　ｃａｔｃｈ－Ｔ　ｋｉｌｌｅｒ　ａｌｉｖｅ。

（注）－Ｔ　タ　は過去時制を示す時制助詞。「警察」は AnPOLI 、「殺人犯（人殺し）」は InPIAA、「生きたまま（生きてる状態）」 は AUUL。

★　Ｃ　が名詞の場合

例文：　私は彼女が看護婦だと理解した。

1類：　ＳＥ　ＭＡＦＥ－Ｏ　看護婦－Ｅ　理解する－Ｔ。
2類：　ＳＥ　ｕｎｄｅｒｓｔａｎｄ－Ｔ　ＭＡＦＥ－Ｏ　ｎｕｒｓｅ－Ｅ。

ＭＡＦＥ　マフェ　を原形にすれば（－Ｏ　をとるだけ）、以下のように　－Ｅ　も省略できる。

1類：　ＳＥ　ＭＡＦＥ　看護婦　理解する－Ｔ。
2類：　ＳＥ　ｕｎｄｅｒｓｔａｎｄ－Ｔ　ＭＡＦＥ　ｎｕｒｓｅ。

例文：　　両親は彼等の娘を医者にする。

1類：　　両親－W　FENI　娘－O　医者－E　BLE。
2類：　　Parent－W　BLE　FENI　daughter-O　medical　doctor-E.

（注）FENI　フェニ　は、彼等の（英語の　their）。BLE　ブレ
は使役動詞（英語の　make）。

「娘」を原形にして、以下のように　－O　や　－E　を省く方が良い（文が
短くなります）。

1類：　　両親－W　FENI　娘　医者　BLE。
2類：　　Parent－W　BLE　FENI　daughter　medical　doctor.

（注）BLE は使役動詞（= make/have/get）で他者を使う（用立てする）場合に
使う。使役は、主語が目的語を部分的に支配して主語の思い通りに行動させる
ということだが、本例のように、　OC　の　C　が名詞の場合は、O　に特
定の行為や行動をさせる、というよりも　O　全体を支配して　C　にする、
C　に変えてしまう、という意味になる。この文は使役動詞　BLE　の代わり
に、「　～　を　－　にする」という意味の他動詞　EKAMS　エカムス　で置き
換え可能（EKAMS = make）。又、ノシロ語では、名詞は単複同形なので、
Parents　としない。

★　　C　が動詞の場合

この場合は、OC　が実質的に「主語と述語」の関係になっている。つまり
S（OC）V　は、　S_1（$S_2 V_2$）V_1　に近く、従って、OC　に　－O
や　－E　付ける必要はない（付けても間違いではないが、くどくなる上に、
動詞にまで　－E　を付けることに違和感を感じると思う）。これ等について
は、Webページ１０号　の　動詞中の　使役動詞　や　知覚動詞　でも学びます。　実
はこの文型は多様な文を含み、それに伴う文法の知識も次々と必要になるの
で、今はざっと例文を見るだけにしよう。

例文：　　私達は彼女が歌っているのを聞いた。
1類：　　SEN　DAFE　歌う－In　聞く－T。
　　　　　（S）　　（O）　　（C）　　　（V）

63

2類：　SEN　hear－T　DAFE　sing－In.
　　　（S）　　（V）　　（O）　　　（C）

（注）-In　イン　は進行形を示す進行助詞。-T　タ　は過去時制を示す時制助詞。

例文：　先生は生徒を立たせておいた。

1類：　先生－W　生徒　立つ－In　保つ－T。
2類：　Teacher-W　keep-T　student　stand-In.
　　　　　（S）　　　（V）　　　（O）　　　　（C）

（注）ノシロの使役動詞　BLE　（～させる）を使えば

　　1類：　先生－W　生徒　立つ－In　BLE－T。
　　2類：　Teacher-W　BLT-T　student　stand-In.
　　　　　　（S）　　　（V）　　（O）　　　　（C）

となる。　－In　は進行助詞、　－T　は過去時制を示す時制助詞。

例文：　私は　あなたを待たせたままにして　ご免なさい。

1類：　IZVINII、SE　ME　待つ－In　保つ。
2類：　IZVINII,　SE　keep　ME　wait-In.

（注）IZVINII　イズヴィニー　は「ごめんなさい」。名詞節を導く　My
ミュ（英語の接続詞　that　）を使って以下のようにも書けるが、長くなるので
上例の方が良い。　名詞節については後章で詳しく学びます。

　　1類：　SE　PA　SE　ME　持つ－In　BLE　My　詫びる。
　　2類：　SE　applogize　My　SE　BLE　ME　wait-In.

（注）PA　パ　は、1類の区切り助詞。　主節の中の入れ子になる節（従属節
や修飾節）や句の最初に区切りとして置くものだが、これをどれほど多く使う
かは書き手の自由。上例1類では、SE　から　My　ミュ（英語の接続詞
that　に相当）までが入れ子（従属節でかつ目的節）になっている。　区切り
助詞は、書き手も読み手もノシロ語に精通しているなら省略しても良い。

1類の PA に対応する 2類の区切り助詞は ZA ザ で、 ZA は主節の中の入れ子になっている節（My から wait－In まで）や句の最後に置くことが多いが、入れ子の節の最後が、文の最後でもある、という場合は(上例の2類がまさにそう)、文全体の理解も容易だから区切り助詞は不要になる（だから wait－In の後に ZA は無い）。 区切り助詞というのは要するに文の理解を助けるために置くものである。1類は PA で、2類は ZA。パザ と覚えよう。助詞にはこれ以外にも多くのものがあります。

例文： 私達は彼女が歌を歌っているのを聞いた。

1類： SEN DAFE 歌－O 歌う－In 聞く－T。
2類： SEN hear－T DAFE sing－In song－O.
　　 （S） （V） （O） （C） 目的語

(注) SOCV（2類は SVOC）中の C が他動詞で、その他動詞が目的語を伴うときは、その目的語には －O を付ける（即ち、sing の目的語 song には -0 を付ける）。

例文： 私は髪の毛を刈ってもらう （人に刈らせる＝使役）。

1類： SE 髪 刈る－ZE BLE。
2類： SE BLE hair cut－ZE.
　　 （S） （V） （O） （C）

1類： SE SEI 髪 刈る－ZE 求める。
2類： SE ask SEI hair cut－ZE.
　　 （S） （V） （O） （C）

(注) 上のどちらも可。BLE は使役動詞で、他人を使用する（用立てする）場合に使う。SEI （私の）は、誤解を招く恐れがなければ書き出さなくてもよい。－ZE ゼ は受動態を示す態助詞。受け身動詞 GH グフ を使って以下のように書くこともできる（英語の get ＋ 0 ＋ done）。受け身動詞 GH も、使役動詞 BLE も次の Web ページで詳しく学びます。

　　 1類： SE （SEI） 髪 刈る－ZE GH。
　　 2類： SE GH （SEI） hair cut－ZE.

```
            (S) (V)              (O)        (C)
```

例文：　私はテレビを修理させたい。

```
1類： SE  テレビ  修理する－ZE  BLE  <  IYUS。
2類： SE  IYUS  >  BLE  TVset  repair－ZE.
     (S)     (  V  )      (O)        (C)
```

（注）BLE は使役動詞。IYUS は「欲する」。IYUS の丁寧表現
IYAA（英語の would like to do）。特定動詞（BLE）と 不定動詞（IYUS）
が一組になっている。1類（BLE < IYUS）と、2類（IYUS > BLE）で二つの
動詞の順序が逆になるが、次の Web ページで詳しく学ぶので、今は気にしな
くて大丈夫です。記号　<　や　>　は、特定動詞と不定動詞を結び付ける連
結詞で、どちらも「ン」と発音する。

例文：　私は 彼に このテレビを 修理させたい。

```
1類： SE  DAFE  TO  テレビ-0  修理する  BLE  <  IYUS。
      セ  ダフェ  ト  テレビオ  シューリスル  ブレン  ン  イユース
2類： SE  IYUS  >  BLE  DAFE  repair  TO  TV-0.
     (S)  (  V  )     (O)     (C)       (repair の目的語)
```

例文：　あなた達は自分自身を（他の人に）理解させそこなった。

```
1： MEN  MENL  理解する－ZE  BLE  <  失敗する－T。
2： MEN  fail－T  >  BLE  MENL  understand-ZE.
    (S)       (  V  )        (O)        (C)
```

（注）MEN メヌ は ME（あなたは）の複数形。MENL メヌル は人称再
帰代名詞（あなた達自身 yourselves）。単数形は MEL メル。－ZE はノ
シロの受動態（英語では態というより分詞になるが）を示す。名詞、代名詞、
動詞は、5章と6章で詳しく学ぶので心配ご無用です）。

以上で4章を終ります。皆様にはお愉しみ頂けましたでしょうか。■

第5章　修飾語、修飾句、修飾節と配列、文の種類、否定

5－1　修飾語

ノシロ語で、修飾語（一語）として扱うものは以下の五種である。

1．形容詞
2．副詞
3．助動詞
4．一部の助詞
5．目的語や補語をとらない動形容詞

動形容詞は準動詞で、英語の分詞や不定詞に相当する。修飾語と被修飾語の位置関係は、1、2類共に同じで、以下のように修飾語が常に先に来て、被修飾語は後になる。否定語も、否定される語（被修飾語）の前に置く。

1類：　<u>修飾語</u>　＋　被修飾語　　　　　（注）見易いように修飾語に下線。
2類：　<u>修飾語</u>　＋　被修飾語

例）　黄色い本

　　　（日語）　<u>黄色い</u>　本
　　　（英語）　<u>yellow</u>　book

　ノシロ語　1類：　<u>EILO</u>　BEEK　　エイロ　ベーク
　　　　　　2類：　<u>EILO</u>　BEEK　　エイロ　ベーク

　（注）EILO は「黄色い」、BEEK は「本」の意。

5－2　修飾句

修飾句（二語以上から成る）には以下の三種類がある。

1. 名詞（代名詞、動名詞）が修飾詞と結びついて、形容詞句、又は副詞句に
   なっているもの

2. 動詞が修飾詞（BI、DI、FI、GI、JI、KI のいずれか）と結び付いて、
   形容詞句、又は副詞句になっているもの

3. 目的語や補語をとる動形容詞

修飾句と被修飾語の配列は、前述した「修飾語 ＋ 被修飾語」（1、2類共にこ
の形）の場合と異なり、以下のように、1、2類で逆になる。つまり、1類で
は、修飾句は被修飾語の前に、2類では、修飾句は被修飾語の後に置かれる。
見易いように修飾句に下線を引き、被修飾語を太字で示す。

1類：　　修飾句　＋　**被修飾語**
2類：　　　　　　　**被修飾語**　＋　修飾句

例）　日本の（にある）家

　　　（日語）　日本　の　**家**
　　　（英語）　　　　　**house**　in Japan

　　　1類：　NIHOn AT　**BIIUS**　ニホン　アトゥ　ビーウス
　　　2類：　　　　　　　**BIIUS**　ATL NIHOn
　　　　　　　ビーウス　　　アトゥル　ニホン

（注）NIHOn は「日本」で、勿論日本語から。日本語をそのまま使って日
本 としても良い。BIIUS は「家」。AT は、場所を示す修飾詞。2類
の修飾詞には常に流音 L が付く。L を付けて区別するのは、例えば、
「リンカーン行きのゼファー号」も「ゼファー行きのリンカーン号」 も可能
な場合に、読み手を混乱させないようにするため（1類を好む人も、2類を好
む人も一緒に生活していることを忘れないで下さい）。

（**重要**）シロ語では、文法内部でのストレスを少なくするために、1類では
SOV文 の述部の OV 語順に合わせて、句は、名詞＋後置詞、そして節
は、節＋節理詞 という語順に統一してある。後置詞も節理詞も動詞のような
働きをする（action, function, condition を示す）ので、これ等を全て名詞
の後に置くことで語順の統一性を確保して構造上のストレスを無くしている
（例えば、with, by, to は、have, use, go という動詞と同じような意味を
持ち、after や as は、～が先に起こる、～が存在する、というこれまた動詞
のような意味を持つ）。2類では勿論、順序が反対になる（つまり、全てが
VO の順に統一される）。これは、棒磁石の内部では、どの部分を取り出して
も磁石全体の NS の順序と同じ順序 NS になっているのと似ている。自然
言語にはこうした統一性を破る例外が少なくないが、ノシロ語は初めから合理
的に作られた普遍言語なので、ストレスの原因となる「語順の不統一」は無
い。一般に、1類文（SOV）の中に 「前置詞＋名詞」という語順の句が一つ
有れば句ストレスは 1、二つ有ればストレス2 と言って良く、同様にして、
2類文（SOV）の中に「名詞＋後置詞」の句が一つ有ればストレスは 1、
二つ有ればストレスは 2 と言って良い。又、後章で学ぶ形容詞については、
ノシロ文法では、1、2類共に形容詞（修飾語）は名詞（被修飾語）に前置さ
れるので、もし後置されていれば、その文はストレスを 1 だけ抱えることに
なる。但し、フランス語等では形容詞は前置されるより後置されるものが多い
し、英吾でも something 等に付ける形容詞は後置されるから、この形容詞の
ストレス基準が適用されるのはあくまでノシロ語の場合である。

5－3　修飾節

修飾節は、**形容詞節** と **副詞節** の二つだけ。　形容詞節はもっぱら名詞を修飾
し、副詞節は副詞、形容詞、動詞、又は文全体を修飾する。

1類：　修飾節　＋　**被修飾語**
2類：　　　　　　**被修飾語**　＋　修飾節

例）　日本にある（存在する）**家**

　　（日本語）日本　AT　RIZ　Ky　家
　　（英語）　　　　　　　　house　Ky　RIZ　ATL　Japan

1類：　　　NIHOn AT RIZ Ky **BIIUS**

　　　　　ニホン アトゥ リズ キュ ビーウス

2類：　　　　　　　　　　　　**BIIUS** Ky RIZ ATL NIHOn

　　　　　　　　　ビーウス キュ リズ アトゥル ニホン

（注）RIZ は自動詞で、有る、存在する。Ky は形容詞節を導く節理詞
（英語の関係詞 wich や that に相当）で、「～ところの」と訳すと大抵う
まくいく。BIIUS は 家。2類の例文の前を長く空けたのは、BIIUS
という被修飾語を中心にして、修飾節が対称的に配列されることを示すため
で、実際に手紙を書く際にこんなに間を空けて書くということではない。
尚、この文は RIZ と Ky を使わず、簡単に

NIHOn AT BIIUS　　（1類）や
BIIUS ATL NIHOn　（2類）で済ますことも可能である。

（**重要**）ノシロ語では、文法内部でのストレスを少なくするために、1類では
文の述部の O＋V 語順に合わせて、句は、 名詞＋後置詞、 そして節は、
節 ＋ 節理詞 という語順に統一してある。 後置詞も節理詞も動詞のような働
きをする（action, function, condition を表す）ので、これ等を全て最後に
回すことで語順の統一性を確保して構造上のストレスを無くしている。 2類で
はこれ等は最後ではなく、最初に来ます（後置詞は前置詞となる）。

文の要素と修飾モードまでざっと見たので、この辺りで、ノシロ文法の平面図
と構造図（X線撮影のようなもの）を見ることにしましょう。

文の要素を、S、V、O で代表させると、以下の6文型を考えることができ
る。SOV、SVO、VSO の3文型は、S の後に O が来る、即ち主体
（自己）の確立が最初で、対象（相手）はその次になる。これ等以外の3文型
は、O が最初で、S がその後に来る。地球上では極めて珍しい語順です。

このような語順の言語を使う社会では、例えばデカルトのような哲学者や、先
ず「自分とは何か」を考える人は、恐らく少数派ではないかという気がします
が、読者はどう思われますか。私には、こうした言語構造（OVS、OSV 等）は今
の宇宙が誕生した意味（或いは目的）や、宇宙の構造や知の構造からいっても

不思議です。別世界を作ることも可能だということを今宇宙の創造者（神 ?）がさり気なく示して下さっているのかも知れません。

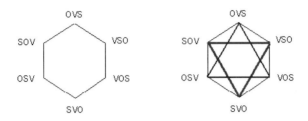

ノシロ語は本来 ＶＳＯ様式（ノシロ３類）も加えた三様式共立言語ですが、本書では、ページ数の制限から、圧倒的に話者数が多い SOV と SVO の２様式だけを取り上げて解説しています。VSO 文法の詳細は、SVO 文法のそれによく似ています。ＶＳＯ言語について一寸だけ触れておきましょう。

代表的な VSO 言語は、アラビア語のフヒーヤ（新聞、ラジオ、書籍等で使われる公式語）で、単語も文も右から左へ VSO の順で書き、話します。我々がアラビア人の書く文を、うっかり左から右へ読むと OSV 語順と看做すことになるので注意しましょう。しかし、同じ３類でも、ゲール語（Gaeilge）は左から読み書きするのでこうした心配はない。ノシロ語の３類は、アラブの人々にも左から右へ（ローマ字、ノシロ文字いずれの場合も）書いて頂くことになります。

次頁の図は、その VSO を加えた時の姿。上側の三角形はノシロ語の三種の基本語順 （SOV、SVO に VSO を加える）と、それらが共有する三つの要素助詞（-W、 -O、-E ）を示し、下側の三角形はノシロの修飾モードを示す。 x は被修飾語、a は修飾語（例えば形容詞）、 a' は修飾句（例えば形容詞句）、a'' は修飾節（例えば形容詞節）を示す。

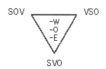

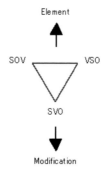

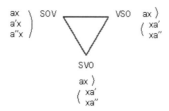

以上をまとめたものが次の図です。三角柱の上面が要素に関するまとめ、下面
は修飾モードに関するまとめになっています。【注】VSO の ax は最終的に
xa となる可能性も極く僅かですが有ります。

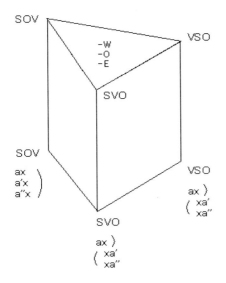

この段階では未だ早いけれど、動詞周りについても同じ要領で構造図を示して
おきます(次図)。動詞については後章で学びます。上図と合わせて五重塔のよ
うにすることも可能だが、混み合って見難くなるので分けて描きました。この
図がノシロ語のX線写真（或いは遺伝子の基本配列）と言って良いでしょう。

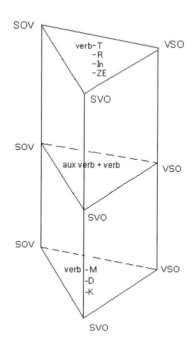

5-4 文の種類

5-4-1 平叙文

事実をありのままに述べる最も普通の文。これまでにあげた例文は殆どが平叙文です（否定語はどの文にも入る）。

5-4-2 疑問文

文頭に ？ 又は ESK を置く。？ でも ESK でも読み方は エスク であ
る。語順は平叙文のそれと同じ。返事の「はい」、「いいえ」に当る言葉は、
YUP ユープ、NAI ナイ である。強調するときは、其々（其々）
YUPn ユープン、NAIn ナイン となる。前者は両唇の閉鎖（p）
が有るのに対し後者には無いので、聴覚障害は有っても視覚は大丈夫という人
も容易に識別できる（外から唇を見て）。会話では、文末を高く発音する方が
良い。会話や簡単な文や非公式文では、エスク の代わりに エ と言うだけで
良いでしょう（特に、文ではなく単語一語に ？ が付く場合はそう）。

例文： あなたは本を送りましたか。

1類： ？ ME BEEK－O PUS－T。

　　　エスク メ ベークオ プースタ （エ メ ベークオ プースタ）
2類： ？ ME PUS－T BEEK－O.

　　　エスク メ プースタ ベークオ （エ メ プースタ ベークオ）

（注）BEEK は、本。PUS は、送る。過去形なので －T が付く。？ の
代わりに ESK と書いて良いが、ESK は 3字、それに対して ？ は1字
なので ？ を使う方が2字分短くなる。更に、この文は会話文なので、エスク
の代わりに エ と言うだけでも良い。

例文： あなたは何を送りましたか。

1類： ？ ME HA－O PUS－T。

　　　エ メ ハオ プースタ （エ メ ハオ プースタ）
2類： ？ ME PUS－T HA－O.

　　　エ メ プースタ ハオ （エ メ プースタ ハオ）

HA は、疑問詞で「何」の意。目的語なので －O が付く。もし主語なら人
称代名詞の場合と同様に何も付けない。他の疑問詞を挙げておこう。

HA（何）、HI（どちら）、HU（誰）、HE（何時）、HO（何処）、
HyA（なぜ）、Hy（どの程度）、HyF（どんな方法）、ENA（反
語）、ETOn（付加疑問）。HU の発音は フ ではなく フー です。

5-4-3 命令文

命令文は、「ME（あなたは）を主語とする平叙文」から作る。 先ず文頭に
YO ヨ を置いてから、主語の ME を削除する。ME 以外の主語の場合は
削除せずにそのまま残す。これで命令文のでき上がり。文頭の YO は、それ
が命令文であることを知らせるマーカーで、疑問文であることを知らせるため
の ？ エスク のような役割をする。YO の強調形（強い命令）は YOI
ヨイ である。

例文： 行きなさい （行け）。

1類： YO ITU。　　　ヨ イトゥー
2類： YO ITU.　　　ヨ イトゥー

（注）ITU は、「行く」。元の平叙文は、1、2類共に ME ITU
「あなたは行く」である。

例文： 行かないで下さい（行くな）。

1類： YO NAI ITU。　　　ヨ ナイ イトゥー
2類： YO NAI ITU.　　　ヨ ナイ イトゥー

例文： ファイルを閉じないで下さい。

1類： YO file－O NAI 閉じる。

　　　ヨ ファイルオ 　ナイ トジル
2類： YO NAI close file－O.

　　　ヨ ナイ 　クローズ 　ファイルオ

（注）「ファイル」と「閉じる」に自然言語の単語をそのまま使っている。

英独仏語等を使う場合は小文字にする。人名、地名、国名のような固有名詞の
場合は、最初の文字だけを大文字にして、あとは小文字にする。漢字には大文
字小文字の区別が無いのでそのまま使う。否定語 NAI も勿論、修飾語であ

る。修飾語は NAI のような否定語も含めて全て被修飾語（ここでは「閉じる」という動詞）の前に置く。日本語の語順は１類のそれと似ているが、否定語については動詞や形容詞に後置される。否定語の位置まで一致するのは例えばヒンディー語である。

例文：　盗難に注意して下さい（注意せよ）。

１類：　YO　InPGL-O　EFTOnS。　　　ヨ　インプグルオ　エフトンス
２類：　YO　EFTOnS　InPGL-O.　　　ヨ　エフトンス　インプグルオ

（注）InPGL は盗難。EFTOnS は注意する、用心する（EFTOn 「注意」に S を付けて他動詞化してる。立て札に注意書きするような場合は、１、２類共に、EFTOn-InPGL と略記（「盗難注意」）してよい。同様にして「足元に注意して」も、EFTOn-BOFT と略記（「足元注意」）してよい。BOFT は足元。

ここで命令文絡みの簡単な構文をご紹介します。構文は、１、２類共通です。

●　命令文、OnD　平叙文　　　　　～ せよ、そうすれば －－

●　命令文、OZn　平叙文　　　　　～ せよ、その後には －－

●　命令文、OA　平叙文　　　　　～ せよ、さもないと －－．

最初の構文は、「ここをもっと勉強しなさい、そうすれば君は A（一番良い成績）を取れる」のような文を作るのに使う。二番目は命令というより動作の案内や動作の流れを示すときに使う。達えば 「先ずメインスイッチを入れる、すると左側の LED が点灯します」といった文になる。三番目は最初の二つとはかなり異なる。「必ず宿題をやりなさい、さもないと君の成績は F（不合格）になってしまうぞ」といった文を作る場合に使う。尚、命令することが幾つもある場合は、それ等の命令文や動詞を OnD で結んでいくことになるから、最後の OnD についてだけ「そうすれば ～」と訳すと良いでしょう。

5-4-4　祈願文

「神様 ～ して下さい」、「神様、どうか地震が来ないように」、「お爺ちゃ

ん（故人）、どうか娘が無事に育ちますように」、といった祈りの文は、文頭に　AHA　（アハ　神）、AHUL　（アフール　宇宙の意思）、ILyGMA（イリュグマ　祖父）等を書き、続けて　PLII　（プリー　どうか、どうぞ）を書いてから、句点を置き、そして最後に願い事を示す平序文で終える。AHA　PLII　以下の事がどうか実現しますようにという意味になる。尚、ハイフンを入れて　AHA−PLII　としても良い。

例文：　神様、どうか地震が起きないように！

1類：　AHA　PLII、地震−W　NAIn　起こる。
2類：　AHA　PLII, earthqwake−W　NAIn　happen.

（注）AHA　PLII　以下の平序文に書かれたことが「実現しますように」と神に祈る。平序文としては、「娘の来週の心臓手術が成功する（しますように）」、「私が明日試験に合格する（しますように）」の如く、そうなって欲しい状態をそのまま書き出せばよい。「神様、地球をお救い下さい」　のような文は、神に行動して欲しいと願うもので、平序文の中から主語となるAHA　を落としても良いが、文頭の　AHA　は省略できない）。使役動詞 BLE　やYBL　等を用いた文も可能である。NAIn　は　NAI（英語なら　no　やnot ）の強調形で、英語の never。

5-4-5　感嘆文

英語では、What　a　−−　や　How　−−　という形をとって、それが文頭に来るが、ノシロ語では自然詞　AA　アー　又は　OO　オー　を文頭に置き、SOO　という自然詞を形容詞や副詞の前に置くだけ。　語順は平序文と同じで、単純明快。　文を　！　で閉じれば感嘆文であることが一層良く分かる（　。　や　.　　で閉じても良い）。

例文：　空は何と美しいのだ！　　　　　（あー、空はとても美しい）

1類：　AA、　NAAS−W　SOO　AOBI　（RI）　！
　　　　　アー　　ナースワ　　　ソー　　アオビ　　（リ）
2類：　AA,　NAAS−W　（RI）　SOO　AOBI　！

　　　　　アー　　　ナースワ　　　　（リ）　　　ソー　　　アオビ

（注）感嘆や感動を表す代表的な自然詞は、ＡＡ、ＯＯ、ＳＯＯ の３語。
ＮＡＡＳ は「空」、ＡＯＢＩは「美しい」。ＲＩ は、「〜です」で、英語の
ｂｅ 動詞。ノシロでは、簡単な ＳＣＶ（２類は ＳＶＣ）の文で、動詞が Ｒ
Ｉ の現在形の場合は ＲＩ を省略できる。ＲＩ を（　）で囲んだのは省略可
能なことを示すため。尚、この文では ＳＯＯ の代わりに、「非常に」の意の
ＺＡＯ（副詞）や 比較表現で多用する ＦＡＡ（形容詞や副詞の意味を強調す
る）や ＦＡＳＴ（最強調する）を使っても良い。その場合でも、文頭には
ＡＡ　や　ＯＯ　があるので感嘆文です。

５−５　否定

否定文 は否定語を含む文というだけであり、上述したいずれの文種のどれか
一つに押し込める必要はない（どの文種にも否定文は有る）。学習効率が良く
なると思うので、今ここでまとめてご紹介します。代表的な否定語は ＮＡＩ
ナイ（英語の no や not）で、強調形は ＮＡＩｎ ナイン（英語の never）で
すが、他にも以下の如き否定語があります。

NAIJE	ナイジェ	誰も 〜 ない（英語の no one）
NAIT	ナイトゥ	誰も、何も 〜 ない（none）
NAISEL	ナイセル	滅多に 〜 ない（seldom）
NAITIn	ナイティン	何もない（nothing）
NAWEA	ナウェア	何処にもない（nowhere）
NAIDE	ナイデ	いずれでもない（neither）
NAIDE 〜 NOA --	ナイデ 〜 ノア --	
		〜 でも -- でもない（neither 〜 nor -- ）
NAIDLI	ナイドゥリ	殆ど 〜 ない（hardly）
NAIMOA	ナイモア	もはや 〜 ない、これ以上 〜 ない、
		今後は 〜 ない（no more）
NAIPA	ナイパ	**部分否定** の文であることを示すために使う
NAI	ナイ	英語の no や not で、強調形は NAIn (never)
		尚、YUP ユープ は英語の Yes で、その強調形は
		YUPn ユープン（Yes, of course ）。

尚、**全部否定** と **部分否定** について、日本語、英語と対照させながら簡単に述べておきます。 以下の a は 全部否定、b と c は 部分否定、d と e は肯定文だが、意味上は部分否定とも言えます。

a . お台場駅へ行く電車はない。

There are no trains to go to Odaiba Station.

（お台場へ行く電車の数はゼロ）

M1：　NAI train-w Odaiba Station UT go.
M2：　NAI train-w go UTL Odaiba Station.

b . 全ての電車がお台場へ行くわけではない。

All trains do not go to Odaiba Station.

（3／4 くらいは行く）

M1：　OOL train-w Odaiba Station UT NAIPA go.
M2：　OOL train-w NAIPA go UTL Odaiba Station.

（注）普通の NAI ではなく、部分否定を表す **NAIPA** を使っている。

c . 全ての電車がお台場へ行くのではない。

Not all trains go to Odaiba station.

（3／4 くらいは行く）

M1：　NAIPA OOL train-w Odaiba Station UT go.
M2：　NAIPA OOL train-w go UTL Odaiba Station.

以下の文でも良いが（NAI は OOL を否定して部分否定にしているで）、**NAIPA** の方が部分否定の文であることがはっきり分かるので、上例のように NAIPA を使うことをお勧めします。

M1：　NAI OOL train-w Odaiba Station UT go.

80

M2: NAI OOL train-w go UTL Odaiba Station.

d. 幾つかの電車はお台場へ行く。

Some trains go to Odaiba Station.

（1／2　くらいは行きそう）

M1: SOM train-w Odaiba Station UT go.
M2: SOM train-w go UTL Odaiba Station.

e. ほんの少しの電車がお台場へ行く。

Only some trains go to Odaiba Station.

（1／4　くらいは行きそう）

M1: OnLI SOM train-w Odaiba Station UT go.
M2: OnLI SOM train-w go UTL Odaiba Station.

気になるのは b だろう。英語に合わせて NAI を使って以下のように書くと、a と同意（全ての電車はお台場へ行かない、お台場行きの電車はゼロ）になってしまう。何故なら、ノシロ語では、修飾語は右隣に位置する被修飾語だけを修飾するからである。

M1: OOL train-w Odaiba Station UT NAI go.
M2: OOL train-w NAI go UTL Odaiba Station.

尚、NAIPA　の語尾 PA は、区切り助詞の PA とは無関係、partial negation を表します。この　NAIPA　は、OOL　等と対を成して構文（部分否定構文）を作る特殊な副詞（兼、助詞）です。つまり NAIPA は読み手に対してその文が部分否定の文であることを知らせます。NAIPA は、a の文には使わない（部分否定文ではないので）。

次の文も上記の b と同様に NAIPA で処理する。

f.　私は全ての問題を解答することはできなかった（＝ かなり解答したが、

解答できなかった問題も少し有り)。

I could not answer all of the questions.

　M1:　SE　question　UB　OOL-O　NAIPA　GIMA　answer-t.
　M2:　SE　NAIPA　GIMA　answer-t　OOL-O　UBL　question.

ここでもし、NAIPA の代わりに NAI を使えば、全く１題も解けなかった(即ち０点) の意となってしまう。GIMA は助動詞で、～できる(英語の can)。UB (２類は UBL) は修飾詞で、～の(英語の前置詞 of)。

以上で５章は終わりです。長いことお付き合いを頂き有難うございました。■

第6章　名　詞

6－1　名詞の種類と役割

部首の無い基本単語（文法と一体化した機能語）を別にすれば、ノシロ語の単語のほぼ全て（友好単語を横滑りさせたものを除く）が部首を持つ。ノシロ語の名詞の殆どは、**非物質名詞** と **物質名詞** に大別される（英語の分け方とは少し異なるのでご注意！）。名詞の部首は、AB から ZII まで、全部で 269 個ある（将来増えるかも知れない）。**非物質名詞** の **部首** は、原則として **母音 A、I、U、E** のいずれかで始まり、**物質名詞** の **部首** は **子音** で始まる。

名詞の役割は、主語、補語、目的語になって文を支えること。又、修飾詞と結び付き、修飾句（即ち、形容詞句 と 副詞句）となって他の語を修飾する。

【注1】将来は母音 O も非物質名詞に充てるかも知れない（現在のところ O で始まる品詞は構成詞のみ）。

【注2】友好単語は各国の自然言語の単語をそのまま（ローマ字音写）、或いはそれに近い形で採用したもので、上述した非物質や物質という区別をせず、部首も持たない。ノシロ語の標準単語に横滑りさせた友好単語は比較的少数で、「数」や「時」に関するものが殆ど。

非物質名詞と物質名詞の中身を見ておこう。

非物質名詞 は、教育、愛、伝播、理解、物理学、経済学、哲学、言語、文法、発音、悲惨、夢、嘘、政治、経剤、組織、投資、仮定、家庭、父、母、犯罪、怒り、裁判、努力、知性、芸術、音楽、趣味、スポーツ ． ． ． 等。

物質名詞 は、力、熱、電磁気、光、振動、エネルギ、素粒子、星、山、土、波、流れ、川、水、雨（水）、雲（蒸気）、空気、ガス、遺伝子、人体、毛髪、動植物、道具、本、パソコン ． ． ． 等で、大休において、物理学、化学、生物学の研究対象になるもの、実験器具などで検出できるものや手で触れるものと言ってよい。尚、これ等物質の属性や作用は物質そのものではないが（例え

ば、熱 NEnH ネンフ や 住所 BIIUS ビーウス）、物質と関連付けて覚える方が
覚え易いのと、部首の数を増やし過ぎないようにするために物質名詞として扱
ったものもある。

ノシロ語の名詞は日本語と同じように性も数も示さない（数詞を除く）、即ち
無性 で **単複同形**。数を示す必要があるときは、数詞の 1、2、3、4、
5、6、--- を名詞の前に置く。SOM（ソム、幾つか）、MUQ（ムーチュ、
多くの）、PLU（プルー、複数の）、SGL（スグル、単数の）等の形容詞を置い
てもよい。SOM は英語の some/little で、MUQ ムーチュ は英語の many/much
である。数を表す語（SOM、PLU 等）の殆どが、名詞 と 形容詞 の兼用（どち
らにもなる）。英語は many と much を使い分けるが、ノシロ語ではしない。

【補足】以前は、名詞の単複をはっきりさせないと落ち着かないという人達
（英米語やインド語の利用者にはそういう人が多い）のために、ノシロ語の名
詞の原則である単複同形を棚上げし、「名詞の後に N（ヌ）を付けて複数形
として良い」として来たが、複数であることを示す方法は上述の通りちゃんと
有るのだから、やはり例外を作らずに単複同形で行くことにしましょう。但
し、人称代名詞の複数形には、今後も N ヌ（ン ではない）が付きます！

6－2　名詞の部首

ノシロ語の名詞は、友好単語を横滑りさせて標準単語に編入させた少数のもの
を除き、全て部首を持つ。部首は漢字の部首のように意味ヒント（semantic
hint）を示すので、部首を知っておくと個々の名詞の意味推定に役立ちます。
特に頻繁に使われる部首を覚えておくと効率が良くなるでしょう。部首に続く
（右側）部分は、その名詞に対応する英単語の語頭の 1～数文字を当てて意味推
定を更に助けるようになっています。但し、対応する英単語が他のノシロ単語
に使われている場合は、英単語の語頭ではなく中間部分の文字を使うが、それ
もできない場合は、止むを得ず無関係な文字をとにかく当てて名詞としていま
す。部首が有るにも拘わらず、それに対応する英単語よりも短い（字数が少な
い）単語が多いが、逆に長くなっているものも少し有ります。

以下に幾つかの **非物質名詞の部首**、及びその部首を持つ名詞の **例** を示す。

非物質名詞の部首	部首の意味	左記の部首を持つ名詞の例
AB	対話、討論、会合、批判、影響、効果など	ABDIA（対話、dialog）、ABKOn（会合、conference/meeting）、ABKRI（批判、criticism）、ABRIB（反論、rebuttal）、ABIn（影響、influence）、ABEKT（効果、effect）
AP	愛、好み、養育、徳、助け、好感、歓び、恋人	APLO（love）、APLI（likes）、APAAQ（virtue）、APLIOn（good feeling）、APEATI（care）、APLE（joy）、APIAn（fiancee）、APIEn（aid, giving）
ILy	家族、父、母、息子、娘	ILyAAM（family）、ILyUM（father）、ILyUD（mother）、ILyTE（daughter）、ILyS（son）、ILyGMA（grand father）、ILyGDA（grand mother）
InF	情報、旗、暴露、記者（職業）、公開資料、通知	InFOM（information）、InFA（flag）、InFT（post）、InFI（news）、InFAD（advertisement）、InFOST（jounalist）、InFIAn（official report）、InFIIV（accusation）、InFNO（notice）
UKy	治療、看護、防疫、医者（職業）	UKyNAA（nursing）、UKyUM（treatment）、UKyVA（evasion）、UKyUA（care）、UKyUV（prevention）、UKyUM-IST（medical doctor）
US	声、音、波長、音量、会話、音韻、母音、子音	USVO（voice）、USPI（pitch）、USAnBy（volume）、USKA（conversation）、USEMI（phoneme）、USAAE（Vowel）、USKOn（Consonant）
ED	教育、格言、学習、講義、クラス、知識	EDKEI（education）、EDAAB（proverb）、EDIA（study）、EDLEK（lecture）、EDKLA（class）、EDNOL（knowledge）
ES	東、西、経度	EST（East）、ESWE（West）、ESL（longtitude）

続いて幾つかの **物質名詞の部首** と、その部首を持つ名詞の **例** を示す。

物質名詞の部首	部首の意味	左記の部首を持つ名詞の例
BAA	鳥	BAAP（鳩、pegeon）、BAAI（鷲、eagle）、BAASGL（かもめ、seagull）、BAAS（白鳥、swan）、BAAROT（おうむ、parrot）
BE	毛、骨、爪、肌、筋肉、尾、ニキビ	BEA (hair)、BEOn (bone)、BEOMA (marrow)、BENE (nail)、BES (skin)、BEMAS (muskle)、BEIL (tail)、BEnP (pimple)、BERIn (wrinkle)、BESMA (birthmark)
BEE	紙、本、手紙、切手、新聞	BEEC (card)、BEEK (book)、BEEL (file)、BEEPA (paper)、BEETE (letter)、BEENO (notebook)、BEEP (stamp)、BEEDIK (dictionary)、BEENIS (newspaper)
BII	住宅、住所、塀、建築物	BIIUS (house)、BIIRES (address)、BIIMA (mansion)、BIIXEL (shelter)
CAA	星、惑星	CAA (star)、CAAPO (polestar)、CAAM (Mercury)、CAAVI (Venus)、CAAR (Mars)、CAAS (Saturn)、CAARA (Uranus)、CAAPIA (Jupitar)
FII	魚	FIISA (sardine)、FIIPA (pacific saury)、FIITA (tuna)、FIIRIn (herring)、FIIL (eel)
GyO	土地、	GyOLD (land)、GyOR (road)、GyOPA (park)、GyOAn (garden)、GyORST (forest)
HEE	地球、地表、地下、惑星	HEES (Earth)、HEEPLA (planet)、HEESEK (equator)、HEEP (surface/ground)、HEEMA (underground)、HEER (shell)

KO	石鹸、香水、線香、染料	KOODI (detergent), KOOP (soap), KOOM (perfume), KOOIn (incense), KOODA (dyestuffs)
LII	光	LIIT (light), LIITOn (photon), LIIKA (color)
SAA	太陽、夜明け、恒星	SAAn (Sun), SAAFS (fixed star), SAA_SAR (revolution), SAAD (dawn), SAAE (eclipse of the sun)
WII	植物性の食材	WIIT (wheat), WIIR (rice), WIIB (pan/bread), WIIPS (pasta), WIIn (beans), WIINAC (peanuts), WIISPI (spinach), WIIMA (taro/sweat potato)
YOO	乗り物、車輌、鉄道、信号	YOO (car in general), YOOP (passenger car), YOOR (railway), YOOBS (bus), YOOT (truck), YOOMOS (motor cycle), YOOX (taxi), YOOGL (trafic signal)

【注】BIIRES（住所、英語の address）は物質ではないが、便宜的に物質名詞扱いする（部首の BII は家や住処を表す）。その方が覚え易いですネ！

第6章はこれで終わりです。名詞の部首を 20 個程も覚えると単語暗記の効率が向上すると思います。■

第7章　代名詞

人称代名詞、再帰代名詞、所有代名詞、指示代名詞、不定代名詞、否定代名詞
を順に紹介します。日本語には否定代名詞を使う表現が殆ど無いので、とっつ
き難いかもしれない。否定代名詞を使わなくても、別の表現で同じ意味を表せ
ますが、外国人は時々この否定代名詞を使うし、文を短くする効果もあるので
慣れておきましょう。尚、代名詞はノシロ文法と一体化した基本単語（機能
語）だから部首は一切有りません。

7－1　人称代名詞

人称代名詞は、名詞と異なり、単数、複数を区別する（複数形は、単数形に
N ヌ を付けるだけ）。人称代名詞が名詞節（名詞節は、主節、目的節、補節
に成る）の中で使われる時の形を下表に示す。

修飾節（即ち、形容詞節 と 副詞節）の中では、補語を示す要素助詞 －E エ
は －EQ エチュ に変わる。ノシロに慣れて来たら －EQ を －Q と省略
して良い。読み方は －EQ でも －Q でも エチュ。又、目的語を示す －O
オ も修飾節の中では －OL オル に変わる。－OL を －L と省略して良
い。読み方は -OL でも －L でも オル。但し、主語 と 所有 の形は、名
詞節の中でも修飾節の中でも全く同じ。

人称代名詞 と その兄弟分（SE、ME、FE、JE、TE を共有）である人称再帰代
名詞、人称所有代名詞、それと 疑問代名詞（これは兄弟分ではない）の主語
には、要素助詞 －W ワ を付けない。然しこれ等以外の代名詞、即ち、指示
代名詞、不定代名詞、否定代名詞が主語になる時は －W を付ける。それと、
一般名詞や固有名詞（氏名等）が主語になる場合も勿論 －W を付ける。

【注】補語を示す要素助詞 －E エ と －Q エチュ はしばしば省略される
（複雑で長い文章を書く場合に、自分の頭を整理したり、読み手の理解を助け

るために付ける）。然し、目的語を示す －O オ と －L オル は省略不可。

先ず、人称代名詞の単数形をまとめて下表に示し、続いて複数形を示す。

単 数

人称代名詞	主語	所有	補語	目的語
一人称 （私） 英語なら I	SE セ 私は	SEI セイ 私の	SE-E セエ 私	SE-O セオ 私を
二人称 （あなた） You	ME メ あなたは	MEI メイ あなたの	ME-E メエ あなた	ME-O メオ あなたを
三人称 （彼人） The person	FE フェ かの人は	FEI フェイ かの人の	FE-E フェエ かの人	FE-O フェオ かの人を
三人称 （彼） He	MAFE マフェ 彼は	MAFEI マフェイ 彼の	MAFE-E マフェエ 彼	MAFE-O マフェオ 彼を
三人称 （彼女） She	DAFE ダフェ 彼女は	DAFEI ダフェイ 彼女の	DAFE-E ダフェエ 彼女	DAFE-O ダフェオ 彼女を
三人称 （誰か） One	JE ジェ 誰かは	JEI ジェイ 誰かの	JE-E ジェエ 誰か	JE-O ジェオ 誰かを
三人称 （それ） It	TE テ それは	TEI テイ それの	TE-E テエ それ	TE-O テオ それを

【注 1】FE は、誰かは分かっているが、性別を明らかにできない場合や、したくない場合に使う（中国語や英語では普通）。MAFE は男性、DAFE は女性。

【注 2】TE は英語の It にあたるもので、人称代名詞とは言えないだろうが、多くの語学書に倣って、SE、ME 等と並べて紹介します。

【注 3】人称代名詞の補語と目的語に付ける要素助詞は、修飾節の中では、-E エ は -EQ エチュ に、-O オ は -OL オル に変わる（上表は名詞節中の要素助詞を示す）。補語に付ける要素助詞 -E と -EQ はしばしば省略される。

複 数 （複数形は単数形の語尾に N を付けるだけ）

人称代名詞	主語	所有	補語	目的語
一人称 （私達、我々） 英語の We	SEN セヌ 私達は	SENI セニ 私達の	SEN-E セヌエ 私達	SEN-O セヌオ 私達を
二人称 （あなた達） You	MEN メヌ あなた達は	MENI メニ あなた達の	MEN-E メヌエ あなた達	MEN-O メヌオ あなた達を
三人称 （かの人達） The person	FEN フェヌ かの人達は	FENI フェニ かの人達の	FEN-E フェヌエ かの人達	FEN-O フェヌオ かの人達を
三人称 （彼等） They	MAFEN マフェヌ 彼等は	MAFENI マフェニ 彼等の	MAFEN-E マフェヌエ 彼等	MAFEN-O マフェヌオ 彼等を
三人称 （彼女等） They	DAFEN ダフェヌ 彼女等は	DAFENI ダフェニ 彼女等の	DAFEN-E ダフェヌエ 彼女等	DAFEN-O ダフェヌオ 彼女等を
三人称 （誰か達）	JEN ジェヌ	JENI ジェニ	JEN-E ジェヌエ	JEN-O ジェヌオ

They	誰か達は	誰か達の	誰か達	誰か達を
三人称 （それ等） They	TEN テヌ それ等は	TENI テニ それ等の	TEN-E テヌエ それ等	TEN-0 テヌオ それ等を

【注】 ＪＥ と ＪＥＮ は、人物を特定する必要がない時や特定できない時に使うが、疑問詞とは異なる。疑問がある時は、ＨＵ（フー、誰、英吾の who）や ＨＡ（ハ、何、what）等を使う。尚、「どんな人でも」や「どんな物でも」の「どんな」に当たる語は、ＥＮＩＩ エニー（英語の any）。

７－２　人称再帰代名詞

単 数

人称再帰代名詞	主語	所有	補語	目的語
一人称 （私自身）	SEL 私自身は	SELI 私自身の	SEL-E 私自身	SEL-0 私自身を
二人称 （あなた自身）	MEL あなた自身は	MELI あなた自身の	MEL-E あなた自身	MEL-0 あなた自身を
三人称（かの人自身） （彼自身） （彼女自身） （誰か自身） （それ自身）	FEL MAFEL DAFEL JEL TEL	FELI MAFELI DAFELI JELI TELI	FEL-E MAFEL-E DAFEL-E JEL-E TEL-E	FEL-0 MAFEL-0 DAFEL-0 JEL-0 TEL-0

【注】スペース節約のため三人称の各語の意味の記入を省略（お許しを）。

複 数　（複数形は単数形の語幹に Ｎ を付けるだけ））

人称再帰代名詞	主語	所有	補語	目的語
一人称 （私達自身）	SENL 私達自身は	SENLI 私達自身の	SENL-E 私達自身	SENL-O 私達自身を
二人称（あなた達自身）	MENL	MENLI	MENL-E	MENL-O
三人称（（かの人達自身）	FENL	FENLI	FENL-E	FENL-O
（彼等自身）	MAFENL	MAFENLI	MAFEN-E	MAFEN-O
（彼女等自身）	DAFENL	MAFENLI	DAFEN-E	DAFEN-O
（誰か達自身）	JENL	JENLI	JEN-E	JEN-O
（それ等自身）	TENL	TENLI	TEN-E	TEN-O

【注】スペース節約のため、二、三人称の語の意味の記入を省きました。

７－３　人称所有代名詞

ここでは主語だけを示す（目的語になる場合は -O を付けるだけ）。

人称所有代名詞	主語（単数）	主語（複数）
一人称	SEM　セム　私のもの	SENM セヌム 私達のもの
二人称	MEM　メム　あなたのもの	MENM メヌム あなた達のもの
三人称（特定）	FEM フェム かの人のもの MAFEM マフェム 彼のもの DAFEM ダフェム 彼女のもの	FENM フェヌム かの人達のもの MAFENM マフェヌム 彼等のもの DAFENM ダフェヌム 彼女等のもの
（不定）	JEM 誰かのもの	JENM ジェヌム 誰か達のもの

（人以外）	TEM それのもの	TENM テヌム それ等のもの

【注】DAFEM と MAFEM は姓を明示する（其々、男性、女性）。

7-4　疑問代名詞

以下の五つだが、後章で詳しく学びます。HU は フ ではなく「フー」。

```
HA　　ハ　　　－－－　　何　（英語の What）
HI　　ヒ　　　－－－　　どちら（Which）
HU　　フー　　－－－　　誰　（Who）
HE　　ヘ　　　－－－　　いつ（When）
HO　　ホ　　　－－－　　何処（Where）
```

【注1】覚え方は、「なんど　だいどころ」（納戸、台所）。「なん」は 何、「ど」は どちら、「だ」は 誰、「い」は いつ、「どころ」は何処ろです。
【注2】疑問代名詞は、SE、ME、FE、JE、TE と同様に数が限られていて直ぐに覚えてしまうので、主語にする場合は一々 －W ワ を付けない（一度覚えてしまうと、主語を示すために一々 －W を付けるのが反って億劫になる）。
【注3】しつこくなって恐縮ですが、主語を示すための要素助詞 －W を付けない語は、「SE、ME、FE、JE、TE 系の語と HA、HI、HU、HE、HO」です。
尚、HA、HI、HU、HE、HO　には複数形は有りません（単複同形）。

7-5　指示代名詞

```
TO　　　　　ト　　　　－－－　これ（英語の this）
BOI　　　　ボイ　　　－－－　それ、あれ（that）
SEIM　　　セイム　　－－－　同じもの（the same）
SOQI　　　ソチ　　　－－－　そのようなもの、そんなもの（such）
```

【注】TO の複数形は TON トヌ、BOI の複数形は BOIN ボイヌ。「あれ」専用の指示代名詞というのはなく、BOI で 「あれ」、「それ」兼用

する。ＳＥＩＭ と ＳＯＱＩ は単複同形。これ等を文の主語にするときは、要素助詞の －Ｗ を付ける。-0（又は -L ）や -E（又は -Q）も勿論付ける。以下の 不定代名詞 や 否定代名詞 の場合も同様。主語に -W を付けないのは、7-1 人称代名詞 から 7-4 疑問代名詞 までです。

7－6　不定代名詞

ＯＯＬ	オール	―――	全て（英語の all ）
ＡＮＯ	アノ	―――	別のもの（another）
ＡＮＯn	アノン	―――	別のもの、人（物、人どちらにも可）
ＩＩＱＩ	イーチ	―――	何々の一つ（each）
ＩＩＬＡ	イーラ	―――	どちらか一つ（either）
ＵＵＢＯ	ウーボ	―――	両方（both）
ＳＯＭ	ソム	―――	少量、少数（some）
ＭＵＱ	ムーチュ	―――	多量、多数（many, much）
ＭＳＴ	ムストゥ	―――	大部分、殆ど（most）

【注】単複同形。主語にするときは、－Ｗ ワ を付ける。-0 オ（-L オル）も必ずつける。-E エ（-Q エチュ）はしばしば省略される。

7－7　否定代名詞

NAIDE	ナイデ	―――	どちらもない（英語の Neither）
NAIT	ナイトゥ	―――	全くない（none）
NATIn	ナティン	―――	何もない（nothing）
NAIJE	ナイジェ	―――	誰もない（no one）
NAWEA	ナウェア	―――	何処にもない（nowhere）

【注】文の主語にするときは、-W を付ける。目的語には -0（修飾節の中では -L）を付ける。補語に付ける -E（修飾節中では -Q）はしばしば省略される。

7-8　敬称

人名に付ける敬称は、男性は　ＭＡＡＲ.（マール と読む）で、女性は

DAAS．（ダース　と読む）だが、普通はこれ等を MR．や DS．と書く。 短縮しても読み方は同じで、マール、ダース。ノシロ語では、男女とも未婚、既婚の区別をしない。姓名の順に書く。ミドル名を書き出す場合は、姓　ミドル名　名　という順になる。尚、原語の文字よりもノシロ発音を優先して表記する場合（つまり全てノシロ語にする）は、 MR．と DS．を MR，と DS，に変える（ドットをカンマに変える）。こうしても読み方は　マール、ダース　である。当分の間、「全てノシロ」を通すのは無理なので、「ノシロ敬称 + 日本語表記 や 英語表記」にすれば良いでしょう。即ち、MR．MIZUTA Sentaro　マール ミズタ センタロ　や DS．YUKAWA Mariko ダース　ユカワ マリコ　の方が MR．MIZTA SEnTARO や DS．YKAWA　MARIKO より無難でしょう）。人名が主語になるときは要素助詞 −W が付く。

日本語、英語表記	ノシロ語の敬称	注意
水田扇太郎様	MR．Sentaro MIZUTA	ノシロ + 英語表記
	MR．MIZUTA Sentaro	ノシロ + 英語表記
	MR．水田扇太郎	ノシロ + 日本語表記
	MR，MIZTA SEnTAROO	全てノシロ語
湯川マリ子様	DS．Mariko YUKAWA	ノシロ + 英語表記
	DS．YUKAWA Mariko	ノシロ + 英語表記
	DS．湯川マリ子	ノシロ + 日本語表
	DS，YKAWA MARIKO	全てノシロ語
湯川阿部まり子様 （両親の姓を併記する 場合）	DS．Mariko YUKAWA-ABE	ノシロ + 英語表記
	DS．YUKAWA-ABE Mariko	ノシロ + 英語表記
	DS．湯川阿部マリ子	ノシロ + 日本語表記
	DS，YKAWA-ABE MARIKO	全てノシロ語
Mr．Thomas B．Brown Mr．BROWN B．Thomas	MR．Thomas B．Brown	ノシロ + 英語表記
	MR．BROWN B．Thomas	ノシロ + 英語表記
	MR，BRAWn B．TOMAS	全てノシロ語
Ms．Mary A．Smith	DS．Marie A．Smith	ノシロ + 英語表記

| Ms. SMITH A. Marie | DS. SMITH A. Marie | ノシロ + 英語表記 |
| | DS, SMIS A. MARII | 全てノシロ語 |

【注1】米軍や米大学では、姓(大文字)，名(頭文字とミドルネームは大文字、他は小文字)という表記もよく見かける。例えば、SMITH, Marie A　等。

【注2】MIZUTA という書き方は、パスポート等に記入するときの表記で、日本語の発音をローマ字で表わす場合に妥協的、慣習的に行われている書き方である。ノシロ語の正しい表記は MIZTA である。尚、ノシロには、英語の th 音は無く、[s] 音をあてるので、SMITH のノシロ式発音は [smis] になる。又、SENTAROO だと センタロー ではなく セヌタロー になってしまう。尚、敬語表現（尊敬語）は後章で学びます。

第7章はこれで終わりです。最後までお読み下さり有難うございました。■

第 8 章　動　詞

動詞は、主語、目的語、補語となる名詞（代名詞）と共に、文の土台を形成する重要な品詞です。学習時間もやや多くなるでしょう。

8－1　動詞の種類　と　原形

8-1-1　動詞の種類

ノシロ語では動詞を以下のように 7 種に大別します（暗記不要！）。

1．身体動作を表す動詞（動作動詞）
　　【注】口、目、耳、鼻、手足、体が動く。英文 Web ページでは
　　Bodily Verb とし、vb と略記する。
2．状況観察を表す動詞
3．判断、分類、記憶、思考、構想
4．行為、行動、達成
5．道具、制度、他者の使用や利用(使役)
6．感情表現
7．自然現象

最初の「身体動作を表す動詞」（動作動詞）だけが固有の部首を持つ。それ以外の 6 種の動詞は原則として他の品詞（例えば名詞や形容詞）から派生させて作るので、動詞固有の部首ではなく、元の品詞の部首（つまり名詞や形容詞の部首）を引き継ぐことになる。

動作動詞の部首と、その部首を持つ単語の例を下表に示す（詳しくはノシロ語 Web ページ 14 号の　2）動詞 をご覧下さい）。

動作動詞であることをﾎﾟす部首は、<u>語尾が U で終わる</u>。この U は子音の後に付くので、ウ ではなく <u>ウー</u> と伸ばす。例えば、KU（クー、飲食する）、MU（ムー、見る）, PyU（ピュー、聞く）, QU（チュー、立っている ）等。

動作動詞の 部首と意味	動作動詞の例
KU, GU, SU, CU, RU （口 が動く）	KU （クー　飲食する）、KU I （クーイ　食べる）、 KUD（クードゥ　飲む）、SU （スー　口で呼吸する）、 SUTO（スート　口で息を出す）、CU （ツー　歌う）、 CUK（ツーク　口ずさむ）、RU （ルー　話す、言う）、 RULA （大声で話す）、RUNE（告げる、告知する）
BU, MU, YU （目が動く）	BU （ブー　涙を流す）、BUK （ブーク　泣く） MU （ムー　見る）、MUI （ムーイ　観察する） YU （ユー　読む）、YUR （ユール　精読する）
FyU, PyU （耳）	PyU （ピュー　聞く）、PyUL （ピュール　盗み聞く、盗聴する）、PyUMI （ピューミ　噂に聞く）
ByU, MyU （鼻）	ByUn （ビューン　匂いをかぐ） MyUn （ミューン　鼻をかむ）、MyUZn （いびきをかく）
TU, DU, NU, FU, PU （手や腕が動く）	TUV （トゥーヴ　持つ）、TUKI （トゥーキ　保持する）、TUSK（奪い合う）、DUG （ドゥーグ　握る）、DUP （指でつまむ） NUR （ヌール　合掌する）、NUSA （敬礼する） PU （プー　放つ）、PUS （送る）、PURO （投げる）
JU, QU, RyU （足が動く）	JU （ジュー　ひざを曲げる）、JUI （ジューイ　椅子に座る） QU （チュー　立っている）、QUS （チュース　立つ、立ち上がる）、RyU （リュー　歩く）、RyUR （リュール　走る）
KyU, GyU, XU （頭、顔、首が動く）	KyUBA（頭突きする）、KyUKA（キューカ　散髪する）、KyUR （キュール　整髪する）、GyU （ギュー　笑う）、GyUP（顔をしかめる）、XUP （シュープ　首を下へまげて 「はい」 の返事をする）
TyU, DyU, NyU （体が動く）	TyU （テュー　寄りかかる）、TyUA （テューア　体当りする） DyUMI （泳ぐ）、DyUC （デューツ　潜る）、DyULO （浮く、浮かぶ）、NyU （ニュー　横になる）、NyUA （ニューア　仰向けに寝る）

【注】同じ「頭」を使う動詞でも「頭突きする」（KyUBA キューバ）は動作動詞だが、「考える」（INOGS イノグス）は動作動詞とはしない。又、GU、FU、FyU は当分の間、部首として使わない（紛らわしいので）。

【注】所謂 Copura 動詞は、SCV（2類は SVC）文型に於いて、S が C に等しいことを示すだけであり、数式の等号（=）のようなもの。英語で言うと be 動詞（is, are）に当たる。本書では Copura と 非 Copura を殊更に分けて解説することはしません。

目的語を必要とする動作（思考、感情等も）を表す語を **他動詞** といい、目的語なしに自己完結する動詞を **自動詞** という。例えば、「見る」 や［送る］や「思う」は、動作の対象となる目的語を必要とするから他動詞である。これに対して、「泳ぐ」や「眠る」や「死ぬ」は、目的語なしに自己完結するから自動詞である。

英語の be 動詞（is, are）にあたるものは、RI（〜である）と RIZ（存在する、居る）で、どちらもノシロ文法の骨格を成す基本単語。英語の be 動詞は「〜である」も「存在する」も表すが、ノシロ語は RI（である）と RIZ（存在する）を使い分ける。RI は Copura 動詞 ですが、RIZ は違います。

存在文（例えば、There are many churches in the nation. ）も 所在文（The church is on the hilltop. ）も RIZ で表します。所在地を強調したいときは、その場所の前に「強調」の VI ヴィ や VII ヴィー を置くか、VII と -VII で挟む。

【注】実在論で、差異による存在確認を示すときは、一般用の RIZ よりもEQUZ エチューズ を使う方が良いでしょう。

8-1-2 動詞の原形 （原形 は 現在形 と 同形）

動詞が文の中で使われる場合は、時制、進行、態、に応じて動詞の語尾に一定の助詞を付け加える。 助詞を付ける前の動詞を 「動詞の原形」 という。 原形と現在形は常に同形である。**使用頻度の高い動詞** の原形を下表に示す。

【注】下表に於いて、Basic は基本単語、即ちノシロ文法と一体化した最重要

単語）、ISW（International Standard Words）は、ノシロ国際標準単語の意。
殆どの単語は部首を持つが、ノシロ文法を支える基本単語には部首はない。

日本語の動詞	ノシロ語の動詞	単語の種別	対応する英単語 （参考）
～です、である	RI　リ	Basic	vi. be/are/is
存在する	RIZ　リズ	Basic	vi. exist
生まれる	IBAAZ　イバーズ	ISW	vi. be born
生む	IBAAS　イバース	ISW	vt. bear/give a birth
～になる	EQKAZ　エチュカズ	ISW	vi. become
死ぬ	IBDEZ　イブデズ	ISW	vi. die
～する（代動詞）	DU　ドゥー	Basic	vt. do
得る	ER　エル	ISW	vt. get/obtain
与える	APIS　アピス	ISW	vt. give
持つ、所有する	TUV　トゥーヴ	ISW	vt. have/hold/own
思う、考える	INOGS　イノグス	ISW	vt. think
好く、好む	APLIS　アプリス	ISW	vt. like
欲する、望む	IYUS　イユース	ISW	vt. want
～させる（使役動詞）	BLE　ブレ	Basic	vt. get/have/make

8-2　時制、進行、態、使役、他

以下のように、時制、進行、態、に応じて、動詞原形の語尾に特定の時制助詞を付けるが、不規則変化は一切無い。ノシロ語では、「動詞の原形」と「動詞の現在形」は同形である。

● **時制　（過去、現在、未来）**

過去を表すには動詞の原形に -T タ を付け、現在を表すには何も付けずに原形をそのまま使い、未来を表すには原形に -R レ を付ける。ノシロ語には、これ等の時制助詞を表す特定の記号（３章の「ノシロ文字」を参照）があっ

て、過去を示す記号は タ と読み、未来を示す記号は レ と読むことにしている（ノシロ記号を使う場合はハイフン不要）。この Web ページではノシロ記号を用いず、-T や -R というローマ字を用いるが、その読み方はノシロ記号の読み方に合わせて其々 タ、レ と読むことにする（-TA や -RE と書かなくても タ、レ と読む）。- は読まない。例として、RI（〜です、is/are）、RIZ（有る、居る、exist）、DU（する、do）、GyU（笑う、laugh）、KU（飲食する、eat and drink = have）、TUV（持つ、have）という六つの動詞を選び、これ等に時制助詞を付けてみよう。

【注】動詞原形 と 動詞現在形 は常に同形。

動詞原形	過去形	現在形	未来形
RI ［ri］ リ	RI-T リタ 〜であった	RI リ 〜である	RI-R リレ 〜であろう
RIZ ［riz］ リズ	RIZ-T リズタ 存在した 居た	RIZ リズ 存在する 居る	RIZ-R リズレ 存在するだろう 居るだろう
DU ［du:］ ドゥー	DU-T ドゥータ 〜した	DU ドゥー 〜する	DU-R ドゥーレ 〜するだろう
GyU ［gyu:］ ギュー	GyU-T ギュータ 笑った	GyU ギュー 笑う	GyU-R ギューレ 笑うだろう
KU ［ku:］ クー	KU-T クータ 飲食した	KU クー 飲食する	KU-R クーレ 飲食するだろう
TUV ［tu:v］ トゥーヴ	TUV-T トゥーヴタ 持った 所有した	TUV トゥーヴ 持つ 所有する	TUV-R トゥーヴレ 持つだろう 所有するだろう

【注】RI-T で、リトゥ ではなく リタ と読む。RI-R も リル ではなく リレ と読む。綴りどおりに読まないのはノシロ語では極めて珍しいが、これは

101

ノシロの助詞を表すノシロ独自の記号の読み方に合わせているため。もし解り難ければ、慣れるまで -T を -TA、-R を -RE と書いても構わない。 こう書けば綴りと読みが一致する。 尚、KUI は食べる（eat）だけで、飲みもの（drinks、お茶やジュースや酒）は無いことを言うための、余り使われることのない動詞。 尚、TUV は英語の have に相当するので、持つ、所有する、保持する意だが、「食べる」という意味では使わないことにしよう（食べる、は上記の KU を使う）。 DU は普通の動詞だけでなく、代動詞としても使われる（但し、後者の場合は文意がはっきり分かるようにすべき）。

★ 時制の調整

「時制の調整」 は、英語の「時制の一致」とは異なる。 ノシロでは、主語の動詞 V_1 の時制が何であれ、従属節の動詞 V_2 が V_1 より以前（昔）に起こっている場合は V_2 の時制を過去に、同時なら原形に、後なら未来にする。【注】ノシロ語では、動詞の原形は動詞の現在形と同形。

例文： 私は、彼女が先生に既に電話したと、思った。

1類： SE　DAFE　先生－O　電話する－T　My　思う－T。
2類： SE　think－T　My　DAFE　call－up－T
　　　　teacher－O.

（注）「電話した」のが先、「思った」のが後。

例文： 私は、彼女が先生に電話すると、思った。

1類： SE　DAFE　先生－O　電話する　My　思う－T。
2類： SE　think－T　My　DAFE　call－up
　　　　teacher－O.

（注）「電話する」のと、「思った」のは同時、又は殆ど同時。

例文： 私は、彼女が先生に将来電話するだろうと、思った。

1類： SE DAFE EDyUn-O FOnS-R My INOGS-T。
2類： SE INOGS-T My DAFE FOnS-R EDyUn-O.

（注）「電話する」のは将来（後）、「思う」のは今（先）。EDyUn は「先生」、FOnS は「電話する（英語の call-up ）」で FAATEL も可。INOGS は「思う」。

● 進行

進行を表すには、**動詞の後に -In** イン を付ける。時制助詞が付いている場合は、時制助詞の後に In を付けて、-TIn タイン 又は -RIn レインとする。時制助詞 -T と In の間に - は不要（つまり -T-In とせず、-TIn で良い）。尚、ハイフン - は読まない。尚、日本語のアスペクトもこの -In で表すので、ノシロの進行形は英語のそれより守備範囲が少し広い。

例：EKAMS （エカムス、作る、make）に In を付けて EKAMS-In （エカムスイン、作っている）、TIn を付けて、EKAMS-TIn （エカムスタイン、作っていた）、RIn を付けて EKAMS-RIn （エカムスレイン、作っているだろう）。MU （ムー、見る、see）に In を付けて MU-In （ムーイン、見ている）、TIn を付けて、MU-TIn （ムータイン、見ていた）、RIn を付けて MU-RIn （ムーレイン、見るだろう）となる。

例文： 彼人達（かのひとたち）はテニスをしている（現在進行形）。

1類： FEN InSTE-O AMLS-In。   フェヌ インステオ アムルスイン
2類： FEN AMLS-In InSTE-O.   フェヌ アムルスイン インステオ

（注）FEN （フェヌ they）は FE （フェ the person）の複数形。主語だが人称代名詞なので -W を付けない。人称代名詞と疑問詞は数が少なくて覚えやすいので一々 -W を付けない。性を明示したい場合は、MAFEN マフェヌ 彼等 （かれら）、DAFEN ダフェヌ 彼女等 （かのじょら）とする。InSTE は テニス、AMLS は 〜を楽しむ、遊ぶの意。InSTE と AMLS に英単語の tennis と play をあてると以下のようになる（基本単語の FEN や 文法事項の -O や -In の使用は必須で、これ等まで英単語に置き換えては駄目）。

1類：FEN tennis-O play-In.

2類：FEN play-In tennis-O.

● **態** たい 　【注】態（能動態、受動態）の解説は少し長くなります。

「甲 が 乙 に対して ～ する」という表現形式を能動態というのに対し、「乙 は 甲 によって ～ される」という表し方を 受動態という。能動態を受動態にするには、主語と目的語を置き換えて（つまり 甲 と 乙 を置き換え）、他動詞の後に －ZE ゼ を付けて、**他動詞 ＋ ＺＥ** とする。もし、他動詞に時制助詞 Ｔ タ や Ｒ レ が付くときは時制助詞の後に付けて、-TZE タゼ や -RZE レゼ とする。英語のように be 動詞 と一組にすることはない（即ち RI は出番なし）。尚、「～によって」（英語の by や with）は、修飾詞 AY アユ（2類は AYL アユル）を使う。

例： EKAMS-ZE（エカムスゼ、作られる）、EKAMS-TZE（エカムスタゼ、作られた）、 EKAMS-RZE（エカムスレゼ、作られるだろう）、EKAMS-InZE（エカムスインゼ、作られている）、EKAMS-TInZE（エカムスタインゼ、作られていた）、EKAMS-RInZE（エカムスレインゼ、将来作られているだろう）

受け身を表すにはもう一つ別の方法がある。**受け身動詞 ＧＨ グフ** を使うもので、英語の get (have) ＋ O ＋ done に当たる。GH は get や have に相当し、大抵は、自分の持ちもの（目的語 -O）が他人によってどうにかされる、という文だが、使役の意味まで併せ持つ文も表現できる。 又、自分自身が他者にどうにかされる（例えば、理解される）という文も表現できる。

先ずは、標準的な「他動詞-ZE ゼ」の例文を学び、その後に GH グフ を使う例文を見よう。

★ 他動詞-ZE という形で受け身を表す。

【注】GHを使う受け身の解説はこの後に続きます。

例文： 鳩（はと）は、からすに殺されるだろう（未来形の受動態）。

1類： BAAP-W BAAKRO AY AnRU-RZE。

```
                バープワ　　バークロ　　アユ　　アンルーレゼ
2 類 :　BAAP-W　AnRU-RZE　AYL　BAAKRO.
                バープワ　　アンルーレゼ　　アユル　　バークロ
```

（注）能動態は「からすは鳩を殺すだろう」である。BAAP は鳩、BAAKRO はか
らす。BAA は鳥類を意味する部首である。AnRU は殺す（人を殺すなら
InPIS、殺人は InPI）。AY（2 類は AYL）は 〜 によって（英語の by や
with）。

例文 :　あなたの子供は不良に虐められていた（過去進行形の受動態）。

```
1 類 :　MEI　BOQIL-W　EUUT　AY　AnRBIS-TInZE。
            メイ　ボチルワ　エウートゥ　アユ　アンルビスタインゼ
2 類 :　MEI　BOQIL-W　AnRBIS-TInZE　AYL　EUUT.

            メイ　ボチルワ　アンルビスタインゼ　アユル　エウートゥ
```

（注）能動態は「不良があなたの子供を虐めていた」である。MEI は人称代名
詞 ME の所有形（英語の Your）。BOQIL は子供、EUUT は不良、AnRBIS は虐め
る。-TInZE の読み方は、タインゼ。慣れるまでは -TAInZE も可。- は読まな
い。尚、日本語や英単語を流用すればノシロ文は以下のようになる。

```
1 類 :　MEI　子供-W　不良　AY　虐める-TInZE。
          メイ　コドモワ　フリョウ　アユ　イジメルタインゼ
2 類 :　MEI　child-W　bully-TInZE　AYL　bad　guy.
          メイ　チャイルドワ　ビューリータインゼ　アユル　バッド　ガイ
```

例文 :　この家は丹下氏によって作られる。

```
1 類 :　TO　BIIUS-W　MR, Tange　AY　EKAMS-ZE。
          ト　ビーウスワ　マール　タンゲ　アユ　エカムスゼ
2 類 :　TO　BIIUS-W　EKAMS-ZE　AYL　MR, Tange.

          ト　ビーウスワ　エカムスゼ　アユル　マール　タンゲ
```

（注）TO は「この」（英語の this ）、BIIUS は「家」。MR, Tange は丹下氏。
MR, は男性の苗字に付ける敬称で マール と読む（英語の Mr. に相当）。女性

に付ける敬称は DS，で ダース と読む（英語の Ms. に相当）。ノシロ語には
英語の Miss. に当たる語はない。

ここで、**間接受け身** と **直接受け身** について少し学んでおきましょう。

SOOV（2類は SVOO）型の文（正確には、SO_1O_2V（2類は SVO_1O_2）型の能動文）
を受け身形に直す場合、間接目的語 O_1 を主語にする「間接受け身文」と、直接
目的語 O_2 を主語にする「直接受け身文」が可能である。

その違いを見てみよう。

「友人は私に本を与えた。」（英文は My friend gave me a book. ）という能
動文では、「私」が間接目的語 O_1 で、「本」が直接目的語 O_2 である。先ず、間
接目的語の「私」（SE）を主語にする「間接受け身文」を見てみよう。

1類： SE SEI 友人 AY BEEK-O APIS-TZE。
　　　私は 私の 友人 によって 本を 与えられた。
2類： SE APIS-TZE BEEK-O AYL SEI friend.
　　　I was given a book by my friend.

（注）SE 私は、SEI 私の。 AY アユ（2類は AYL）は修飾詞で、〜によって
（英語の by）。BEEK ベーク 本。APIS アピス 与える(give)。APIS-TZE アピ
スタゼ は受動態過去で、与えられた（was given）の意。

続いて、直接目的語の「本」（BEEK）を主語とする「直接受け身文」は、以下
のようになる。

1類： BEEK-W SEI 友人 AY SE-O APIS-TZE。
　　　本は 私の 友人に よって 私に 与えられた。
2類： BEEK-W APIS-TZE SE-O AYL SEI friend.
　　　A book was given me by my friend.

（注）1類の「SEI 友人 AY」（私の友人によって）は、SE-O の前に置いた
が、APIS-TZE の直前に置くことも可。更に、文頭に置くこともできる。文頭
置きの場合は文全体を修飾することになるので、必ず 「SEI 友人 AY 」の
直後に「, 」を付けておく。強調するには、VI や VII を使う。

日本語も英語も間接受け身の方が多いから、ノシロ語もそうなると思われるが、それは間接受け身の方が正しい文で、直接受け身は悪文、又は劣った文ということにはならない。尚、ノシロ語には冠詞や定冠詞はありません。

以上で、間接受け身 と 直接受け身 の話は終わり。

SOCV（2類 SVOC）型の文で、動詞 V が **知覚動詞** の場合と、**使役動詞** の場合を見ておこう。

以下は「聞く」という **知覚動詞**（聞く、見る等）を含む能動文である。

例文：　私は彼女が歌っているのを聞いた（能動文）。

1類：　SE　DAFE　歌う-In　聞く-T。　（SOCV 文型）
2類：　SE　hear-T　DAFE　sing-In.　（SVOC 文型）

これを 受け身文（受動文）にすると、

例文：　彼女は歌っているのを、私によって聞かれた。

1類：　DAFE　歌う-In　SE　AY　聞く-TZE。
2類：　DAFE　hear-TZE　AYL　SE　sing-In.

（注）「SE　AY」 は、私によって（by me）。2類は「AYL　SE」。

次は動詞「歌う」が「歌」という目的語を持つ能動文を見よう。

例文：　私は彼女が歌を歌っているのを聞いた（能動文）。

1類：　SE　DAFE　song-O　sing-In　聞く-T。
2類：　SE　hear-T　DAFE　sing-In　song-O.

（注）song の後の -O を落とすことはできない。

これを 受け身文（受動文）にすると、

107

例文 ： 彼女は歌を歌っているのを私に聞かれた。

1 類 ： DAFE　song-O　sing-In　SE　AY　聞く-TZE。
2 類 ： DAFE　hear-TZE　AYL　SE　sing-In　song-O.

（注）2 類の文は、Web ページでは「AYL SE」を文末に置いた（即ち song-o の後に）。どちらも可能。

知覚動詞ではないが、以下の文のノシロ語訳も見ておこう。

例文 ： 私は彼女がメガネを探すのを助けた（能動文）。

1 類 ： SE　DAFE　glasses-O　find　help-T。
2 類 ： SE　help-T　DAFE　find　glasses-O.

例文 ： 彼女は私に助けられてメガネを見つけた（受動文）。

1 類 ： DAFE　SE　AY　help-TZE　glasses-O　find。
2 類 ： DAFE　help-TZE　AYL　SE　find　glasses-O.

（注）2 類の文では、AYL SE を文末に置いても良い。尚、英語なら主動詞が help の場合は to find と to が復活するが、ノシロ語には不定詞は無いので to の出番はない。主動詞が知覚動詞の場合も同じ理由で to は現れない。

他動詞 ＋ ＺＥ という形の受け身表現の解説はこれで終わりです。最後に、受け身動詞 ＧＨ グフ を使う表現を学びましょう。

★　受け身動詞 ＧＨ グフ　で受け身を表す

これは英語の get ＋ 0 ＋ done（過去分詞）又は、have ＋ 0 ＋ done に相当するもので、自分の物が他者の悪意や自然災害などで予期せぬ扱いをされる場合に多く使う表現だが、そうしたネガティブな意味を持たない普通の場合にも勿論使う。又、自分の「物」ではなく「自分自身」について言うこともできる。日本語では、「迷惑受け身」や「間接受け身」となる場合が多い。

例文： 私はカメラを強奪された。

1類： SE　camera　強奪する-ZE　GH-T。　　　私はカメラを強奪された。
　　　(S)　　(O)　　　　(C)　　　　　(V)
2類： SE　GH-T　camera　rob-ZE.　　　　I had my camera robbed.
　　　(S)　(V)　　　(O)　　　(C)

(注) 英語では自分に落ち度がない場合は have を、自分にも落ち度があるときは get とするようだが（大修館ジーニャス英和の丁寧なこと!)、ノシロはどちらの場合も GH とする。この例は、SOCV（2 類は SVOC）の文なので、camera に -O を付けなくてよい。尚、この文は先に学んだ、他動詞 + ZE の形にすることもできる(以下)。

　　　1類： SEI　camera-W　強奪する-TZE。　私のカメラは強奪された。
　　　2類： SEI　camera-W　rob-TZE.　　　My camera was robbed.

例文： 私はパスポートを更新してもらった。

1類： SE　passport　更新する-ZE　GH-T。
2類： SE　GH-T　passport　renew-ZE.

(注) この場合は、他者の悪意などではなく自分で望んでいる。即ち、この文は受け身と使役が半々だから、使役動詞 BLE を使って書くこともできる。

例文： 明日、私は私の髪を刈ってもらう。

1類： 明日 SE　SEI 髪 刈る-ZE　GH-R。
2類： Tomorrow　SE　GH-R　SEI　hair　cut-ZE.

　　　(I'll get my hair cut tomorrow.)

(注) この場合も、他者の悪意ではなく自分でそう望んでいる。他人に散髪をしてもらう、つまり他人に自分の髪を刈らせるのだから、以下のように使役動詞 BLE を使って書くこともできる。この場合は、刈る(cut)に ZE を付ける必要はなくなる代わりに、誰にやらせる(頼む)のか言う必要が生じる(絶対必要とまでは言えないが)。ここでは、「彼 (MAFE)」にやってもらうことにすると、

1類: 明日 SE MAFE SEI 髪-O 刈る BLE-R。 （彼に私の髪を刈らせる）
2類: Tomorrow SE BLE-R MAFE SEI hair-O cut.
　　 (I'll have him my hair cut tomorrow.)

例文: 私は自分自身を理解してもらうことができたよ。

1類: SE SEL understand-ZE GIMA GH-T。
2類: SE GIMA GH-T SEL understand-ZE.

（注）この場合は自分の持ち物というより自分自身が目的語。GIMA は英語の can。SEL は再帰代名詞。SOCV（2 類は SVOC）文型中の O だから、SEL-O としなくて良い。

例文: あなたは雨に降られた。 （雨に降られちゃったんだねー）

1類: ME 雨降る-ZE GH-T。
2類: ME GH-T rain-ZE.
(You got rained. = You got caught in the rain.)

（注）この文は、目的語がなく主語自身が動作の受け手である。「私は雨に降られた」や「私は若くして父に死なれた」のような文で、日本語では所謂不利益や迷惑の受け身に分類されるものだが、能動と受動の対称関係はないので、英語ではあまりしない表現である。故に英訳の You got rained. は無理やりという感じで You got caught in the rain. の方が普通であるが、ノシロ語2 類では上例のように書いて良い。

● 使 役

人を使う、人を用立てする（人に～させる、人に～してもらう）のが使役です。使役を表す動詞には、**ＢＬＥ** ブレ（英語の have や make に相当）と **ＢＬＵ** ブルー がある。ここでは、頻繁に使う ＢＬＥ を見て行きましょう（ＢＬＵ についてはこの後、8－4 で学びます）。特に難しいことは無く、英語の使役動詞 have や make と同じ要領で使います。

例文: 先生は生徒に勉強させた。

110

1類： 先生-W　生徒　勉強する　BLE-T。
　　　　(S)　　(O)　　　(C)　　　　(V)
2類： Teacher-W　BLE-T　student　study.
　　　　(S)　　　　(V)　　　(O)　　　(C)

2類の文を英語で書くと、Teacher had the student study math. のようにな
り（the と math（数学）を追加）、ノシロ語の BLE-T（過去時制）が 英語の
had と同じ役割をしています。

これを **受け身文** にしてみよう。

例文： 生徒は先生に勉強させられた。

1類： 生徒-W　先生　AY　勉強する　BLE-TZE。
2類： Student-W　BLE-TZE　study　AYL　teacher.

（注）1類で、「先生 AY」を BLE-TZE の直前に置いたり、2類で「AYL
teacher」を BLE-TZE の直後に置くことは可能。

続いて、「数学」という目的語を含めてみよう。

例文： 先生は生徒に数学を勉強させた（能動文）。

1類： 先生-W　生徒　数学-O　勉強する　BLE-T。
2類： Teacher-W　BLE-T　student　study　mathematics-O.
　　　　(S)　　　　(V)　　　(O)　　　(C)

（注）math は study の目的語なので、目的語を示すための -O が必要。

これを **受け身文** にすると、

例文： 生徒は先生によって数学を勉強させられた。

1類： 生徒-W　先生　AY　数学-O　勉強する　BLE-TZE。
2類： Student-W　BLE-TZE　study　mathematics-O　AYL　teacher.

（注）1類で、「先生 AY」を BLE-TZE の直前に置くことも可。

以上で使役動詞は終わり。続いて、人の誕生を表す動詞を見て行きましょう。「私は何処そこで生まれた」という文は受け身で書かれることが多いです。

● **人の誕生**　　　　【注】誕生は受け身で表す。

例文：　私は東京で生まれた（過去受動態）。

1類：　SE　東京　AT　IBAAS-TZE。
　　　　セ　トーキョー　アトゥ　イバースタゼ
2類：　SE　IBAAS-TZE　ATL　Tokyo.
　　　　セ　イバースタゼ　アトゥル　トーキョー

（注）英語では、人は自分の意思で生まれて来るのではなく両親によって誕生させられるのだから、上の例文のように他動詞の受動態表現が普通だが、ノシロ語ではどちらの表現も可能とする、つまり、他動詞 IBAAS を使って受動態 IBAAS-TZE としても、自動詞 IBAAZ を使って(この場合は IBAAZ-T)もよい。生んでくれた両親を表記する場合は、他動詞の IBAAS と、所属や所有を表す修飾詞 UB ウブ（2類は UBL）を組み合わせる。自動詞 IBAAZ を使う場合は、起源や元を表す修飾詞 IM イム（2類は IML）と組み合わせることが多くなるだろう。しかし、「新しい時代が生まれた」のような文では起源や元を示す言葉が全く無いから IBAAZ-T とだけ書けばよく、IM（IML）は不要になる。他動詞 IBAAS と同じ意味の他動詞 NyUDEL ニューデル（生む、の意）は動作動詞なので、生物学や医学の本を書く場合はこの NyUDEL の方が良いだろう。-TZE は -TAZE と書いてもよい。どちらも タゼ と読む。尚、AT（2類は ATL）は、場所　（〜で）を表す修飾詞。1類の修飾詞の語尾に L を付けると直ちに 2類の修飾詞になる。英、仏語等から単語を流用する場合は小文字で書く。但し、固有名詞は最初の文字だけ大文字にする。日本語や中国語には小文字は無いので、東京 のようにそのまま書く。

上の文に英単語 Tokyo、bear を当てて書き直してみよう(以下)。

1類：　SE　Tokyo　AT　bear-TZE。
　　　　（日本語を使って、SE　東京　AT　生む-TZE。　でも勿論良い）
2類：　SE　bear-TZA　ATL　Tokyo.

112

（注）誕生表現については 「Webページの15号」も参照してください。

● 少し変わった文

以下の文は、他動詞を使って上で学んだ受動態（他動詞＋ＺＥ）で書くことも
できるし、自動詞を使うこともできる。自動詞を使う場合は勿論、受動態とは
無関係になる。

例文： 水は、水素と酸素で、構成される。

先ず、「構成する」意の他動詞 IPKOMS イプコムス を使うと、

1類： 水-W　水素　OnD　酸素　AJ　IPKOMS-ZE。
2類： Water-W　IPKOMS-ZE　AJL　hydrogen　OnD　Oxygen.

（注）IPKOMS は「構成する」意の他動詞。 この文には行為者は居ないから行
為者を表す修飾詞 AY（2類は AYL）の出番はなく、代わりに成分や構成要素
を表す修飾詞 AJ（AJL） が使われる。「～から成る」、「～からできてい
る」意の 準コピュラ動詞　RIKOn リコン（自動詞)を使えば、

1類： 水-W　水素　OnD　酸素　AJ　RIKOn。
2類： 水-W　RIKOn　AJL　hydrogen　OnD　oxygen.

（注）RIKOn は英語なら consist（vi）である。AJ/AJL があるために、「成
分」とか「構成要素」の感じがはっきり出る。もし、AJ/AJL を使わないな
ら、以下のように「補語」を示す -E を入れるべきだが、やはり上の文（つま
り RIKOn と AJ/AJL の組み合わせ）の方が良い。

1類： 水-W　水素　OnD　酸素-E　RIKOn。
2類： 水-W　RIKOn　hydrogen　OnD　oxygen-E.

（注）RIKOn の代わりに、コピュラ動詞の RI を使って以下のように書いても
意味は通りそうだが（上で例文を見て来ていることもあって）、RI は本来
「～である」つまり ＝ の意味であり、構成成分という意味まで持たせるのは
強引ではないか。

１類： 水-W　水素　OnD　酸素　RI。　　　　（悪文）
２類： 水-W　RI　hydrogen　OnD　oxygen.

例文： 私の家族は、父、母、姉、そして私の４人で構成される。

他動詞 IPKOMS を使うと、

１類：SEI　家族-W　父、母、姉、OnD　SE　UK　4　REn　AJ　IPKOMS-ZE。
２類：SEI　family-W　IPKOMS-ZE　AJL　4　REn　UKL　father,　mother,
　　　sister,　OnD　SE.

自動詞 RIKOn なら、

１類： SEI　family-W　父、母、姉、OnD　私　UK　4 REn　AJ　RIKOn.
２類： SEI　family-W　RIKOn　AJL　4　REn　UKL　father,　mother,
　　　OnD　SE.

（注）UK/UKL　は同格の修飾詞。これを省略するなら、代わりに「，」で区切らなければならない。AJ/AJL は省略しない。

例文： チーズは牛乳でできている。

「作る」意の他動詞 EKAMS（英語の make）を使って

１類： チーズ-W　牛乳　AJ　EKAMS-ZE。
２類： Cheese-W　EKAMS-ZE　AJL　milk.　　　（Cheese is made from milk.）

（注）原料が何であるかを示すより、元の牛乳がチーズに変わるという表現にしたいときは、AJ/AJL の代わりに、「〜から」（英語の from ）意の修飾詞 IM/IML を使うことになるが、使い分けが面倒なら AJ/AJL で通してもＯＫです（実質的に同意）。

自動詞 RIKOn を使って以下のように書いても良い。

１類： チーズ-W　牛乳　AJ　RIKOn。
２類： Cheese-W　RIKOn　AJL　milk.

● まとめ

動詞／代動詞の DU ドゥー(英語の do に相当)を用いて、これまで学んだ、時制、進行、態をまとめておこう。

【注】この表は、他動詞 + ZE の受け身文にのみ適用されます（GH グフ を使う受け身文ではありません）。

	過去	現在	未来
進行形	DU-TIn ドゥータイン していた	DU-In ドゥーイン している	DU-RIn ドゥーレイン しているだろう
受動態	DU-TZE ドゥータゼ された	DU-ZE ドゥーゼ される	DU-RZE ドゥーレゼ されるだろう
進行受動態	DU-TInZE ドゥータインゼ されていた	DU-InZE ドゥーインゼ されている	DU-RInZE ドゥーレインゼ されているだろう

　【注】時制、進行、態 が三つ重なるときの順序は、**時**制、**進**行、**態** となる。「じしんたい」と覚えるか、過去と未来だけを取り上げて、「-TInZE タインゼ、-RInZE レインゼ」と覚えましょう。現在時制には時制表示がない（つまり何も付けない）ことに注意。ハイフン(-)は読みません。

８－３　動詞の位置

● 　節の中の動詞が一つだけの場合

動詞の位置は、１類は文の最後に（SOV、 SOOV、 SOCV）、２類では主語の後（SVO, SVOO, SVOC）に来る。命令文の場合は、主語（大抵は ME メ あなたや MEN メヌ あなた達）が省略されるので、１類は文の最後に動詞が来ることに変わりないが、２類の場合は、動詞は命令文であることを示す副詞 YO ヨの後に続くことになる。尚、ノシロではどんな文を書くにも、主語と動詞を逆転させることはない。

例文： あなたはファイルを閉じる（平叙文）。

1 類： ME　BEEL-O　EIIKLS-T。
2 類： ME　EIIKLS-T　BEEL-O。

（注）BEEL はファイル、EIIKLS は閉じる。

例文： ファイルを閉じなさい（命令文）。

1 類： YO　BEEL-O　EIIKLS。
2 類： YO　EIIKLS　BEEL-O。

（注）命令文を作るには、元の平叙文から主語である ME（あなた）や MEN（あなた達）を削除して、文頭に YO を置くだけ。

● 複数の動作がある場合

「食べたり飲んだり」や「行って(そこで)眠る」のように動詞が二つ並ぶ場合は、二つの動詞の間に構成詞 OnD オンドゥ や OZn オズン を置く。OnD を省略しても混乱する恐れが無ければ省略して良いが、その場合は二つの動詞の間に句点「、」（2 類は ，）を入れる。並んでいる動詞の時制が全て過去なら最後の動詞に時制助詞 －T を付けるだけで良い。未来の場合はこれをしない方が良いだろう。OnD は、主に「セット、一組」を表すもので、動作の前後があまり問題にならない場合に使う。前後をはっきりさせたい場合は、構成詞 OZn を使う。OZn は、「それから、そうしてから、その後で」の意。

例文： 私はそこへ行って眠った。

1 類： SE　BOIE　ITU　OnD　EHyUZ-T。
　　　 セ　ボイエ　イトゥー　オンドゥ　エヒューズタ
2 類： SE　BOIE　ITU　OnD　EHyUZ-T。

（注） BOIE は、副詞で 「そこで、そこへ」。「行く」と「眠る」は過去のほぼ同時刻のでき事なので、ITU-T としなくて良い。「行く」と「眠る」の間に句点を入れれば、以下のように OnD を省略することもできる。

116

1類： SE　BOIE　ITU、　EHyUZ-T。　セ　ボイエ　イトゥー　エフューズタ
2類： SE　BOIE　ITU,　EHyUZ-T.　同上

「行った」のが先で、「眠った」のが後だ、ということをはっきりさせたい場
合は、以下の如く OZn オズン を使う。

1類： SE　BOIE　ITU-T　OZn　EHyUZ-T。　　（T が重なってしつこい）
2類： SE　BOIE　ITU-T　OZn　EHyUZ-T.

1類： SE　BOIE　ITU、　OZn　EHyUZ-T。　　（簡潔な表現）
2類： SE　BOIE　ITU,　OZn　EHyUZ-T.

例文： 私は行って状況を調べる。

1類： SE　ITU　　（OnD　又は　OZn）　　ADSTI-O　IMAAVS。
2類： SE　ITU　　（OnD　又は　OZn）　　IMAAVS　ADSTI-O.

（注）　ADSTI は状況、　IMAAVS は調べる。

例文： 私は状況を調べて連絡するだろう。

1類： SE　ADSTI-O　IMAAVS　OZn　InFORS-R。
2類： SE　IMAAVS　ADSTI-O　OZn　InFORS-R.

（注）OZn は省略しない。何故なら ADSTI-O という目的語があるので、OZn を
省略すると解り難くなる。「調べて連絡する」と言うときに、動作の前後より
も二つの動作がセットになっていることを強調したいなら OZn よりも OnD の
方が良い。

例文： 私はそれに（それのせいで）驚いた。

1類： SE　TE　UE　IHSAZ-T。　　セ　テ　ウエ　イフサザタ
2類： SE　IHSAZ-T　UEL　TE.　　セ　イフサザタ　ウエル　テ

（注）UE　ウエ　は喜怒哀楽の原因を示すときの修飾詞「〜のせいで、〜という

117

原因で」。語尾に L を付けると、２類の修飾詞になる。TE は人称代名詞「それ」。 １類は、TE UE が副詞句になって、動詞の IHSAZ-T を前から修飾し、２類は UEL TE （英語なら with it ） が副詞句になって、動詞 AHSAZ-T を後ろから修飾している。修飾句 と 修飾節は １類では前から、２類は 後ろから修飾する （修飾語だけは、１、２類とも前から修飾する）。UE と結びついた TE は原形（英語では目的格になるが）であることに注意。

以下のように驚きや喜怒哀楽を表す動詞の前に別の動詞があって、それが驚きや喜怒哀楽の原因である場合は修飾詞を用いず以下のように表わすことも可。

例文：　私はそれを見て驚いた。

１類： SE　TE-O　MU　OnD　（又は　OZn）　IHSAZ-T。
２類： SE　MU　TE-O　OnD　（又は　OZn）　IHSAZ-T.

（注）MU は「見る」。この MU に -M を付けて動名詞にすれば、喜怒哀楽の原因を表す修飾詞 UE（２類は UEL）と組み合わせて以下の如く書ける。　意味は、それを見ることが原因で 驚いた。

　　　１類： SE　TE-O　MU-M　UE　IHSAZ-T。
　　　２類： SE　IHSAZ-T　UEL　MU-M　TE-O.

● 　複数の動詞が掛け合わされる場合（不定動詞 と 特定動詞 の組合わせ）

「〜するように見える」、「思う」、「欲する」のような、思考、願望、好き嫌いなどを表す動詞 （不定動詞と呼ぶ）は、何をするように見えるのか、何をしようと思うのか、何をしたいのか等を特定するための特定動詞を伴うのが普通である。 特定動詞を伴う場合は、二つの動詞の間に ＜ （１類） 又は ＞ （２類） を置いて二つの動詞を結んでおく。＜ も、＞ も ン［N］と発音する。１類 と ２類では、不定動詞と特定動詞の並び方が**逆** になるので注意が必要。 不定動詞の時制と特定動詞の時制が同じ場合は不定動詞の語尾にだけ時制に応じた語尾を付け、特定動詞は原形のままで良い。 二つの動詞の時制が違う場合は、その時制に応じて動詞の語尾に時制助詞を付ける。

例文：　私は学校に行きたい。

1類： SE　AnXUL　UT　ITU　＜　IYUS。
　　　　セ　アンシュール　ウトゥ　イトゥー　ン　イユース
2類： SE　IYUS　＞　ITU　UTL　AnXUL.
　　　　セ　イユース　ン　イトゥー　ウトゥル　アンシュール

（注）1類は、 ITU　＜　IYUS　という語順に、 2類は　IYUS　＞　ITU　という逆の語順になることに注意。IYUS　イユース　は動詞 「〜したい、〜を欲する」 で英語の want に当たる。IYUS　の丁寧表現は　IYAA　で英語の would like to (do) に相当。尚、 IYAnS　は英語の require で「当然のこととして強く要求する」 場合に使う。 不定動詞は特定動詞のように使われることもある。 不定、特定という区別は初めから確定しているわけではない。＜　と　＞ の読み方は、どちらも「ン」。

8−4　注意を要する動詞

ＬＥＥＮ（承認、放任）、ＢＬＥ（使役）、ＢＬＵ（丁寧な使役）、ＩＹＸ（叶わぬことや、事実に反することを望む）、他

● 　ＬＥＥＮ　レーヌ

ＬＥＥＮ　レーヌ　と　ＢＬＥ　ブレ　と　ＢＬＵ　ブルー　は、日本語ではどれも「〜させる」となるが、意味が異なることもあるので注意が必要。LEEN は相手の意思や行動を承認するという意味 （英語の let ）になる。例えば、「私は子供を学校に行かせる」 という文を LEEN を使って書けば、子供が学校へ行きたいという意思を持ち、私が（親が）それを承認する、尊重するという意味。他方、BLE と BLU は使役動詞であり子供の意思にかかわらず私が行かせるという意味になる。BLE は非常に守備範囲の広い使役動詞。BLU は BLE の丁寧表現で相手が目上の人や親のときに使う（民族、状況等によるだろう）。

例文：　私は子供を学校に行かせる　（私は子供の意思を承認する、の意）。

1類： SE　子供　学校　UT　行く　LEEN。
2類： SE　LEEN　child　go　UTL　school.

尚、この文型は、SOCV（2類は SVOC）型であり、1、2類間で LEEN と下線部と

が対称的になっている（下線部分も、1 類は修飾句の「学校 UT 」が動詞「行く」を前から修飾し、2 類は修飾句 'UTL school' が動詞 'go' を後から修飾する）ので、其々配列を逆にすれば直ちに相手側の語順になる。尚、英語では、子供（child）を目的格にするが、ノシロ語は原形で用い、従って語尾に -O を付けない。勿論、OC は意味上の主語と述語の関係にあり、従い S O C V は実質的には $S_1 S_2 V_2 V_1$ なのである。原形は主格と同形だが -W を付けないし、-O も付けない。尚、LEEN と同じ意味を持つ動詞としては ALyGAS アリュガス がある（自由・放任を表す名詞 ALyGA アリュガ の派生動詞）。

（注）LEEN を含む命令文では、YLE 〜 （読み方は ユレ）という短縮形で済ますこともできる。YLE は YO と LEEN を一つにしたもので、この YLE を文頭に置くと、あとは、1、2 類共に O と C の部分を YLE に続けて書くだけで済む。O と C は、S_1(O C)V_1 文型（2 類は $S_1 V_1$(O C)）の中の O C であり、これは意味上は $S_2 V_2$ だから、一々 -O や -E を付けなくてよい（付けても間違いではないが）。尚、LEEN を LEEn と書くと レーン という発音になる。

例えば、「あなたは子供を眠らせておきなさい」（Let the baby sleep. = You let the child sleep.）は、普通の文では、

1 類： YO 子供 眠る LEEN。
　　　 S_1 (O C) V_1
（注）S_1 は YO の後に続く ME だが、命令文なのでこの ME を書き出さない。子供は O で、眠るは C だが、これ等に -O や -E は付けなくてよい。

2 類： YO LEEN child sleep.
　　　 $S_1 V_1$ (O C)
（注）S_1 は YO の後の ME だが、命令文なので書き出さない。child は O で、sleep は C だが、-O や -E は付けなくてよい。

ＹＬＥ ユレ を使って以下のように書いてもよい（特に会話ではお勧め）。

1 類： YLE 子供 眠る。

（注）命令文なので主語 ME は書き出さない。子供は O、眠るは C だが、-O や -E を付けない。

120

2類： YLE child sleep.　（注）同上

「あなたに（私から）質問させてください」(Let me ask you. ＝ You let me ask you.) も以下のようにどちらも可。

1類： YO SE ME-O 質問する LEEN。

（注）命令文なので YO の後の ME は落とす。私は O、質問するは C だが、-O や -E は付けなくてよい。「あなたに」は、「質問する」の目的語なので -O を付ける。

2類： YO LEEN SE ask ME-O.

（注）同上。YLE を使えば以下も可。

　　1類： YLE SE ME-O 質問する。
　　2類： YLE SE ask ME-O.

● ＢＬＥ　ブレ

既に **8-2 使役** で紹介済みですが、念のためにもう一度学びます。上の例文「私は子供を学校に行かせる。」を LEEN レーヌ ではなく、学習済みの使役動詞 BLE ブレ を使って、

1類： SE 　子供　学校　UT 　行く　BLE。
2類： SE BLE 　child go UTL 　school.

と書けば、子供の意思ではなく私の意思になる（下線部分を私の意思で実現させる、そうさせる、引き起こす）。子供の意思は分からないが、私はとにかく子供を学校に行かせるという意味である。尚、先に述べたように、ノシロ語では、子供（child）を目的格ではなく原形で表す。

もう少し例文を見ましょう。

例文： 彼人（かのひと）は子供を学校に行かせたい。

1 類： FE　子供　学校　UT　行く　BLE　＜　IYAnS。
2 類： FE　IYAnS　＞　BLE　child　go　UTL　school.

（注） IYAnS イヤンス は 不定動詞「〜したい」で、英語の require（強い要求）であり、IYUS より強い。

例文： 母は、長男に、次男に数学を教えさせたかった（母は長男が次男に数学を教えるのを望んだ）。

1 類： 母-W　長男　次男-O　数学-O　教える　BLE　＜　IYAnS-T。
2 類： Mother-W IYAnS-T ＞ BLE 1DAI son teach 2DAI son-O mathematics-O.

（注） ノシロ語は、長男（1DAI son）を目的格ではなく 原形 で表す（原形は主格と同形だが -W を付けないし、勿論 -O も付けない）。

例文： 何があなたを怒らせましたか？　　（＝ なんで怒っているの？）

1 類： ？　HA　ME　怒る　BLE-T。

　　　　エ　ハ　メ　オコル　ブレタ
2 類： ？　HA　BLE-T　ME　get　angry.

　　　　エ　ハ　ブレタ　メ　ゲットゥ　アングリー

（注）？は疑問文の文頭に置き、エスク 又は単に エ と読む。HA は疑問詞の主語で「何が(は)」。疑問詞主語には要素助詞の -W は付けない(人称代名詞と同じ)。疑問文については後章で詳しく学びます。

以下のような文も BLE で表現できる（娘を親の思い通りに育てた）。

例文： 両親は娘を医者にした。

1 類： ILynT-W　FEI　ILyUTE　UKyUMIST　BLE-T。
2 類： ILyNt-W　BLE-T　FEI　ILyUTE　UKyUMIST.

（注）この例文は、〜 を -- に育てる、〜 を -- にする」意の他動詞 EKAMS で表現することも可能。

（注）BLE を含む命令文は、YBL 〜（読み方は ユブル 〜）という 短縮形 で 済ますこともできる。YBL は YO と BLE を一つにしたもので、この YBL を文 頭に置くと、あとは、1、2 類共に O と C の部分を YBL に続けて書くだけで 済む。O と C は、$S_1(O\ C)V_1$ 文型（2 類は $S_1V_1(O\ C)$）中の OC 即ち意味上は S_2V_2 なので、一々 -O や -E を付けなくて良い（付けても間違いではない）。

例えば、「私にそこへ行かせなさい」（Let me go there. = You let me go there. ）を普通の命令文として書くと

1 類：　YO　SE　BOIE　行く　BLE。

（注）命令文なので YO の後の ME は落とす。SE に -O は不要、行く に -E は不要。BOIE ボイエ は、そこへ（TOA は、ここに、ここで）。

2 類：　YO BLE SE BOIE go.　　（注）同上

となるが、短縮形（YBL を使う）で以下のように書いても良い（文が短くなる）。

　　　1 類：　YBL　SE　BOIE　行く。
　　　2 類：　YBL　SE　BOIE　go.

（注）BOIE は「そこへ、そこで」。動詞を修飾しているので、1、2 類とも動詞 の前に置くのが原則。副詞句や副詞節なら、1 類は前から、2 類は後ろから動 詞を修飾することになる。

「彼にそこへ行かせなさい」（Let him go there. = You let him go there.） も同様にして以下のいずれも可。

　　　1 類：　YO　MAFE　BOIE　行く　BLE。
　　　2 類：　YO　BLE　MAFE　BOIE　go.

　　　1 類：　YBL　MAFE　BOIE　行く。
　　　2 類：　YBL　MAFE　BOIE　go.

● BLU ブルー

BLU は 先に学んだ BLE よりも丁寧になります。親にものを買って頂く（買ってもらう）とか、先生に推薦状を書いて頂く（書いてもらう）という場合に、BLE よりも、この BLU を使う。

例文: 私は両親に辞書を買って頂いた。

1類: SE 両親 辞書-O 買う BLU-T。
2類: SE BLU-T parents buy dictionary-O.

（注）後章で学びますが、上の例文は、名詞節「〜ということ」を導く節理詞 My ミュ を用いて以下のように書くこともできる。但し、この場合は My が入るだけでなく、「両親」（parents）を原形から主格に直さなければならない、そして「両親」は人称代名詞でも疑問詞でもないから当然に -W を付け加える必要が生じて文が長くなってしまう。というわけで、上の例文の方が以下の例文より良い。尚、以下の例文では、My に導かれる節は目的節なので My の代わりに My-O ミュオ としても構わない。

　　　1類: SE （PA） 両親-W 辞書-O 買う My BLU-T。
　　　2類: SE BLU-T My parents-W buy dictionary-O.

（注）PA パ は節の区切りを明示するために入れる助詞で、1類の場合は節の初めに置くことが多い。2類の助詞は PA パ ではなく ZA ザ だが、節の初めではなく最後に置くので、上例のように節の最後（dictionary）がそのまま文の終わりになっている場合は、ZA は不要。2類では、このような助詞を使う機会はないと思われるかも知れないが、関係節の終わりを示す場合に使われる。逆に1類では関係節の終わりにこの助詞を使う必要は殆どない（直ちに後行詞が続くことが多いので）。

● GH グフ

既に 8−2 態 で学びました。英語の使役 get や have にあたる。英文法では get ＋ O ＋ done や have ＋ O ＋ done のパターンで、受け身兼使役扱いされるが、ノシロ語では「受け身動詞」と呼ぶことにします。GH 自身には -ZE は付かない。

使役動詞の BLE は自分（主語）が他者を使ってやらせる、他者にしてもら
う場合に使われる、この GH グフ は「自分は望まないのに ～されてしま
う」場合も表現できる（どちらかと言うと、この場合の方が多い）。

例文： 私はカメラを盗まれた。

１類： SE camera 盗む-ZE GH-T。
２類： SE GH-T camera steal-ZE.

（注）英語なら、I got my camera stolen.

（注）S(OC)V、２類は SV(OC) の文型だから、camera に -O を付けなくてもよ
く、盗む-ZE にも補語を示す -E を付けなくてよい。受動態を使うと、私の
カメラは盗まれた（My camera was stolen.）だから、

　　　１類： SEI camera－W 盗まれる-TZE。
　　　２類： SEI camera-W steal-TZE.　　　となる。

例文： 彼人（かのひと）は風邪で帽子を飛ばされた。

１類： FE hat 飛ばす-ZE GH-T。
２類： FE GH-T hat blow-ZE.

（注）「彼人（かのひと）」は人称代名詞３人称単数だが、性に言及しない表
現。性に言及する必要があるなら、DAFE（彼）や MAFE（彼女）を使う。

● ＩＹＸＳ イユシュス

IYXS は、英語の wish …… would（could）do で、「彼がここに居たらな
ー」（実は彼は別の処に居るので望んでも今は実現しない）、や 「私がカメラ
をもっていたらなー」（うっかりしてカメラを家に忘れてきたので今は手元に
ない）のような、叶わぬことを望む場合や、事実と反対の事を望む場合に用い
る。この意味は、動詞の IYAⁿS、IYUS、IYΛΛ、IYPES 等では表せない。尚、
IYXS と同意の LMIE ルミエ は友好単語由来の標準単語なので、今後は成るべ
く使わず IYXS を使うようにしよう。

125

（注）IYX イユシュ は名詞で「叶わぬ願い」。

例文： 私はカメラを持っていたらなー。

（絶景を前にして、家にカメラを置き忘れて来たことを後悔して言っている）

1類： SE SE カメラ-O TUV My IYXS。
2類： SE IYXS My SE TUV camera-O.

この文は以下のように絞り込める。

（注）むしろ以下の方が締まった文になるので良い。

1類： SE カメラ-O TUV ＞ IYXS。
2類： SE IYXS ＞ TUV camera-O.

（注）復習もかねて、欲する、望む、希望する、叶わないのに望む、という意味の動詞をまとめておこう。

　　IYAnS （require）　　強く欲する（しばしば命令的で強い要求）
　　IYUS　（request/want/ask）　欲する、望む（普通に使われる）
　　IYAA　（would like to do）　　IYUS　の丁寧表現
　　IYPES （hope）　希望する
　　IYXS　（wish）　叶わないけれど望む、事実や現実と反対の事を希望する

【注】YAAJ（欲する）、YAA（YAAJ の丁寧形）、LMIE（不可能を望む）は友好単語由来なので、今後は使われなくなる。

● IKyUMIS　イキューミス

IKyUMIS は英語の pretend で、「〜する（である）ふりをする」で、「行くふりをする」、「不在を装う」等と言うときに使う。

（注）IKyUMIS は 静的、動的どちらもOKだが、IKyPE は動的な擬態や演技を表す。

例文： 私は行くふりをする（実際は行かない）。

M1：SE　行く　＜　IKyUMIS。　　　セ　イク　ン　イキューミス
M2：SE　IKyUMIS　＞　go．　　　セ　イキューミス　ン　ゴー

又は、合成動詞を作って、

M1：SE　行く－IKyUMIS。
M2：SE　go－IKyUMIS．

としても良いが、「行く　OnD　IKyUMIS」や「行く　OZn
IKyUMIS」は誤り。これだと、「行って何かするふりをする」や
「行ってからそこで何かするふりをする」になってしまう（意味もよく分から
ない！）。

例文：　私は行ったふりをする（実際は行っていない）。

M1：SE　行く－T　＜　IKyUMIS。
M2：SE　IKyUMIS　＞　go－T．

又は、合成動詞にして

M1：SE　行く－T－IKyUMIS。
M2：SE　go－T－IKyUMIS．

例文：　私は医者のふりをした。

M1：SE　医者　＜　IKyUMIS－T。
M2：SE　IKyUMIS－T　＞　medical　doctor．

以下も正しいが、上例の方が短いので良い（RI　は省略可）。

M1：SE　医者　RI　＜　IKyUMIS-T。
M2：SE　IKyUMIS-T　＞　RI　medical　doctor．

例文：　我々は弱いふりをする（本当は弱くない）。

M1：SEN　弱い　IKyUMIS。

M2: SEN IKyUMIS weak.

● URUZ ウルーズ 「〜 のように思われる」

英語の seem に相当。

「それは正しいように思われる」、「彼等は真剣に考えたようだ」 等と言う
ときに使う。

● URAZ ウラズ 「〜 のように見える」

英語の look に相当。

「彼の顔はいつもより赤く見える」、「あなたはとても悲しそうに見える」
等と言うときに使う。

8-5 知覚動詞

英語には知覚動詞（see, hear, feel 等）というのがあり、それ
等を用いるときは action を示す動詞の方は原形不定詞にしますが、ノシロで
は知覚動詞だからといって特別なことは無く、普通の SOCV型（2類は
SVOC）のノシロ文を書くのと同じである。具体的には、SOCV の文型
において、O の部分を原形にし、C には action を示す動詞 V_2 を入れ
て、$S_1S_2V_2V_1$（2類は $S_1V_1S_2V_2$）という文にするだけである。
O は主格ではなく原形で表されるけれど S の役を果たす。例文を見よう。

例文： 彼人達（かのひとたち。性を示さない表現）は私がギターを弾くのを
聞いた。

1類： FEN SE ギター−O 弾く PyU−T。
2類： FEN PyU−T SE play guitar−O.

（注）FEN は人称代名詞 FE の複数形。英語だと SE を SE−O に
するが、ノシロ語では原形（主格と同形）。ノシロには原形不定詞はなく、適

切な時制を選んで動詞を書く。ＰｙＵ　ピュー　は「聞く」（動作動詞）。

弾いている様子を言いたい場合は以下のように　Ｖ₂　を進行形にすれば良い。

例文：　彼人達は私がギターを弾いているのを聞いた。

1類：ＦＥＮ　ＳＥ　ギター－Ｏ　弾く－Ｉｎ　ＰｙＵ－Ｔ。
2類：ＦＥＮ　ＰｙＵ－Ｔ　ＳＥ　ｐｌａｙ－Ｉｎ　ｇｕｉｔａｒ－Ｏ．

（注）「弾く」は静的な。「弾いている」（進行形）だと動的な表現。指が動いている感じが出る。

ところで、「彼人達は私がギターを弾くのを聞いた」という文を、名詞節を導く節理詞　Ｍｙ　ミュ（英語の　that）を使って以下のように書くと、「彼人達は、私はギターを弾くということを、（例えば誰か他の人から）聞いた」という別の意味になってしまう。知覚動詞の場合は注意が必要。

1類：ＦＥＮ　<u>ＳＥ　ギター－Ｏ　弾く　Ｍｙ</u>　ＰｙＵ－Ｔ。
2類：ＦＥＮ　ＰｙＵ－Ｔ　<u>Ｍｙ　ＳＥ　ｐｌａｙ　ｇｕｉｔａｒ－Ｏ</u>．

（注）分かり易いように、Ｍｙ　に導かれる名詞節に下線。

一般に、Ｓ₁Ｓ₂Ｖ₂＋Ｍｙ＋Ｖ₁（2類はＳ₁Ｖ₁＋Ｍｙ＋Ｓ₂Ｖ₂）型のノシロ文から　Ｍｙ　を落とし、Ｓ₂　を原形にして、Ｓ₁Ｓ₂Ｖ₂Ｖ₁（2類は　Ｓ₁Ｖ₁Ｓ₂Ｖ₂）という文に変えても問題はまず起こらない。しかし逆向きの転換、つまり、Ｓ₁Ｓ₂Ｖ₂Ｖ₁（2類は　Ｓ₁Ｖ₁Ｓ₂Ｖ₂）を　Ｓ₁Ｓ₂Ｖ₂＋Ｍｙ＋Ｖ₁（2類は　Ｓ₁Ｖ₁＋Ｍｙ＋Ｓ₂Ｖ₂）にする時は注意を要する。先に見たように、ＢＬＥ　や　ＬＥＥＮ　を含む　Ｓ₁Ｓ₂Ｖ₂Ｖ₁（2類は　Ｓ₁Ｖ₁Ｓ₂Ｖ₂）型のノシロ文を、Ｓ₁Ｓ₂Ｖ₂＋Ｍｙ＋Ｖ₁（2類は　Ｓ₁Ｖ₁＋Ｍｙ＋Ｓ₂Ｖ₂）型に直すことは一応できる（長くなるので勧めたくないが）が、「彼人達は私がギターを弾くのを聞いた」という例文のように、知覚動詞を含む文では別の意味になってしまう。念の為、もう一つ見てみよう。

例文：　私は妹が踊っているのを見た。

1類：SE　妹　踊る－In　MU－T。
2類：SE　MU－T　younger　sister　dance－In.

MU は「見る」（動作動詞）。このような文では、これを
$S_1S_2V_2＋My＋V_1$（2類は $S_1V_1＋My＋S_2V_2$）型に変
えても仕様がない。My があるので「私は、妹が踊っているということを、
見た」というおかしな文になってしまうからである。

8－6　話法

直接話法と間接話法がある。日本人はこの区別をあまりはっきりさせないが、
ノシロ語では区別する。直接話法は、他人の発言をそのまま録音した会話を再
生するように伝えるもので、1類は「　　」で、2類は ‘　’ で発言部分
を挟む。間接話法は普通、発言部分を明示しない。

例文：　母は、私はあなたを好きです、と言った。

先ず直接話法から。

1類：ILyUD－W　「SE ME－O APLIS」　RU－T。
2類：ILyUD－W　RU－T　‘SE APLIS ME－O’.

（注）ILyUD は「母」、APLIS は「好く」、RU は「言う」（動作動詞）。

次は間接話法の文。

1類：ILyUD－W　（PA）　DAFE　SE－O　APLIS　My　RU－T。
2類：ILyUD－W　RU－T　My　DAFE　APLIS　SE－O.

（注）PA パ は文を読みやすくするための区切り助詞。この文では、2類の
区切り助詞 ZA ザ は不要。

例文：　彼女は、「水田氏が私に電話した」と言った。

直接話法で書くと、

1類：　ＤＡＦＥ　「ＭＲ．ＭＩＺＵＴＡ−Ｗ　ＳＥ−Ｏ
　　　　ＦＡＡＴＥＬＳ−Ｔ」　ＲＵ−Ｔ。
2類：　ＤＡＦＥ　ＲＵ−Ｔ　‘ＭＲ．ＭＩＺＵＴＡ−Ｗ
　　　　ＦＡＡＴＥＬＳ−Ｔ　ＳＥ−Ｏ’．

となり、間接話法で書くと以下ようになる。FAATELS は「電話する（英語の
call up）」、ＲＵ は「言う」。

1類：　ＤＡＦＥ　（ＰＡ）　ＭＲ．ＭＩＺＵＴＡ−Ｗ　ＤＡＦＥ−Ｏ
　　　　ＦＡＡＴＥＬＳ−Ｔ　Ｍｙ　ＲＵ−Ｔ。
2類：　ＤＡＦＥ　ＲＵ−Ｔ　Ｍｙ　ＭＲ．ＭＩＺＵＴＡ−Ｗ
　　　　ＦＡＡＴＥＬＳ−Ｔ　ＤＡＦＥ−Ｏ．

８−７　動作の完成度等を示す　副詞　と　助詞

動作の　完成度　を示す　副詞　や、　動作が続くことに対する　不満、不適切　を
示す　助詞　を見ておこう。ＧＩＶｎ　と　ＧＩＶＬＩ　は助動詞だが、助動詞
というのはそもそも動詞だけを修飾する副詞である。

●　ＡＯＰＡＬＩ　アオパリ　＋　動詞
完全に　〜　する　（〜し切る）。AOPALI は、「完全に」（completely）の意。

●　ＥＸＯＬＬＩ　エショッリ　＋　動詞
もれなく　〜　する。EXOLLI は、「すっかり」、「全体に」（throughly）。

●　ＵＯＰＡＬＩ　ウオパリ　＋　動詞
部分的に　〜　する。UOPALI は、「部分的に」（partially）。借りた金を９
割だけ返済するような場合。尚、余り使われないが、接頭語の PAX
（パシュ、部分的）から作る副詞 PAXLI でも良い（PAXLI　＋　動詞）。

●　ＧＩＶｎ　ギヴン　＋　動詞

効果をあげないまま空しく ～ する（in vain）

何度も広告したのに客から注文が全く無かった（= 空しく広告を続けた）ような場合。

● ＧＩＶＬＩ　ギヴリ　＋　動詞

無駄に ～ する　（動作はちゃんと行ったが、それが相手に届かない）。

例：　彼は相手を蹴ったが、足が空を切って相手に当たらなかった、英語なら kick ではなく kick at と表現される場合。

以下は、「放置助詞」で、ある動作や状態がそのままになっていることに対する不満や失望があるとき動詞の後に置く。

● 　動詞　＋　ＢＢＵ　ブブー

～ しっぱなしにする、～のままである

例：　彼は、水を出しっぱなしにしたまま、寝た。

【注1】動詞の語尾が Ｂ で終わる場合は、Ｂ が三つも重なってしつこくなるので ＤＤＵ（ドゥドゥー）とする。

【注2】ＢＢＵ は、「その動作や状態が続くのは不適切だという気持ち」 を表したい場合にだけ使う。尚、動詞に 時制助詞（-T, -R）や 態助詞（-ZE）や 進行助詞（-In）が付いている場合、BBU はそれ等の助詞の後に置かれる。

例えば、「大木が倒れている」は単なるアスペクトだから、倒れる-TIn で良いが、「大木が倒れたままだ」（役所等が早く撤去すべきという気持ちがある）の場合は、倒れる-TIn　BBU　（タオレルタイン　ブブー） の方が良い。倒れて時間が経ってないなら、倒れる-T　BBU　も可。

以上で8章は終わりです。最後までお読み下さり有難うございました。■

第9章　助 動 詞

9-1　助動詞（全て GI ギ で始まる）

助動詞は動詞を専門に修飾する 副詞 のようなもので、動詞の前に置かれる。
ノシロ助動詞は全て GI ギ で始まるが、GI を部首とはしない（機能語は
部首を持たない）。ノシロ語の助動詞は全部で２６語。

助動詞	読み方	意味	相当する英語
GIKA	ギカ	しても良い （許可）	may
GIKI	ギキ	する方が良い （強い勧め）	had better do
GIK	ギク	するぞ （意志、決意）	sure to do, will
GIKE	ギケ	今にも〜しそう	be about to do
GIKO	ギコ	〜し終わったところ （完了）	have done
GILA	ギラ	〜したことが有る（経験）	have ever done
GILI	ギリ	〜に違いない	must
GILU	ギルー	ずっと〜している（継続）	have been doing, have done
GILE	ギレ	喜んで〜する	glad to do
GILO	ギロ	思い切って〜する	dare to do

133

GIMA	ギマ	～できる	can
GIMI	ギミ	～すべき	should
GIM	ギム	～せねばならない （強い義務）	must
GIME	ギメ	～かも知れない	may
GIMO	ギモ	～の筈、当然に	naturally, necessarily
GINA	ギナ	以前は逆だが今は	
GINI	ギニ	以前は中立だが今は	
GISA	ギサ	職業として～する いつも～する	do as one's occupation
GISE	ギセ	～しがち、傾向的に ～しやすい	likely to do
GIVA	ギヴァ	嫌々～する	unwillingly do
GIVI	ギヴィ	～せざるを得ない	can't help doing
GIVLI	ギヴリ	動作が相手に及ばない	
GIVn	ギヴン	空しく～する 結果を得られぬまま ～する	do in vain
GIVOI	ギヴォイ	～かも知れない （可能性低い）	might
GIUD	ギウドゥ	謙遜、丁寧	would
GITT	ギットゥ	～している筈 ～していた筈	

【注】 GILU は現時点までの動作の継続を表す。過去の或る時点までの継続は動詞の時制を過去にする。GILU を GIL としなかったのは、動詞と結び付く修

飾詞 GI の２類 GIL と重なるのを防ぐため。GINA は、「（以前は嫌いだったが今は）好きだ」、「（以前は好きだったが今は）嫌いだ」のように逆転する場合を表し、GINI は、「以前は（好きでも嫌いでもなかったが今は）好きだ」、「（以前は好きでも嫌いでもなかったが今は）嫌いだ」を表す場合に用いる。時制は過去と現在だけでなく、現在と未来でも構わない。GISA は、形式的には行動表現であっても、「彼は大学で数学を教えている（つまり、彼は数学の先生）」のように職業や仕事や習慣を表す場合に使う。GIVLI は行為が相手に効果を及ぼさない場合、例えば、警棒を振るったが相手には当たらなかった場合や、蹴ったけれど相手に足が当たらなかった場合や、ピストルを相手に向けて撃ったが弾は当たらなかったといった場合に使う。GIVn は、目論んだ結果を実現できぬまま ～した、～したが徒労に終わった、無駄に ～した、という場合。GITT は帰結の文中で用い、事実と反対のことを表す場合に使う。GITT と GIMO については、この後もう少し学びます。

● 注意すべき助動詞 　ＧＩＴＴ　ギットゥ　と　ＧＩＭＯ　ギモ

ＧＩＴＴ は、仮定の帰結文中の動詞の前に置いて、事実と逆のことを述べる場合に使う。

例文： 　もしそれが本当だったなら、私は彼女に手紙を書いた。

１類 ： TE　本当　RI-T　EEF、SE　DAFE-O　手紙-O　GITT　書く-T。
２類 ： EEFL　TE　RI-T　true, SE　GITT　write-T　DAFE-O　letter-O。

（注）ＥＥＦ（１類）、ＥＥＦＬ（２類）は、仮定を表す節理詞で「もし～ならば」。 それは本当では<u>なかった</u>ので、私は彼女に手紙を書か<u>なかった</u>、ということだが、ノシロ語には英語の仮定法過去や仮定法過去完了はないので、内容の真偽によって仮定文（条件文）を変える必要は無い。しかし、手紙を書かなかった、という事をはっきりさせる必要があり、それを帰結文中の GITT で表すのである。

例文： 　もしそれが本当なら、私は彼女に手紙を書く。

１類 ： TE　本当　RI EEF、SE DAFE-O　手紙-O　GITT　書く。
２類 ： EEFL TE RI true, SE GITT write DAFE-O letter-O。

（注）本当だとは思って いない ので、手紙を書くつもりはない。

もし GITT を使わなければ、本当かどうか判断できず、従って書くとも書かないとも決められない状態になる。

例文：　もし将来それが本当なら、私は将来彼女に手紙を書くだろう。

1類：　TE 本当 RI-R EEF、SE DAFE-O 手紙-O GITT 書く-R。
2類：　EEFL TE RI-R true, SE GITT write-R DAFE-O letter-O.

（注）本当だとは思っていないので、将来手紙を書くつもりはない。　もし、GITT を使わなければ本当かどうか分からない、従って、本当の場合のみ手紙を書き、本当でないなら（嘘なら）手紙を書かないという事になる。

尚、「もし -- であったら、 ～ できた筈だ」（＝実際は -- ではなかったので、～ できなかった）は、 GITT と GIMA を組み合わせる（GITT-MA と圧縮してよい）。 例えば、「あの時あなたが私を助けていたら、私はそれをやれた筈だ」（助けてもらえなかったので、実際には私はやれなかった） は、以下のようになる。

1類：　BOIT、 ME SE-O 助ける-T EEF SE TE-O GITT-MA DU-T。
2類：　BOIT, SE GITT-MA DU-T TE-O EEFL ME help-T SE-O.

BOIT は「あの時」。自分を助けなかった相手を責めないように配慮したいときは、以下のように EEF (EEFL) 以下の条件文を落としてしまう手がある。

1類：　BOIT、 SE TE-O GITT-MA DU-T。
2類：　BOIT, SE GITT-MA DU-T TE-O.

GIMO は、「仮定文のとおりなら ～の筈」、「仮定文のとおりなら ～となるのが自然だ」の意で、仮定文（条件文）の真偽を問題にしないので、GITT を使わない文と殆ど同意だが、GIMO を加えると、「当然のこととして ～ する、当然に ～ となる」という意味が強く出る（英語の necessarily や naturally のような感じが出る）。例文を見よう。

例文：　もしあなたが十分に勉強したなら、当然にあなたは試験に受かるでし

ょう（当然合格する筈だ）。

1類：　ME 十分に 勉強する-T EEF、　ME 試験-O GIMO 合格する。
2類：　EEFL ME fully study-T,　 ME GIMO pass test-O.

（注）本当に十分勉強したか、しなかったのか分からないので　GITT　は
使えない。　GIMO　は使わなくてもよいことが多いが、上例のように使え
ば、「当然のこととして合格する」という意味を強調できる。では、もし十分
に勉強したことを知っている場合はどう表現するか。　この場合は、そもそも
仮定文にすることがおかしい。その場合は、理由を示す節理詞 IID（IIDL）を
使って、「あなたは十分に勉強したのだから、合格する」とか「十分に勉強した
ので合格するに違いない」　といった文になるだろう。もし、この例文に敢え
て GITT を使うなら、その人は、勉強なんか全くしていないという事実を知っ
ていて言うのであり、皮肉を言っているか、相手の将来を考えて諭すための発
言をしていることになる。

9-2　助動詞の否定　と　動詞の否定

助動詞の意味を否定するには助動詞の前に　NAI ナイ を置き、動詞の意味
を否定するには動詞の前に　NAI　を置く。否定詞 NAI　の位置によって意
味が異なる（NAI は右隣の語を否定する）。以下の例で慣れておこう。

GILA	行く-T	行ったことがある。
NAI GILA	行く-T	行ったことがない。
GILA NAI	行く-T	行かなかったことがある。
NAI GILA NAI 行く-T		行かなかったことはない。
GIME	行く	行くかも知れない。
NAI GIME	行く	行くかもしれない、ということはない。絶対に行く。
GIME NAI	行く	行かないかも知れない。
NAI GIME NAI 行く		行かないかも知れない、ということはない。絶対に行かない。

GIMA	行く	行ける。
NAI GIMA	行く	行けない。
GIMA NAI	行く	行かないことができる。行かないということが可能である。
NAI GIMA NAI	行く	行かないということはできない。行かないということは不可能だ。

GIME GIMA	行く	行けるかも知れない。
GIME GIMA NAI	行く	行かないことが可能かも知れない。
GIME NAI GIMA	行く	行けないかも知れない。
NAI GIME GIMA	行く	行けるかも知れないということはない。絶対に行ける。

【注】GIME GIMA は、GIME_MA と書ける。ギメマ と読む。但し、上例のように NAI を GIMA に前置させる場合、 ＿ で結ばずに、GIME NAI GIMA と書く。

9章はこれで終わりです。簡単すぎて申し訳ありません。次章では準動詞を学びます。■

第10章　準動詞

動詞の語尾に　－Ｍ　ム　か　－Ｄ　ドゥ　を付けて作る　**動名詞**、及び
－Ｋ　ク　か　－ＫＥ　ケ　を付けて作る　**動形容詞**　の二つが準動詞である。
動名詞は英語の動名詞と殆ど同じで、動形容詞は英語の分詞や関係詞に近く、
又、日本語の連体詞にも似ている。

【重要】以前は、動副詞（動詞の語尾に　－ＡＩ、－ＢＩ、－ＣＩ　を付ける）
というものがあったが、これに代わる「動詞と結合する修飾詞」を新たに導入
したため、平成 23 年末（2011 年）をもって　動副詞　を廃止　しました。

１０－１　**動名詞**　（動詞－Ｍ　ム　及び　動詞－Ｄ　ドゥ）

動名詞は、動詞の後に（動詞に時制助詞、進行助詞、態助詞が付く時はこれ等
の後に）－Ｍ　ム、又は　－Ｄ　ドゥ　を付けたもので、動詞－Ｍ　は　「～する
ということ」、　動詞－Ｄ　は「～するかどうか」という意味になる。　動名詞
は、動詞と名詞の機能を併せ持つので、主語、補語、目的語になり、又、修飾
詞と結び付いて修飾句　（即ち、形容詞句　又は副詞句）　にもなる。　ノシロの
動名詞は英語の動名詞と殆ど同じです。動名詞を使うと文を少し短くできるこ
とが多い。又、文のスタイルを少し変えて飽きを防ぐこともできる。「見る」
という動作動詞 MU　ムー　を例にとり、基本形、進行形等に応じて動名詞を
作ったものを以下に示す。否定形は動名詞の前に　ＮＡＩ　ナイ　を置く。

● 　**動詞－Ｍ**　「～する（という）こと」

	過去動名詞	現在動名詞	未来動名詞
基本形	MU-TM ムータム 見たこと	MU-M ムーム 見ること	MU-RM ムーレム 将来見ること
進行形	MU-TInM	MU-InM	MU-RInM

	ムータインム 見ていたこと	ムーインム 見ていること	ムーレインム 将来見ていること
受動態	MU-TZEM ムータゼム 見られたこと	MU-ZEM ムーゼム 見られること	MU-RZEM ムーレゼム 将来見られること
進行受動態	MU-TInZEM ムータインゼム 見られていたこと	MU-InZEM ムーインゼム 見られていること	MU-RInZEM ムーレインゼム 将来見られていること

● 動詞－D 「～するかどうか」

	過去動名詞	現在動名詞	未来動名詞
基本形	MU-TD ムータドゥ 見たかどうか	MU-D ムードゥ 見るかどうか	MU-RD ムーレドゥ 将来見るかどうか
進行形	MU-TInD ムータインドゥ 見ていたかどうか	MU-InD ムーインドゥ 見ているかどうか	MU-RInD ムーレインドゥ 将来見ているかどうか
受動態	MU-TZED ムータゼドゥ 見られたかどうか	MU-ZED ムーゼドゥ 見られるかどうか	MU-RZED ムーレゼドゥ 将来見られるかどうか
進行受動態	MU-TInZED ムータインゼドゥ	MU-InZED ムーインゼドゥ	MU-RInZED ムーレインゼドゥ

	見られていたかど うか	見られているかど うか	将来見られている かどうか

【注】動名詞を作るのは、－Ｍ と －Ｄ の二つだけ。ＭＵ は「見る」意の他動詞、－Ｍ は動名詞です（混同しないで！）。

● **動名詞の使い方**

動名詞の元になる動詞が他動詞の場合は通常、目的語や補語を伴う。目的語や補語は、１類では動名詞に先行するが、２類では動名詞の後に来る。これは、１類の文型 ＳＯＶ と、２類の文型 ＳＶＯ の違いを反映するためである。

例文を見よう。

例文： 見ることは信じることである。

１類：MU-M-W ELBILS-M （RI）。　 ムームワ　エルビルスム　（リ）
２類：MU-M-W （RI） ELBILS-M.　 ムームワ　（リ）　エルビルスム

（注）ＭＵ は見る、ＥＬＢＩＬＳ は信じる。百聞は一見にしかず。で、英語なら Seeing is believing. 「見る」と「信じる」という動詞が動名詞になり、其々、主語、補語になっている。このような簡単な文では、補語を示す要素助詞 -E は不要。RI は省略可（SCV 型の文で現在時制なので）。

例文： これ等の練習を完了することは重要だ。

１類： TON　練習-O　完了する-M-W　重要 （RI）。
２類： Finish-M-W TON practice-O （RI）　important.

（注）ＴＯＮ トヌ は ＴＯ「これ（指示代名詞）、この（指示形容詞）」の複数形。ノシロ語では同じ単語が複数の品詞を掛け持ちするのは珍しい。「完了する」という動詞が動名詞になっている。動詞として「練習 という目的語を取りながら、名詞として主語にもなっている。 もし誰が練習するのか明示したい時は、人称代名詞の所有形を動名詞の前に置く。例えば、ＭＥＩ を、完了する－Ｍ－Ｗ の前に置けば、あなたが完了することが重要、という意味になる。勿論、動名詞を使わずに節理詞 My ミュ で表すこともできる（こ

の方が一般的）。My は英語の接続詞 ｔｈａｔ 「〜ということ」 に相当。

例文： 彼女の夢は医者になることである。

１類： ＤＡＦＥＩ　夢－Ｗ　医者－Ｅ　ＥＱＫＡＺ－Ｍ　（ＲＩ）。
２類： ＤＡＦＥＩ　ｄｒｅａｍ－Ｗ　（ＲＩ）　ＥＱＫＡＺ－Ｍ
　　　ｄｏｃｔｏｒ－Ｅ．

（注）ＤＡＦＥＩ　ダフェイ　は　「彼女の」。ＥＱＫＡＺ　エチュカズ　は自
動詞「〜になる」で、英語の　ｂｅｃｏｍｅ。

例文： 私は走ることで体重を減らした。

１類： ＳＥ　走る－Ｍ　ＡＹ　体重－Ｏ　減らす－Ｔ。
２類： ＳＥ　ｒｅｄｕｃｅ－Ｔ　ｗｅｉｇｈｔ－Ｏ　ＡＹＬ　ｒｕｎ－Ｍ．

（注）動詞「走る」が動名詞になり、「〜により」という意味の修飾詞 ＡＹ
（２類は ＡＹＬ）と結び付いて修飾句（この場合は副詞句）になり、動詞
「減らす－Ｔ」を前から修飾している（２類は　ＡＹＬ　ｒｕｎ－Ｍ　が、
動詞 ｒｅｄｕｃｅ－Ｔ を最後尾から修飾）。１類では、修飾語（句、節）は
被修飾語の直前に置くのが原則で、２類では、修飾語は直前、修飾句と修飾節
は直後に置くのが原則である。しかし、動詞が目的語や補語を取るときは、修
飾語（句、節）は成るべく動詞と目的語の関係を分断しないように配置する。
当例で言えば、「ＳＥ　走る－Ｍ　ＡＹ」という修飾詞は、確かに動詞「減ら
す－Ｔ」を修飾しており、目的語や補語が無ければ当然にその側に置かれるべ
きものだが、当例には目的語が有る。こうした場合は、目的語「体重－Ｏ」
と動詞「減らす－Ｔ」との結び付きを分断させずに上例のように「走る－Ｍ」
を「体重－Ｏ」の手前（左側）に置く。２類も同様にして
ＡＹＬ　ｒｕｎ－Ｍ　を　ｗｅｉｇｈｔ－Ｏ　の後ろに置く。

例文： 問題は行くかどうかである。

１類： 問題－Ｗ　ＩＴＵ－Ｄ　（ＲＩ）。
２類： Ｐｏｉｎｔ－Ｗ　（ＲＩ）　ＩＴＵ－Ｄ．

（注）ＩＴＵ　イトゥー　は　「行く」。

例文：　行くかどうかが問題である。

1類：　ＩＴＵ－Ｄ－Ｗ　問題　（ＲＩ）。
2類：　ＩＴＵ－Ｄ－Ｗ　（ＲＩ）　question.

「行くか行かないか、それが問題である」　のような文では動名詞を使わずに
以下のように書くこともできる。

1類：　ＩＴＵ　ＯＡ　ＮＡＩ、　ＴＥ　問題　（ＲＩ）。
2類：　ＩＴＵ　ＯＡ　ＮＡＩ,　ＴＥ　（ＲＩ）　question.

尚、会話で頻繁に使われる以下のような表現は、動名詞よりも**動詞と結び付く
修飾詞 ＢＩ** ビ（2類は **ＢＩＬ** ビル）を使う方が簡単。ＢＩ（ＢＩＬ）は
英語の　ｔｏ不定詞　のようなもの。

例：　あなたに会えて素晴らしい（英語の Nice to see you！）

1類：　ＭＥ－Ｏ　会う　ＢＩ　素晴らしい。
2類：　Ｎｉｃｅ　ＢＩＬ　ｓｅｅ　ＭＥ－Ｏ

上の例を動名詞を使って書くと、

1類：　ＭＥ－Ｏ　会う－Ｍ－Ｗ　素晴らしい　（ＲＩ）。
2類：　Ｓｅｅ－Ｍ－Ｗ ＭＥ－Ｏ　（ＲＩ）　ｎｉｃｅ.

修飾詞 ＢＩ（ＢＩＬ）を使う方が短くなるのでお勧めである。

例：　そのニュースを聞いて残念　（Sorry to hear the news.）

1類：　ＢＯＩ　ニュース－Ｏ　聞く　ＢＩ　残念。
2類：　Ｓｏｒｒｙ　ＢＩＬ　ｈｅａｒ　ＢＯＩ　ｎｅｗｓ－Ｏ.

となり、ＢＩ（ＢＩＬ）の方が日本語、英語の語順に綺麗にフィットする。

● **動名詞構文**

主語＋動詞＋節理詞＋ ・・・ という構成から主語を省略し、更に動詞を動名詞にして、動名詞 ＋ 節理詞 （又は修飾詞）の形にしたものがノシロ語の動名詞構文で、英語の分詞構文のようなものであるが、節理詞（又は修飾詞）を残す点が英語とは異なる。２類の分詞構文は、節理詞＋主語＋動詞 ＋・・・が、節理詞＋動名詞＋ ・・・ となる。動名詞には、進行形、受動態、及び両者が重なったものがあるので、動名詞構文もそのままそれ等を引き継ぐ。動詞を省略して以下に示す（－D については省略）。

	過去	現在	未来
基本形	-TM タム	-M ム	-RM レム
進行形	-TInM タインム	-InM インム	-RInM レインム
受動態	-TZEM タゼム	-ZEM ゼム	-RZEM レゼム
進行受動態	-TInZEM タインゼム	-InZEM インゼム	-RInZEM レインゼム

気象について語る場合を除き、省略された主語は、主節の主語と同じでなければならない。 英語の分詞構文は接続詞（ノシロでは節理詞）まで省略してしまうが、ノシロでは混乱を避けるため節理詞を省略しない。動名詞構文は、文全体をほんの少しだが短くする効果がある。否定は、動名詞の前に ＮＡＩナイ を置く。

例文： 書類を送った後で、その女子学生は誤りに気づいた。

１類： 書類－Ｏ　送る－ＴＭ　ＡＡＦ、　ＢＯＩ　女子学生－Ｗ　誤り－Ｏ
　　　気付く－Ｔ。
２類： AAFL　send-TM　documents-O　BOI　girl　student-W　recall-T
　　　mistake-O.

（注）ＡＡＦ アーフ（２類は ＡＡＦＬ）は、節理詞で「～の後で」。書類を送った人と、誤りに気付いた人は同一人物でなければならない（＝ 彼女）。そうでないと動名詞構文にはできない。

例文： そちらの （あなたの） 事情は良く知らないが、我々は確かに完全な商

144

品を送った。

1類： ＭＥＩ　事情－Ｏ　ＮＡＩ　知る－Ｍ　ＵＵＳ、ＳＥＮ　確かに
　　　完全な　商品－Ｏ　贈る－Ｔ。

2類： UUSL NAI know-M MEI situation-O, SEN send-T certainly
　　　perfect　product-O.

（注）ＵＵＳ　ウース（２類は　ＵＵＳＬ）は、節理詞「〜　だけれども」。

１０－２　動形容詞　（動詞－Ｋ　ク、　動詞－ＫＥ　ケ）

動形容詞は、動詞をベースにして作られる形容詞で、動詞－Ｋ　と　動詞－ＫＥ
の二種類ある。前者は日本語の連体修飾形の様なもので、後者は　ＳＣＶ（２
類は　ＳＶＣ）型や　ＳＯＣＶ（２類は　ＳＶＯＣ）型の文中の　Ｃ、即ち、形容
詞の叙述用法となるもの。先ず、動詞-K　から見て行こう。

●　動詞－Ｋ　ク

このタイプの動形容詞は、動詞の語尾に　－Ｋ　ク　を付けて、動詞の機能を保
ちながら同時に形容詞として名詞や代名詞を修飾できるようにしたもので、<u>英
語の分詞、関係詞に似ており、又、日本語の連体修飾形にも似ていて</u>、「〜す
るところの」　又は　「〜する」という意味になる。

動詞－Ｋ　の動詞は、自動詞でも他動詞でもよい。　動詞－Ｋ　に修飾される
名詞（代名詞）は、人や物だけでなく、時、場所、理由　等も可能。　動形容
詞と先に学んだ動名詞の違いは、動名詞が主語、補語、目的語になるのに対
し、動形容詞はあくまで修飾語や修飾句にしかならない、ということ。

ＩＭＳ　イムス（尋ねる）という動詞を例にして動形容詞の変化を見よう。

【注】このタイプ　（動詞－Ｋ）　の動形容詞は、後で学ぶ節理詞　Ｋｙ　キュ
と同様にとても便利な機能語なので例文を見ながら少し丁寧に学びます。

	過去	現在	未来
基本形	IMS-TK イムスタク 尋ねたところの	IMS-K イムスク 尋ねるところの	IMS-RK イムスレク 将来尋ねるところの
進行形	IMS-TInK イムスタインク 尋ねていたところの	IMS-InK イムスインク 尋ねているところの	IMS-RInK イムスレインク 将来尋ねているところの
受動態	IMS-TZEK イムスタゼク 尋ねられたところの	IMS-ZEK イムスゼク 尋ねられるところの	IMS-RZEK イムスレゼク 将来尋ねられるところの
進行態	IMS-TInZEK イムスタインゼク 尋ねられていたところの	IMS-InZEK イムスインゼク 尋ねられているところの	IMS-RInZEK イムスレインゼク 将来尋ねられているところの

動名詞の説明では述べなかったが、文法の復習をかねて、動形容詞が目的語や補語を伴わずに単なる形容詞のように用いられている場合と、目的語や補語を伴う場合に分けて例文を見てみよう。

<< 　動形容詞が目的語や補語を伴わない場合　 >>

この場合の動形容詞は、形容詞と同じである。 つまり修飾句でも修飾節でもなく、修飾語である。 従い、1、2類共に動形容詞は、被修飾語である名詞や代名詞の前に置かれる。 即ち、1、2類共に 「動詞－K　名詞」 という順になる。 以下で、下線の部分が動形容詞、太字は動形容詞に修飾される被修飾語（名詞、代名詞）。

例文：　今、 尋ねる 人（尋ねるところの人）が立ち上がる。

1類：　今、　<u>IMS－K</u>　<u>REn－W</u>　立ち上がる。
2類：　Now,　<u>IMS－K</u>　<u>REn－W</u>　stand　up.

（注）ＩＭＳ　は「尋ねる」。ＲＥｎ　レン　は「人」。「尋ねる」は他動詞だ
が他の多くの動詞と同様、状況により目的語を明示せずに自動詞のように使う
こともできる。ここでの使い方がそれである。

例文：　尋ねない人は去った。

1類：　NAI　<u>IMS-K</u>　<u>REn-W</u>　去る-T。　　　ナイ　アスクク　レンワ　サルタ
2類：　NAI　<u>IMS-K</u>　<u>REn-W</u>　leave-T.　　ナイ　アスクク　レンワ　リーヴタ

（注）ＮＡＩ　ナイ　は否定語。動形容詞の　ＩＭＳ－Ｋ　を否定している。

例文：　尋ねられる人は米陸軍の将校です。

1類：　<u>IMS-ZEK</u>　<u>REn-W</u>　米陸軍　UB　将校　（RI）。
2類：　<u>IMS-ZEK</u>　<u>REn-W</u>　（RI）officer　UBL　U.S.　Army.

（注）UB は修飾詞で「〜の」。UBL は、ずばり英語の of。これを、米軍’Ｚ
将校　と書いても良いし、単に　米軍将校　としても良い。２類も、
U.S.　Army’Ｚ　officer　でも、U.S.　Army　officer　でも良い。

例文：　泳いだ人は手を挙げよ。

1類：　YO　<u>泳ぐ－TK</u>　JE　手－O　EOPS。
2類：　YO　<u>swim－TK</u>　JE　EOPS　hand.

（注）「泳ぐ」は自動詞だから目的語は取らない。この命令文の主語は　ME　で
はなく　JE　なので、この　JE　を省略しない（省略するのは　ME　の場合だ
け）。人称代名詞や疑問詞が主語になるときは　－W　を付けない。
ＥＯＰＳ　は　「上げる」。

＜＜　動形容詞が目的語や補語を伴う場合　＞＞

動形容詞の位置は、以下に示すように、１類　と　２類　で逆になるので注意が

147

必要。 目的語の位置も逆になるが、これは １類の ＳＯＶ という語順と、
２類の ＳＶＯ という語順の違いそのものである。 又、目的語は修飾句 （こ
こでは形容詞句） の中にあるので、目的語に付ける要素詞は −Ｏ オ ではな
く −ＯＬ オル になる （ −ＯＬ を −Ｌ と書いて良い、読み方は −Ｌ でオル）。

１類： 目的語（補語） ＋ 動形容詞 ＋ **名詞**

２類： **名詞** ＋ 動形容詞 ＋ 目的語 （補語）

（注） 修飾節に下線、非修飾語 （名詞） は太字。

例文： 私は、牧氏に質問していた**警察官**に、電話させた。

１類： ＳＥ MR.牧−Ｌ ＩＭＫＥＳ−ＴＩｎＫ **警察官** 電話する
　　　 ＢＬＥ−Ｔ。

２類： ＳＥ ＢＬＥ−Ｔ **policeman**
　　　 ＩＭＫＥＳ−ＴＩｎＫ MR.Maki−Ｌ call.

（注） ＩＭＫＥＳ は「質問する」で、ＩＭＳ よりやや形式ばった語。「質問
する （ところの）」 という動形容詞が 「牧氏」 という目的語を伴っている。
「牧氏」 は修飾句中の目的語なので −Ｏ ではなく −Ｌ を付ける。
ＢＬＥ ブレ は、使役動詞 「〜させる」 で、英語なら ｈａｖｅ。 尚、英語で
は、行動させられる人 （ここでは、警察官 police） は目的格になるが、ノシ
ロ語は原形 （主格と同形） にする。

例文： 私は、彼女に、牧氏に質問していた**警察官**に、電話させた。

（注） 私が、彼女を使う （彼女に警察官に電話をさせる）。

１類： ＳＥ ＤＡＦＥ MR.牧−Ｌ ＩＭＫＥＳ−ＴＩｎＫ **警察官**−Ｏ
　　　 電話する ＢＬＥ−Ｔ。

２類： ＳＥ ＢＬＥ−Ｔ ＤＡＦＥ call **policeman**−Ｏ
　　　 ＩＭＫＥＳ−ＴＩｎＫ MR.Maki−Ｌ。

（注） これは ＳＯＣＶ （２類は ＳＶＯＣ） の文型。 私によって電話させられ
るのは彼女なので、ＤＡＦＥ は原形にする （つまり ＤＡＦＥ−Ｏ としな

い）。このように K を付けて作る動形容詞は英語の関係代名詞主格と似ているが、ノシロには関係代名詞の所有格用法や目的格用法にあたるものはない。それ等は形容詞節を導く節理詞が担う。

● 動詞－KE　ケ

こちらは、SCV（2類ではSVC）やSOCV（2類はSVOC）型の文中の C 即ち<u>叙述用法の形容詞</u>の如く使われる。自己完結するもので、名詞を修飾することもない。使用頻度は、動詞－K より低く、以下の例文を見れば十分です。

例文：　おー、老人は怪我をしているぞ（怪我をしている状態だ）。

1類：　OO ！ BOLDn-W　IGyUZ-TKE　（RI）。
2類：　OO ！ BOLDn-W　（RI）　IGyUZ-TKE.
　　　　（注）Oh ！ old　man　is　injured.

（注）OO　オー　は驚きを表す自然詞。BOLDn = 老人、IGyUZ = 怪我をする。IGyUZ-TKE は、イギューズタケ と読む。この文では RI を省略可。

例文：　　老人は怪我をしている状態で発見された。

1類：　BOLDn-W　IGyUZ-TKE　MUFA-TZE。
2類：　BOLDn-W　MUFA-TZE　IGyUZ-TKE.
　　　　（注）Old man　was　found　wounded.

（注）BOLDn = 老人、IGyUZ = 怪我をする、MUFA = 発見する。SCV の C が、動形容詞の叙述用法（動詞-KE）となっている。形容詞と考えてよい。

以下の二つの文は SOCV（2類は SVOC）型だが、C は動詞をベースにしたものではなく、名詞や形容詞そのものなので、動形容詞は用いられない。

例文：　　警察はその女性を遺体で発見した。

1類：　AnPOLI-W　BOI　IRDAT　IBDE_DI　MUFA-T。

２類：　AnPOLI-W　MUFA-T　BOI　IRDAT　IBDE_DI.

（注）IRDAT = 婦人、IBDE_DI イブデディ = 遺体（IBDE 死 と BODI 体 の合成語）。合成語を作るには、二番目の語の部首（ここでは BO）を落とし、アンダーバー _ で繋ぐ。SOCV（２類は SVOC）の文では、IRDAT-O としたり、IBDE_DI-E とする必要なし。勿論、-O や -E を付けても間違いではないが、ノシロ語に慣れて来たら省略した方が文が引き締まる。

例文：　警察は犯人を生きたまま捕まえた。

１類：　AnPOLI-W　InPRIMAA　AUUL　TUK-T。
２類：　AnPOLI-W　TUK-T　InPRIMAA　AUUL.

（注）AnPOLI = 警察、InPRIMAA = 犯人、AUUK = 生きている、TUK = 捕える。SOCV（２類は SVOC）の文では　O　と　C　の部分に　-O　や -E を付けなくてよい、つまり、InPLIMAA-O　や　AUUL-E　としなくてよい。但し、付けても間違いではない（Web ページ９号　４－５　を参照）。

以下の例文はいろいろに書くことができるが、動形容詞より進行形を使う方が簡単です（ノシロの進行形は動作の進行だけでなくアスペクトも表す）。

例文：　老人が歩道で横になっている（急に具合が悪くなったか、疲れて休んでいるのか不明）。

１類：　BOLDn-W　RyU_ST　AT　NyU-In。
２類：　BOLDn-W　NyU-In　ATL　RyU_ST.

敢えて動形容詞にすると以下。

１類：　BOLDn-W　RyU_ST　AT　NyU-InKE　（RI）。　　　（注）叙述用法
２類：　BOLDn-W　（RI）　NyUFO-TKE　ATL　RyU_ST.

例文：　誰かが歩道で倒れている（心臓発作、車に轢かれた　？）。

１類：　JE　RyU_ST　AT　NyUFO-In。　　　（注）NyUFO-In と進行形で表す
２類：　JE　NyUFO-In　ATL　RyU_ST.

敢えて、動形容姿にすれば以下のようになる。

1類： JE RyU_ST AT NyUFO-TKE （RI）。
2類： JE （RI） NyUFO-TKE ATL RyU_ST.

（注）JE ＝ 誰か、RyU_ST ＝ 歩道、ByUFO ＝ 倒れる

ところで、英語の不定詞の形容詞用法（〜する、〜すべき）は、ノシロでは今学んだばかりの動形容詞（〜する、〜するところの）で表す。「べき」の意味を特に表したいときは、助動詞の GIMI（すべき）や GIKI（する方が良い）を動詞の前に置く。因みに、英語の不定詞の名詞用法（〜すること）は、ノシロでは動名詞で表される。又、英語の不定詞の形容詞用法（〜するための）と副詞用法（〜するために）は、ノシロ語では大抵の場合、「動詞と結び付く修飾詞 DI / DIL を使う。下表にまとめておこう。

英　語	ノシロ語（1，2類）
英語の不定詞の名詞用法 〜すること 例： to see （ ＝ seeing 　　 ＝ 見ること）	ノシロ語では、動名詞（動詞 ＋ M）を使う。 〜すること。 1類： 見る-M　ミーム　見ること 2類： see-M　スィーム　seeing
不定詞の形容詞用法 〜する、〜すべき 例： book to buy 　　（買う本、買うべき本）	動形容詞（動詞 ＋ K ）を使う。 〜する、〜すべき。 1類： 買う-K　本　（買う本、買うべき本） 2類： buy-k　book　（買う本、買うべき本） 助動詞 GIMI を動詞の前に置くと、 1類： GIMI　買う-K　本　（買うべき本） 2類： GIMI　buy-k　book　（買うべき本）
不定詞の形容詞用法 〜するための 例： knife to cut	動詞と結びつく DI / DIL を使う。 〜するための

（切るためのナイフ）	1類： 切る DI ナイフ （切るためのナイフ） 2類： knife DIL cut （切るためのナイフ）
不定詞の副詞用法 〜するために 例： work to live 　（生きるために働く）	動詞と結び付く修飾詞 DI／DIL を使う。 〜するために 1類： 生きる DI 働く （生きるために働く） 2類： work DIL live （生きるために働く）

【注1】大抵の場合、助動詞 GIMI を入れなくても良い。
【注2】動形容詞がそれ一語で完結する場合は、形容詞と同様に名詞の前に置かれる（1、2類共）。

ここで、英語の 「疑問詞と不定詞がセットになった文」 は、ノシロではどう表されるのかざっと見ておこう。

日本語、英語	ノシロ語1類	注意
私は何をするのか（すべきか）知らない。 I don't know what to do. （注）to do は、英語のto-不定詞の形容詞用法。〜すべき	SE DU-K HA-O NAI URKS。又は、 SE HA-O DU-M-O NAI URKS。	DU-M は動名詞で URKS（知る）の目的語。DU-K は動形容詞で、〜するところの。〜すべきの意を特に示したいときは、DU の前に助動詞 GIMI(すべき)や GIKI（する方が良い）を置く。この動形容詞 DU-K は1語で完結しているから HA-O の前に置かれる。
I don't know which book to buy. 私はどちらの本を買うのか知らない。	SE HINA BEEK-O UYBS-M-O NAI URKS。 又は、SE UYBS-K HINA BEEK-O NAI URKS。	HINA どちらの。BEEK 本。UYBS 買う。UYBS-M は動名詞。これが URKS の目的語になっている。下の例文の UYBS-K は動形容詞。 UYBS-K は1語で

（これも不定詞の形容詞用法、買うべき）		完結しているので HINA BEEK-O の前に置く。
Tell me when to stop. 何時止まるのか言いなさい。	YO HELI ETOS-M-O RU。 又は、 YO RU ETOS-K HE-O。	命令文。HOLI どこへ。ITU 行く。ITU-M は動名詞（行くこと）で、これが RU の目的語になっている。
Tell me where to go. 何処へ行くのか言いなさい。	YO HOLI ITU-M-O RU。	命令文。HOLI どこへ。ITU 行く。ITU-M は動名詞（行くこと）で、これが RU の目的語になっている。
You didn't know how much to drink. あなたはどれほど飲むのか知らなかった。	ME Hy MUQ KUD-M-O NAI URKS-T。	Hy MUQ どれほど（HANA MUQ も可）。KUD 飲む。KUD-M は動名詞で、URKS の目的語になっている。過去時制なので、URKS には -T が付く。
You didn't know how to spell the word. あなたはその単語をどう綴るか知らなかった。	ME BOI ALWAD-O HyELI ALSPES-M-O NAI URKS-T。	BOI その。ALWAD 単語。HyELI どのように（HyE も可）。ALSPES 綴る。ALSPES-M は動名詞で、これが URKS の目的語になっている。

【注】ノシロ語には英語の不定詞の名詞用法に相当するものはない。ノシロでは動名詞で表す。

１０－３　まとめ　（準動詞、修飾詞、節理詞の相関表 Ver. 3.2）

以下は、三つの準動詞（-M、-D、-K）に対応する三つの節理詞 -My、-Dy、-Ky

を表にしたものです（ついでに修飾詞も中央の縦二列に並べてみました）。修飾詞や節理詞はこの後勉強して行くので今は分からなくても心配ご無用です。

準動詞	修飾詞 （動詞と結合）	修飾詞 （名詞と結合）	節理詞 （節を導く）
-M　動名詞 ということ			My　ミュと読む
-D　動名詞 かどうか			Dy　デュ
-K　動形容詞 するところの （日本語の連体 詞に近い）			Ky　キュ
-KE　動形容詞 （叙述用法）			
		EA/EAL　エア/エアル 形容詞句 の時の 副詞句 の時に	EEA/EEAL 形容詞節 する時の 副詞節 する時に
	BI/BIL 副詞句 するには、するのは 〜して（嬉しい、悲 しい）	EB/EBL 副詞句 〜には	EEB/EEBL 副詞節 するには、するのは
	CI/CI　ツィ/ツィル 形容詞句 するほどの 副詞句 するほどに	EC/ECL　エツ/エツル 形容詞句 するほどの 副詞句 するほどに	EEC/EECL 形容詞句 するほどの 副詞節 するほどに
	DI/DIL 形容詞句 するための 副詞句	ED/EDL 形容詞句 のための 副詞句	EED/EEDL 形容詞節 するための 副詞節

	するために	のために	するために
	FI/FIL (= if) 形容詞句 〜と仮定しての 副詞句 もし〜ならば	EF/EFL 形容詞句 もし〜ならばの 副詞句 もし〜ならば	EEF/EEFL 副詞節 もし〜ならば
	GI/GIL (= iff) 形容詞句 〜と仮定しての 副詞句 もし〜ならば	EG/EGL 形容詞句 もし〜ならばの 副詞句 もし〜ならば	EEG/EEGL 副詞節 もし〜ならば
	JI/JIL ジ/ジル 形容詞句 〜しながらの 副詞句 〜しながら	EJ/EJL 形容詞句 〜の行為中の 副詞句 〜の行為中に	EEJ/EEJL 副詞節 〜しながら (参考：PLP 副詞節 〜すると--する)

これで１０章は終わりです。長くお付き合いを頂き有難うございました。■

第11章　形 容 詞

形容詞は、原則として部首を持つ「**一般形容詞**」と、文法と一体化していて
「**部首を持たない形容詞**」とに大別できる。**数詞** や **時** を表す形容詞は一般
形容詞の仲間だが、殆どが部首を持たないので、一般形容詞から外して「部首
を持たない形容詞」の後に（最後に）ご紹介します。数詞や時を表す形容詞に
部首を与えなかったのは、これ等は語数が少なく部首無しでも簡単に覚えてし
まうからです（部首が有ると却ってしつこくなる）。

【注】前章で学んだ、動形容詞（動詞－Ｋ ク、動詞－ＫＥ ケ）も動詞である
と共に形容詞でもある。特に「目的語を取らない動形容詞」は実質的に形容詞
と言って良い。「目的語を取る動形容詞」は形容詞ではなく形容詞句です。

１１－１　形容詞の種類

11-1-1　一般形容詞

ノシロ語では、性質形容詞や物質形容詞や固有形容詞と称されるものをまとめ
て一般形容詞という。「赤い」、「親切な」、「最後の」、「抽象的な」、
「早い」、「以下の」等がそれで、数も非常に多い。

一般形容詞は下表に示す部首を持つ（太字の最上列と太字の最左列を除いた中
央部分）。形容詞の部首はご覧のとおり、二つ又は三つの母音字を組み合わせ
たもので、内包的な一定の意味を持つ。例えば、下表の２行３列目にある部首
AI は「基礎や論理」を表し、２行６列目にある AO は「良いことや中性」を、
４行８列目にある UII は「悪」を表す。空白のセルは部首として使わない。

	A	I	U	E	O	AA	II	UU	EE	OO
A		AI	AU	AE	AO		AII	AUU	AEE	AOO
I	IA		IU	IE	IO	IAA		IUU	IEE	IOO

U	UA	UI		UE	UO	UAA	UII		UEE	UOO
E	EA	EI	EU		EO	EAA	EII	EUU		EOO

以下に一般形容詞（但し国際標準単語で原生形容詞）の部首２９個中の５個と
その部首を持つ一般形容詞の例を示す。不定数量形容詞等は部首を持たない。

部首	左記の部首を持つ一般形容詞の例
AI 基礎	AIDRn（直接の）、AIGA（逆の）、AIMINS（負の）、AInD（独立の）、AINESA（必須の）、AIPLS（正の）、AIPO（可能な）、AIRI（実の）、AITR（真の）
AO 美、善	AOBI（美しい）、AODEL（美味しい）、AOFA（格好良い）、AOG（良い）、AOIn（知的な）、AOPAA（適切な）、AORA（正しい）、AORDI（用意できた）
UE 形状	UEBn（曲がった）、UEK（連続した）、UEKA（カーブの）、UEPO（尖った）、UERA（丸い）、UESKyA（散らばった）、UEST（真っ直ぐな）
UII 悪	UIIBA（悪い）、UIIDE（危険な）、UIIF（偽りの）、UIIG（醜い）、UIIHAM（有毒の）、UIIMA（狂った）、UIIPA（不完全な）、UIITA（退屈な）、UIIXO（不足）
EI 色	EIBLA（黒い）、EILO（黄色い）、EIMA（赤い）、EIPAA（紫の）、EIPI（ピンクの）、EIS（青い）、EISPI（サピア色）、EITA（白い）、IBn-EIHyU（無色の）

【注１】昔使っていた友好単語をそのまま一般形容詞に横滑りさせたものが少
数ながら有る。友好単語は世界各国の言葉をそのまま、又は少し変えたものだ
から当然に部首は無い。友好単語は今後は次第に使われなくなるでしょう。
【注２】名詞等の語尾に変換助詞 NA や BL を付けて形容詞に変換させた派生
形容詞の場合は、上表の部首ではなく名詞等の 元の語の部首 を継承する。

原則として部首を持つ一般形容詞の解説はこれで終わりです。以下は、部首を
持たない形容詞のご紹介です（11-1-2 から 11-1-6 まで）。

11-1-2　不定数量形容詞

代表的なものを下表に示す。どれも、可算、非可算を問わず使う。XAO シャオ
は MUQ ムーチュ と対称的に用いる。つまり、「多くはない」、「少ししかな
い」という意味で使う。SOM も「少量」を表すが、MUQ を意識しないので、少
量でも適量の場合は SOM の方が良い。ＮＡＩ はその直後の語意を否定する。
NAI は副詞でもある。日本語では、NAI のような否定語を主語や目的語の前に
置くことはないが、ノシロ語では英語と同様、普通に行う。

ノシロ単語	読み方	意味	対応する英語
MUQ	ムーチュ	多くの	Many, much, lot, a number of
PLU	プルー	複数の	Plural
SOM	ソム	いくらかの	Some
XAO	シャオ	少しの	Few, little
NAI	ナイ	ない	No

【注】不定数量形容詞は部首を持たない。

以下の例文で、NAI を主語や目的語の前に置く表現に慣れて下さい。

例文　：　誰もそれを話さない。

（注）「存在しない誰か（NAI JE）がそれを話す」と同じこと。

1類　：　NAI　JE　TE-O　RU。　　ナイ　ジェ　テオ　ルー
2類　：　NAI　JE　RU　TE-O.　　ナイ　ジェ　ルー　テオ

ＲＵ は、「話す」。この文を JE TE-O NAI 話す。 や JE NAI talk TE-O.
としても良いが、その場合は NAI は副詞になるし、文の意味も「誰かは（が）
それを話さない」（他の人達はそれを話すが、話さない人もいる）となる。

尚、ＲＵ を知らなければ、以下のように書いても構わない。国際対話では英
単語をどんどん流用して良いのです（勿論、文法と一体化したノシロ基本単語
だけは、他言語で代用することは許されない）。

1類　：　NAI　JE　TE-O　talk。　　　ナイ　ジェ　テオ　トーク
2類　：　NAI　JE　talk　TE-O.　　　ナイ　ジェ　トーク　テオ

相手が日本語も英語も知っているなら以下でも良いだろう。これもれっきとしたノシロ文です。

1類　：　NAI　JE　TE-O　話す。　　　ナイ　ジェ　テオ　ハナス
2類　：　NAI　JE　talk　TE-O.　　　ナイ　ジェ　トーク　テオ

例文　：　この机には引き出しが無い。
(注) この机は「無い引き出し」を持つ、と同じ。

1類　：　TO　KESK-W　NAI　TUSET-O　TUV。
　　　　　ト　ケスクワ　ナイ　トゥーセットオ　トゥーヴ
2類　：　TO　KESK-W　TUV　NAI　TUSET-O.
　　　　　ト　ケスクワ　トゥーヴ　ナイ　トゥーセットオ

(注) TO は「この」(=this)」、KESK は「机」、TUSET は「引き出し」、TUV は「持つ (=have)」。

日本語や英語を使って以下のように書くこともできる。

1類　：　TO　机-W　NAI　引き出し-O　持つ。
　　　　　ト　ツクエワ　ナイ　ヒキダシオ　モツ
2類：　TO　desk-W　have　NAI　drawer-O.
　　　　　ト　デスクワ　ハヴ　ナイ　ドゥローアーオ

以下でも良いが、この場合は NAI は副詞になる。文意は同じ。

1類　：　TO　机-W　引き出し-O　NAI　持つ。
2類　：　TO　desk-W　NAI　have　drawer-O.

11-1-3　代名形容詞、指示形容詞、不定形容詞、疑問形容詞

以下のようにいろいろあるが、品詞分けは余り重要でないので説明を省略し、

実例を少し挙げるだけにしよう。これらは先に学んだ不定数量形容詞と同様に、ノシロ文法と一体化した基本単語であり部首を持たない。

形容詞の種類	対になる品詞	例	読み方	意味	対応する英語
代名形容詞	人称代名詞（所有形）	SEI	セイ	私の	My
		SENI	セニ	我々の	our
		MEI	メイ	あなたの	your
指示形容詞	指示代名詞	TO	ト	この	this
		BOI	ボイ	その	that
		SED	セドゥ	当該の	said
不定形容詞	不定代名詞	OOL	オール	全ての	All
		SOM	ソム	いくらかの	some
		STn	ストゥン	或る（ある）	certain, a
疑問形容詞	疑問代名詞	HANA	ハナ	何の（どんな）	What
		HINA	ヒナ	どちらの	which

【注】TO は英語の this。 BOI は that。BOI は「それ」「あれ」兼用。

11-1-4　数詞　　　　　【注】部首を持たない。数詞は名詞でもある。

「数字、綴り、読み方」 と、採用元の自然言語を以下に示す。

数字	綴り	読み方	採用元の自然言語
0	XUNyA	シューニャ	サンスクリット、ヒンディー語
1	WAn	ワン	英語
2	NI	ニ	日本語

3	SAM	サム	韓国語
4	SII	スィー	タイ語
5	LIMA	リマ	マレー語
6	ZEKS	ゼクス	ドイツ語
7	SABAA	サバー	アラビア語
8	WIT	ウィトゥ(t)	フランス語
9	KOO	コー	ミャンマー(ビルマ)語
1 0	TIO	ティオ	スウェーデン語
1 0 0	STO	スト	ロシア語
1 0 0 0	MILA	ミラ	イタリア語
1 0 0 0 0	MAn	マン	日本語
億（10 ** 8）	OK	オク	韓国語
兆（10 ** 12）	TERA	テラ	ギリシャ語
京（10 ** 16）	JIM	ジム	ノシロの造語

「数の表し方」は日本の表記法のように、下4桁の「0〜9、十、百、千」（0〜9、TIO、STO、MILA）の表記を、「万、億、兆、京」（MAn、OK、TERA、JIM）の中で再利用する。尚、十、百、千の桁に 1 が掛かる場合に限り 1 を言わないし書かない（省略しても混乱を生じないので）。例えば、1 0 は WAn TIO と言わず単に TIO とする。1 0 0 や 1 0 0 0 も WAn を言わず単に STO や MILA とする。 然し、2 0、2 0 0、2 0 0 0、3 0 . . . 等では NI や SAM を省略できず、其々、NI TIO、NI STO、NI MILA、SAM TIO . . . と言う。次頁の表をご覧ください。

京	兆	億	万	千	百	十	9〜0
MILA	MILA	MILA	MILA				
STO	STO	STO	STO				
TIO	TIO	TIO	TIO				
9〜0	9〜0	9〜0	9〜0	9〜0	9〜0	9〜0	
JIM	TERA	OK	MAn	MILA	STO	TIO	9〜0

小さな数から見ていこう。

１０ は ＴＩＯ と読む。 WAn TIO と言わなくて良い（WAn を省略しても混乱しないので）。TIO XUNyA は数字を左から順に読み上げる場合のみ可。

１００ は ＳＴＯ と読む。 WAn STO と言わない。STO XUNyA XUNyA は誤り。
２０ は ＮＩ ＴＩＯ。２ 以上の数は落とせない。NI TIO XUNyA は誤り。
２１ は ＮＩ ＴＩＯ ＷＡn。 ２ 以上の数は落とさない。
２０１ は ＮＩ ＳＴＯ ＷＡn。 NI STO XUNyA WAn は誤り。
２１０ は ＮＩ ＳＴＯ ＴＩＯ。 NI STO WAn TIO と言わない。
２１１ は ＮＩ ＳＴＯ ＴＩＯ ＷＡn。 WAn TIO WAn と言わない。
２２１ は ＮＩ ＳＴＯ ＮＩ ＴＩＯ ＷＡn。
２００１ は ＮＩ ＭＩＬＡ ＷＡＮ。NI MILA XUNyA XUNyA WAn は誤り。
２０１０ は ＮＩ ＭＩＬＡ ＴＩＯ。 NI MILA WAn TIO としない。

もう少し練習してみよう。

例えば ８２６１ の読み方は下表の如く、ＷＩＴ ＭＩＬＡ ＮＩ ＳＴＯ ＺＥＫＳ ＴＩＯ ＷＡn となる。

8千	2百	6十	1
WIT MILA	NI STO	ZEKS TIO	WAn

次に ８２６１８２６１（８２６１万 ８２６１）の読み方。「万」の中で ＭＩＬＡ、ＳＴＯ、ＴＩＯ、 9〜0 を再利用するのだから、下表の通り、
ＷＩＴ ＭＩＬＡ ＮＩ ＳＴＯ ＺＥＫＳ ＴＩＯ ＷＡn ＭＡn
ＷＩＴ ＭＩＬＡ ＮＩ ＳＴＯ ＺＥＫＳ ＴＩＯ ＷＡn となる。

8千2百6十1万	8千	2百	6十	1
WIT MILA NI STO ZEKS TIO WAn MAn	WIT MILA	NI STO	ZEKS TIO	WAn

念のために、２０京５４７９兆３１０６億９２１１万４２３８（２０５４７９３１０６９２１１４２３８）という大数を読んでみよう。先ず、２０京から。

20 京	NI TIO JIM
5479 兆	LIMA MILA SII STO SABAA TIO KOO TERA
3106 億	SAM MILA STO ZEKS OK
9211 万	KOO MILA NI STO TIO WAn MAn
4238	SII MILA NI STO SAM TIO WIT　となる。

【注1】数学者の故矢野健太郎氏は、日本の数の表記法は世界で最も優れた表記法の一つと評価されていたので、それを採用しました。３桁ごとに カンマ　，　を入れる現代表記をどうするか今後の検討課題の一つです。

【注2】ノシロ語には助数詞（Classifier、一個、一枚、一機、一匹、一頭、一筆、一条　等々）は無い。数量をはっきりさせる必要があるときは、数字を名詞や代名詞の前に置く。SOM（幾らかの）、MUQ（沢山の）、SGL（単数の）、PLU（複数の)等を置くことも勿論可能。

「何番目」というときは、ＤＡＩ を使う。３ＤＡＩ サムダイ で「３番目」や「第３番」の意。３ＤＡＩＮＡ は、３番目の（形容詞）。３ＤＡＩＬＩ は、３番目に（副詞）。しかしながら問題を起こす恐れが無ければ、一々語尾に変換助詞の ＮＡ や ＬＩ を付けず、ＤＡＩ のままで、形容詞、副詞扱いして良い。 疑問形は、ＨＡＮＡ　ＤＡＩ　～ で「何番目」の意。

「倍」は、ＫＡＲＳ を使う。２　ＫＡＲＳ （ニ　カルス）で、2倍。２Ｘ５ は、２　ＫＡＲＳ　５ （ニ　カルス　リマ）となる。

「回（行為の回数）」は、３　ＫＲＡn （サムクラン）のように表す。これで行為が３回あったことを示す。尚、「3回目の送金」は、「3番目の送金」と

同じだから KRAn よりも DAI を使って、「3 DAINA 送金」 と
する方が良い。一々派生形容詞であることを明示（語尾の NA）せずに、
「3 DAI 送金」としても問題ないだろう。尚、毎回（every time）は一語
で、KALn カルン である。

「〜ごと（毎）に、の」は、修飾詞 EI エイ（2類は EIL エイル）
を使って、2NE EI（2日ごとに、1日おきに、つまり 1日あいだを置い
て。2類は EIL 2NE）や 3NE EI（3日ごとに、2日おきに、つまり
2日あいだを置いて。2類は EIL 3NE）とする。

【注】修飾詞 EI は、「引越しのたびに」のように使うこともできる。

又、接頭語（助詞）の GO ゴ や KAK カク を使うこともできる。
GO は「毎」（ごと）の読み GOTO の最初の2字を、KAK は漢字の「隔」（か
く、へだたる）の読み KAKU の最初の3字を取ったもの。先ず、GO から。

GO-XI	ゴシ	1時間毎に（いちじかんごとに ＝ 毎時間）
GO-NE	ゴネ	1日毎に（いちにちごとに ＝ 毎日）
GO-WIIK	ゴウィーク	1週毎に（いっしゅうごとに ＝ 毎週
GO-SAAL	ゴサール	1年毎に（いちねんごとに ＝ 毎年）
GO-2XI	ゴニシ	2時間毎に（にじかんごとに）
GO-2NE	ゴニネ	2日毎に（ふつかごとに ＝ 間に1日置く（every other day/ every a day/every 2 days/every）
GO-2WIIK	ゴニウィーク	2週毎に（にしゅうごとに）
GO-2SAAL	ゴニサール	2年毎に（にねんごとに）
GO-3XI	ゴサムシ	3時間毎に（さんじかんごとに）
GO-3NE	ゴサムネ	3日毎に（みっかごとに ＝ every 3 days）
GO-3WIIK	ゴサムウィーク	3週毎に（every 3weeks）
GO-3SAAL	ゴサムサール	3年毎に（every 3 years）

続いて、KAK も少し見ておこう。

KAK-XI	カクシ	1時間おきに（every one hour で ＝ GO 2XI）
KAK-NE	カクネ	1日おきに（every other day で ＝ GO 2NE）
KAK-2XI	カクニシ	2時間おきに（every 3 hours で ＝ GO 3XI）
KAK-2NE	カクニネ	2日おきに（every 3 days で ＝ GO 3NE）

【注1】最初は KAK を忘れて、GO だけ覚える方が楽だと思います。
【注2】接頭語は原則として、 GO- や KAK- のように － を付ける。

「～を超える」は、ＩＳＢＩ イスビ。
例）「１００を超える数」は １００ ＩＳＢＩ 数。１００ ＩＳＢＩ
が形容詞のようになって「数」を修飾する。

「以上」は、ＴＩＳＢＩ ティスビ。
例）１００以上の数（100, 101, 102, …）、は １００ ＴＩＳＢＩ 数

「未満」は、ＩＮＯＬ イノル。
例）１００未満の数（97, 98, 99, …）、は １００ ＩＮＯＬ 数

「以下」は、ＴＩＮＯＬ ティノル。
例）１００以下の数（100. 99, 98, …）、は １００ ＴＩＮＯＬ 数

「小数点」は ． 又は ＴＥn で表し、テン と読む。尚、２類の文を閉じ
る ． は、ピリオド で良いが、正式なノシロ名は、キニブ である。
２０．１５３ ニティオ テン ワンリマサム
０．０１   シューニャ テン シューニャワン
      （最初の ０ を読まず テン シューニャワン でも良い）

「分数」は ／ 又は、横線 － 、又は ＦＥn で表し、フェン と読む。
２／５   ニ フェン リマ

「半分」は ＷＡnＮＩＳ ワンニス でも ＫＲn クルン（タイ語から）でも良い。
又、 1/3, 1/4, 1/5 . . . 1/10 は、其々 ＷＡn ＦＥn ＳＡＭ、 ＷＡn ＦＥn
ＳＩＩ、 ＷＡＮ ＦＥn ＬＩＭＡ、 ＷＡn ＦＥn ＴＩＯ だが、ＷＡnＳＡＭＳ、 ＷＡnＳＩＩＳ、 ＷＡnＬＩＭＡＳ、
ＷＡnＴＩＯＳ としても良い。形容詞、名詞同形である。

「指数」 は右肩に小さく書くか ＪＯＯ で表し、ジョー（日本語）と読む。
３²   サム ジョー ニ

「加減乗除」 は以下のとおり （これ等にも部首はない）。
＋ 又は ＰＬＳ   プルス
－ 又は ＭＩＮＳ   ミヌス

×　　又は　ＫＡＲＳ　　　　　　　　カルス
÷　　又は　　／　又は　ＦＥn　　　フェン

【注】余りは ＥＫＲＭＥ エクルメ。等号は　＝　又は　ＴＯＯn　トーン。

９－１０＝－１ は、 ９ ＭＩＮＳ １０ ＴＯＯn ＭＩＮＳ １ で、
コー ミヌス ティオ トーン ミヌス ワン と読む。
２ Ｘ ５ ＝ １０ は、 ２ ＫＡＲＳ ５ ＴＯＯn １０ で、
ニ カルス リマ トーン ティオ。
９ ÷ ４ ＝ ２ 余り １ は、 ９ ＦＥn ４ ＴＯＯn ２ ＥＫＲＭＥ １
で、コー フェン スィー トーン ニ エクルメ ワン と読む。

「大、小、不等号」 等については以下。

＞　　又は　ＤＡn　　　　例）３＞２　　　サム ダン ニ と読む。
≧　　又は　ＤＡnＴ　　　例）Ｘ ≧ ３　　エックス ダントゥ サム

＜　　又は　ＸＡn　　　　例）５＜７　　　リマ シャン サバー
≦　　又は　ＸＡnＴ　　　例）Ｘ ≦ ７　　エックス シャントゥ サバー

≠　　又は　ＨＩnＴＯＯn　例）Ｘ ≠ １０　エックス ヒントーン ティオ
≒　　又は　ＹＡＫＴＯＯn　例）Ｙ ≒ ２０　ワイ ヤクトーン ニティオ

【注】修飾詞を使い、100 ＩＮ ヒャク イヌ（２類は ＩＮＬ 100 イヌル ヒャク）
で、100 未満を、100 ＩＳ（２類は ＩＳＬ 100）で 100 超えを表すこともできなく
はないが、もし 100 という数を点として扱わず、幅を持たせて考えるような
場合には、100 ＩＮ は 100 の内部（inside）という意味に、100 ＩＳ は 100 の
外部（outside）という意味になるので注意が必要。又、修飾詞 ＵＹ（beyond）
は、100 ＵＹ と書けば、当然に 100 を超える数という意味になるが、ＵＹ は本
来、この線から向こう側とか、非武装地帯から向こう側とか、この権利の先に
有る権利といった使い方をする。数学に使う場合は、例えば 100 から先の素
数は、とか、実数や虚数の先に何が有るか？ といった使い方が本来の使い方
であり、数値の大小には余り馴染まない。

「自然数、整数、実数 ．．．」

自然数	NAAC AnBAA	ナーツ　アンバー
整数	InTE AnBAA	インテ　アンバー
実数	AIRI AnBAA	アイリ　アンバー
虚数	AIME AnBAA	アイメ　アンバー
偶数	NIn AnBAA	ニン　アンバー
奇数	DE-NIn AnBAA	デニン　アンバー
素数	AOONI AnBAA	アオーニ　アンバー
分数	AnBRA	アンブラ
小数	AnBES	アンベス

【注】これ等以外の単語については、Web ページのミニ辞書をご覧ください。

11-1-5　時を表す形容詞

「時」も「天候」も、数詞と同様に、形容詞兼名詞である。時には副詞のように
も使われる。時を表す形容詞は極く少数（例えば、AHSA アフサ 時刻 や
AHTA アフタ 時間 や 春、夏 … 等の季節を表す形容詞）を除き部首を持たな
いが、天候を表す形容詞（晴れ、雨等）は部首を持つものも珍しくない。

先ず、**年号**から始めよう。

ノシロの年号は、特定の宗教に依拠しない。西暦２０００年（平成１２年）
は、XUNyA SAAL と書き、シューニャ　サール と読む。シューニャ
は サンスクリット語で、「零」や「空」の意。 SAAL は、ヒンディー語
からとったもので 「年」。1999 年（平成 11 年）は、EITA 1 SAAL
（エイタ ワン サール、白１年の意）。1998 年は、EITA 2 SAAL
（エイタ ニ サール、白２年）。２０１０年は、 EIMA 10 SAAL
（エイマ ティオ サール、赤 10 年）となる。 即ち、**西暦２０００年を基準**
にして、**それ以前の年には EITA（白）を付け**、**以降の年には EIMA**
（赤）を付けて区別する。EI は「色を表す形容詞」の部首。完全表記すると
長くなるので、混乱の恐れが無いときは、例えば、2010 年を EIMA 2010 と書
かず、短く MA 10 と書いて良い。混乱の恐れが無ければ更に短くして M10
と書いても良い。以下に表記例を示す。

西暦	ノシロ表記（簡略表記は、ＴＡ、Ｔ、 及び ＭＡ、Ｍ）	
１９４０	ＥＩＴＡ６０	エイタ　ゼクスティオ

（簡略表記は、 ＴＡ６０ 又は Ｔ６０。読み方は エイタ　ゼクスティオ）

１９５０	ＥＩＴＡ５０	エイタ　リマティオ
１９６０	ＥＩＴＡ４０	エイタ　スィーティオ
１９７０	ＥＩＴＡ３０	エイタ　サムティオ
１９８０	ＥＩＴＡ２０	エイタ　ニティオ
１９９０	ＥＩＴＡ１０	エイタ　ティオ
・・		
・・		
１９９８	ＥＩＴＡ２	エイタ　ニ

（簡略表記は ＴＡ２ 又は Ｔ２。読み方はどれも エイタ　ニ）

１９９９	ＥＩＴＡ１	エイタ　ワン

（簡略表記は、 ＴＡ１ 又は Ｔ１。読み方はどちらも エイタ　ワン）

２０００	**ＸＵＮｙＡ　ＳＡＡＬ**	**シューニャ　サール**

（簡略表記は **ＸＳ** で、 シューニャ　サール と読む）

２００１	ＥＩＭＡ１	エイマ　ワン

（簡略表記は ＭＡ１ 又は Ｍ１。読み方はどちらも エイマ　ワン ）

２００２	ＥＩＭＡ２	エイマ　ニ

（簡略表記は ＭＡ２ 又は Ｍ２。読み方はどちらも エイマ　ニ）

・・		
・・		
２０２３	ＥＩＭＡ２３	簡略表記は ＭＡ２３　Ｍ２３
２０３０	ＥＩＭＡ３０	ＭＡ３０　Ｍ３０
２１００	ＥＩＭＡ１００	ＭＡ１００　Ｍ１００
２２００	ＥＩＭＡ２００	ＭＡ２００　Ｍ２００
２９００	ＥＩＭＡ９００	ＭＡ９００　Ｍ９００

【注】当分の間は、西暦をそのまま（例えば　BC500，　AC40，　2017，　2023，2100 等々）と書いても構わない、と言うよりその方が現実的だろう。

例として、**西暦 ２０２３年（令和５年）９月１５日** は次のように表す。

ＥＩＭＡ２３　９ＹＥ　１５ＮＥ　　ＹＥ は 月、　ＮＥ は 日。これが最も正確だが長くなるのが欠点。そこで、

MA23　9Y　15N　　　これは悪くないと思うが未だ長い。

M23．9．15．　　　見易いように間に　．　を入れる。

私は最後の簡略表記　M23．9．15．　が一番良いと思います。

ノシロ語では、AHSA（時刻）や EnZAA（天候）が文の主語になる場合、その「時刻」や「天候」を原則として書き出さない。「時刻は」、「天候は」と 頭の中で唱えるだけで、それに続く部分、つまり「何時何分です。」とか「晴れです。」という部分だけを書き出す。この原則を破るのは、ラジオやテレビ放送等で、いきなり「３時３０分」とか「晴れです」と言うと唐突になってしまう場合や、主語を書き出さないと混乱してしまう場合である。こうした場合は、初めに AHSA−W（アフサワ、時刻は）とか EnZAA−W（エンザーワ、天候は）と言えば良いでしょう。

年	SAAL	サール	ヒンディー語から採って基本単語とした
月	YE	イェ	中国語から
週	WIIK	ウィーク	英米語
週末	WIIK ETn	ウィークエトゥン	英米語
曜日	DEI	デイ	英米語

以上の五語（年〜曜日）は友好単語由来なので部首はない。然し、以下の四語は友好単語由来ではなく、初めから国際標準単語として作られたものなので、部首を持つ（AZ は季節を表す部首）。参考までに、乾季は EUDA AZn エウダアズン、雨季は LOOn AZn　ローンアズン。

春	AZRIn	アズリン
夏	AZMAA	アズマー
秋	AZOOL	アゾール
冬	AZnTA	アズンタ

ノシロ語による各月（１月、２月、３月・・・12月）の表記は、１月から順に 1YE ワンイェ、2YE ニイェ ・・・ 12YE ティオニイェ と簡単だが、味気ないと言う人のために自然言語から採った友好単語（IAAnJIEn 以下）も可とする。

1月	1YE	ワンイェ	TAAnJIEn	ターンジエン	ベトナム語から採用
2月	2YE	ニイェ	WIKATA	ウィカタ	ラコタ（アメリカ先住民）
3月	3YE	サムイェ	MAARES	マーレス	アラビア
4月	4YE	スィーイェ	ABRIL	アブリル	フィリピン
5月	5YE	リマイェ	MAIOS	マイオス	ギリシャ
6月	6YE	ゼクスイェ	YUNI	ユーニ	ドイツ
7月	7YE	サバーイェ	EJLI	エジュリ	インドネシア
8月	8YE	ウィトゥイェ	WASTOn	ワストン	ラコタ
9月	9YE	コーイェ	XITAnBAR	シタンバル	インドネシア
10月	10YE	ティオイェ	AKTUBAR	アクトゥーバル	インド／ネパール
11月	11YE	ティオワンイェ	NOVEMBER	ノヴェンベル	アラビア／ハンガリー
12月	12YE	ティオニイェ	JIKAAPRI	ジカープリ	ロシア

曜日の表記も月と同様に簡単（〜DEI とするだけ）だが、味気ないと言う人のために自然言語から採った語（HADD 以下）も許される。

日曜	1DEI	ワンデイ	HADD	ハッドゥ	アラビア語から採用
月曜	2DEI	ニデイ	LAnDI	ランディ	フランス
火曜	3DEI	サムデイ	TERSA	テルサ	ポルトガル
水曜	4DEI	スィーデイ	RABU	ラブー	インドネシア
木曜	5DEI	リマデイ	TOOSTAI	トースタイ	フィンランド
金曜	6DEI	ゼクスデイ	PAATEK	パーテク	チェコ
土曜	7DEI	サバドデイ	SABADO	サバド	スペイン、ポルトガル

【注】市販の暦には月曜を週初としているものもある。その場合は、HADD、LAnDI 等を使う方が無難でしょう。

時に関するノシロ単語で使用頻度の高い単語を更に挙げておきます（PROI から 2BUKAS まで）。

朝	ＰＲＯＩ	プロイ	ギリシャ語から
午前	ＰＲＯＩn	プロイン	ギリシャ
正午	ＴＩＡn	ティアン	タイ語
昼	ＰＲＯＩＤＥ	プロイデ	ギリシャ語を利用した造語
真昼	ＰＲＯＩＤＥＳＴ	プロイデストゥ	同

午後	AFTIAn	アフティアン	タイ語を利用した造語
夕方	AFTIAnSE	アフティアンセ	同
夕暮れ	AFTIAnSE	アフティアンセ	同
黄昏	AFTIAnSE	アフティアンセ	同
晩	EXTE	エシュテ	ハンガリー語から
夜	Ny・I	ニュイ	フランス語
深夜	AUDI Ny・I	アウディニュイ	仏語を利用した造語
真夜中	Ny・InT	ニュイントゥ	仏語を利用した造語
おととい	2HTES	ニフテス	ギリシャ語から
きのう	HTES	フテス	ギリシャ
今日	AAJI	アージ	インド
明日	BUKAS	ブーカス	フィリピン
あさって	2BUKAS	ニブーカス	フィリピン

以下の中、 IUNAS から AHSA までは部首（IU と AH が部首）を持つが、TAIM から KAn までは友好単語由来なので部首はない。

今	TAU	タウ
最近	IUNAS	イウナス
直近	IUNAST	イウナストゥ
時	AHT	アフトゥ

【注】違いによって実存を確立しようとする意志、意欲。

時間	AHTA	タイム
時刻	AHSA	サマエ
時	TAIM	タイム

【注】TAIM は普通に使う「時」。科学論文等を書くときは time が無難。

日	NE	ネ	ノシロの造語
時	XI	シ	韓国、朝鮮語から
分	NAATI	ナーティ	タイ
秒	MyO	ミョ	中国
間	KAn	カン	日本

「期間」を表すには KAn を使う。

1年間	1	ＳＡＡＬ　ＫＡn	ワン　サール　カン
2ヶ月間	2	ＹＥ　ＫＡn	
3日間	3	ＮＥ　ＫＡn	
4時間	4	ＸＩ　ＫＡn	
1分間	1	ＮＡＡＴＩ　ＫＡn	
1分と5秒間	1	ＮＡＡＴＩ　5　ＭyＯ　Ｋan（最後に ＫＡn を付けるだけでよい）	

「時」に関する筆者の考えは、「慶応大学 ＳＦＣレヴュー5号（1999.10）」に掲載された拙論に少し述べてあります。お気づきの点があればご教示下されますようお願いします。ここでは「時」を表す表現から使用頻度の高いものを幾つか示します。疑問文も出て来ますが英語とは違い簡単なのでご心配なく。

疑問文は、先ず疑問詞 ？ を文頭に置いてから、文章の中で「答え」が占める位置に疑問詞を置くだけ。 ？ の読み方は、エスク（正式）又は エ（会話）。語順は平叙文と同じ。疑問文の詳細は後章で学びます。

ここで 例文 を見てみよう。

例文： 今日は何日ですか。

1類： ？ ＡＡＪＩ−Ｗ　ＨＡＮＡ　ＮＥ　（ＲＩ）。
　　　 エスク　アージワ　ハナ　ネ　（リ）

2類： ？ ＡＡＪＩ−Ｗ　（ＲＩ）　ＨＡＮＡ　ＮＥ.
　　　 エスク　アージワ　（リ）　ハナ　ネ

（注）ＳＣＶ（2類は ＳＶＣ）の文で、動詞が ＲＩ（英語の is や are に相当）で、かつ時制が現在形で、更に、誤解を引き起こす恐れがない簡単な文の場合は ＲＩ を省略できる。ＲＩ を （ ） で囲んだのは ＲＩ が省略可能なことを示すため。もし、過去形や未来形の場合は省略せずに、ＲＩ-Ｔ や ＲＩ-Ｒ と書き出す。ＡＡＪＩ は「今日」。インド語由来の友好単語を基本単語に組み入れたもので部首はなし。ＨＡＮＡ は疑問詞（英語の what）で「何の」、「どんな」。「何が」を表す疑問詞の主格 ＨＡ に、変換助詞の ＮＡ を付けて形容詞にしたもの。ＮＥ は「日」の意。仲間同志の会話では単に ＥＳＫ ＮＥ。 又は ＨＡＮＡ ＮＥ。 だけでも良い。同様に、「今月は何月ですか」は ＥＳＫ ＹＥ。 又は ＨＡＮＡ ＹＥ。 で、「今日は何曜日です

か」は ESK DEI。 又は HANA DEI。 尚、？ の代わりに
ESK と書いても構わないが、 ESK より ？ の方が二字分も短くなるの
で ？ の方がお勧めである。読み方は、？ も ESK も エスク である。
尚、会話では エスク と言わずに エ（スクを省略）だけでも良い。そして、
文末 を少し高く発音 する。例文を見て行こう。

例文： 今日は 3月 9日です。

1類： AAJI－W 3YE 9 NE （RI）。
　　　 アージワ サムイェ コー ネ （リ）
2類： AAJI－W （RI） 3YE 9 NE.
　　　 アージワ （リ） サムイェ コー ネ

（注）AAJI は 「今日」。仲間同志なら単に、3YE 9 NE と答えても
良い。 3月は、 3YE の代わりに MAARES でも良い。RI は
SCV （2類は SVC） の文で、時制が現在形の場合に限り省略できる。

例文： 今、何時 （時刻） ですか。

1類： ？ HANA AHSA TAU （RI）。
　　　 エ ハナ アフサ タウ （リ）
2類： ？ （RI） HANA AHSA TAU.
　　　 エ （リ） ハナ アフサ タウ

（注）時刻を言う場合は AHTA （時間） より AHSA （時刻） の方が良い。TAU は
「今」。IKn も同意。ノシロ語は、**時刻 と 天候**に関する文の主語（英語なら
It ）は、原則として書き出さない。 主語となる「時刻は」や「天候は」を頭
の中で唱えるだけで、それに続く部分つまり「何時 何分です。」とか「晴れ
です。」 という部分だけを書き出す。この原則を破るのは、放送等でいきな
り 「3時30分」 とか「晴れ」とか言うとあまりに唐突になってしまう場合
や、主語を書き出さないと混乱してしまう場合である。このような場合は、初
めに AHSA-W （時刻は . . .） とか EnZA （天気は . . .） と言えば良い。

例文： 15時 40分です （時刻は 15時 40分です）。

1類： 15 XI 40 （NAATI）

173

　　　　　ティオリマ　シ　スィーティオ　（ナーティ）
2類：　15　XI　40　（NAATI）

（注）XI と NAATI は省略可（特に NAATI ）。主語の AHSA-W（時刻は）は書き出さなくても分かるだろう。ノシロは原則24時間方式である。しかし、必要なら、15XI を AFTIAn 3XI （午後三時）と表現しても良い。AHSA は「時刻」。

例文：　駅までどのくらいですか（時間を尋ねる）。

1類：　？　GEIT　IC　HANA　AHTA　（RI）。
　　　　エ　ゲイトゥ　イツ　ハナ　　　アフタ　　（リ）
2類：　？　（RI）　HANA　AHTA　ICL　GEIT.
　　　　エ　（リ）　ハナ　　　アフタ　　イツル　ゲイトゥ

（注）GEIT は「駅」。この単語を知らない時は、英語の station や日本語の 駅 のような、自分も相手も知っていそうな単語をどんどん使ってください。最初のうちは、単語の暗記よりノシロ文法に慣れることを心がけて下さい。IC イツ は修飾詞で「〜まで」。これは位置にも時間にも使う。IC の代わりに UT ウトゥ（2類は UTL ウトゥル で英語の to）でも良い。AHTA は時間（AHSA なら時刻）。

例文：　約10分間です。

1類：　YAK　10　NAATI　KAn。
　　　　ヤク　ティオ　ナーティ　カン
2類：　YAK　10　NAATI　KAn.

（注）YAK は、「約」。10 は ティオ と読む。NAATI は「分」。KAn は「間（かん）」。

例文：　ビジネス時間（営業時間）は何時から何時までですか。

1類：　？　EWNES　AHTA-W　HANA　IM-UT　（RI）。
　　　　エスク　エウネス　アフタワ　ハナ　イムウトゥ　（リ）
2類：　？　EWNES　AHTA-W　（RI）　HANA　IM-UT.

174

エスク　エウネス　アフタワ　（リ）　ハナ　イムウトゥ

（注）EWNES　はビジネス。IM-UT は二つの修飾詞 IM（2 類は IML で英語の
from）と UT（2 類は UTL で英語の to）を組み合わせた造語で「始・終時刻」
の意（名詞、形容詞）。

例文：　労働時間は何時間ですか。

1 類：　？　EKLE　AHTA-W　HA。　　　　エスク　エクレ　アフタワ　ハ
2 類：　？　EKLE　AHTA-W　HA.

（注）EKLE は「労働」。HA　XI　KAn（何　時　間）と書けば完全だ
が、AHTA は、元々時間（間隔、長さ）という意味を持つ語なので HA　だけで
大丈夫。

11-1-6　天候を表す形容詞

天候・気象を表現する文型は、1 類は SCV、2 類は SVC と大体決まっている。
主語も大抵は、「天候は〜」、「気象は〜」、「大気の動きは〜」という具合
に決まっている。ノシロ語では主語が「天気」の場合は、省略して良い。叙述
表示される　名詞　又は　形容詞（例えば、雨、雨模様）や　動詞（雨が降る、と
いう自動詞）だけで理解可能だからである。これは英語の　I t（仮主語）に
当たる語が無いということよりも、叙述部分に来る名詞（形容詞）や　動詞か
ら、主語が容易に分かるので、殊更に主語を表示しなくても大丈夫だからであ
る。例えば、「雨だ」　と言うときの主語は、「天気は」や「大気中の水蒸気
は」と決まっているから、その主語を書き出さなくても叙述部分の名詞（兼形
容詞）LOOn　だけで理解可能である。「雨が降る」という動詞表現の場合も、
叙述部分の自動詞 LOOnZ（水滴となって降下する＝雨降る）だけで理解
可能である。雪の場合でも、主語はやはり「大気中の水蒸気は」であり、この
主語がなくても　叙述部分 LOOSZ　（結晶となって降下する＝雪となり降
る、雪降る）だけで理解可能。よく省略される主語と、書き出される名詞（形
容詞）や　動詞　の例を下表に示す。

【注 1】「彼女の気分は大雨だよ」の如き文（比喩）では、「彼女の気分は」
という主語を書き出す。

175

【注2】天候・気象を表す語の多くは形容詞兼名詞である。時には副詞にもなる。こうした品詞の特定に大した意味は無く、文の意味が解ればそれで十分。

主語がよく省略される文の述部は、形容詞（名詞）の場合と、動詞の場合とがある。典型的な記述を少し丁寧に見てみよう。

主部 （よく省略される）	述部 （形容詞や名詞が書き出される）	述部 （動詞が書き出される）
天気は	AOn （アオン、晴れ）	AOnZ （晴れる）、AOnZ-T （晴れた）、AOnZ-R （晴れるだろう）、
天気は（大気中の水蒸気は）	LOOn （ローン、雨模様、雨）	LOOnZ （雨が降る、雨となって降る）、LOOnZ-T （雨が降るだろう）
同上	LOOS （ロース、雪模様、雪）	LOOSZ （雪が降る、雪となって降る）、LOOSZ-T （雪が降るだろう）
同上	LOOTE （ローテ、みぞれ）	LOOTEZ （みぞれとなって降る）、LOOTE-T （みぞれが降った）、LOOTE-R （みぞれが降るだろう）
同上	HOOH （ローフ、あられ、ひょう）	LOOHZ （あられが降る）、LOOH-T （あられが降った）、LOOH-R （あられが降るだろう）
大気の動きは	GyEEU （ギェーウ、強風）	GyEEUZ （強風が吹く）、GyEEU-T （強風が吹いた）、GyEEU-R （強風が吹くだろう）
同上	GyEES （ギェース、嵐）	GyEESZ （嵐となる、嵐が吹く）、GyEESZ-T （嵐が吹いた）、GyEESZ-R 嵐が吹くだろう）

【注】動詞の語尾に －T タ を付けると過去形に、－R レ を付けると未来形になる。

ここで、天気に関する **語** と **例文** を少し見ておこう。 先ず語から。

EnZAA	エンザー		天候、天気、気象
EnZAA APyUFO	エンザー　アピューフォ		天気予報
EnZAAIST	エンザーイストゥ	気象学者、気象の専門家、気象予報士

【注】公認の気象予報士は正式に ELU EnZAA APyUFOAA エルー　エンザー　アピューフォアー　の方が良い（ELU は公認の）。

AOn	アオン	晴れ（雲が少ない状態）
AUB AOn	アウブ　アオン	快晴（雲がない状態）
LOOKLA	ロークラ	曇　（小さな水滴が沢山空中に浮いている）
LOOn	ローン	雨　（水蒸気がまとまり多くの水滴となり降下）
LOOS	ロース	雪　（水蒸気が多くの結晶を形成し降下）
AUB LOOS	アウブ　ロース	大雪
GyEEn	ギェーン	微風
GyEEU	ギェーウ	強風
GyEES	ギェース	嵐
LEESAn	レーサン	雷

続いて **例文** を見よう。

例文： 晴れ（晴れだ、晴れです）。　　　　　　（英語では Fine.）

１類： AOn。　　　アオン
２類： AOn.

（注）主語（＝「天気」）は自明なので書かない。ノシロ語には、英語のような仮主語を使う It is ～ という表現は無い。

例文： 天気は晴れです。　　　　（Weather is fine.）

```
1類：  EnZAA-W  AOn  (RI).      エンザーワ　アオン　　（リ）
2類：  EnZAA-W  (RI)  AOn.      エンザーワ　（リ）　　アオン
```

（注）AOn だけでは唐突すぎるという場合は上のように、「天気は」という主語を書き出せばよい。簡単な ＳＣＶ（２類は ＳＶＣ）型の文で、時制が現在なら、コピュラ動詞 RI は省略してよい。

例文：　今日は晴れです。　　　（It is fine today.）

```
1類：  AAJI、  AOn  (RI)。      アージ　アオン　　（リ）
2類：  AAJI,  (RI)  AOn.       アージ　（リ）　　アオン
```

（注）AAJI は、今日。AAJI の後の 、や , は置く方が良いだろう。

例文：　昨日は雨だった。　　　（It was rainy yesterday.）

```
1類：  HTES、  LOOn  RI-T。     フテス　ローン　　リタ
2類：  HTES,  RI-T  LOOn.      フテス　リタ　　ローン
```

（注）HTES は昨日、LOOn は 雨（LOOn は形容詞兼名詞）。過去形だからコピュラ動詞の RI は省略できないが、時制に相当する HTES があるので、将来は省略されるかも知れない（ノシロ語も redundancy を避ける）。

例文：　昨日は雨が降った。　　　（Rains fell yesterday.）

```
1類：  HTES,  LOOnZ-T。        フテス　ローンズタ
2類：  HTES,  LOOnZ-T.
```

（注）LOOnZ-T は、LOOn から派生した自動詞 LOOnZ の過去形。 原文は 「雨が降った」と動詞が使われているので、LOOn より自動詞 LOOnZ-T にした方が良いだろう。

例文：　雨が降りだした。　　　（Rains started to fall.）

```
1類：  LOOn-W  GAAnZ  <  ASBIZ-T。 ローンズワ　ガーンズ　ン　アスビズタ
2類：  LOOn-W  ASBIZ-T  >  GAAnZ.  ローンズワ　アスビズタ　ン　ガーンズ
```

（注）LOOn は雨。GAAnZ は落ちる、落下する。ASBIZ は始まる（英語の start ）。記号 ＜ と ＞ は 結合助詞で ン と読む。特定動詞 GAAnZ （fall）と不定動詞 ASBIZ （start）を結び付ける結合助詞で後章で学びます。

例文： 明日は雨だろう。　　　　　　（It will be rainy tomorrow.）

1類：　BUKAS,　LOOn RI-R。　　プーカス　ローン　リレ
2類：　BUKAS,　RI-R LOOn.　　ブーカス　リレ　ローン

（注）BUKAS は明日。未来形なので　RI　を省略できないが、BUKAS が有って誤解の心配は無いから、将来は　RI-R　は省略されるようになるかも知れない（redundancy を避けるため）。

例文： 明日は雨が降るだろう。

1類：　BUKAS、　LOOnZ-R。　　ブーカス　ローンズレ
2類：　BUKAS,　LOOnZ-R.

（注）LOOnZ-R は、LOOn から派生した自動詞 LOOnZ の未来形。明日、大気中の水蒸気は雨となって降るだろう、の意。

例文： 夜、雪が降るかも知れない。

1類：　Ny'I,　GIME LOOSZ。　　ニュイ　ギメ　ロースズ
2類：　Ny'I,　GIME LOOSZ.

（注）Ny'I　ニュイ　は 夜（night）。Ｎｙ・Ｉ　と書くのだが、英語のキーボードには「・」がないので Ｎｙ'Ｉ　でも良い。GIME は助動詞で、〜かも知れない（英語の may）。 LOOSZ は LOOS から派生した自動詞で、雪が降る。ひょっとしたら、という場合は GIME よりも　GIVOI（might）を使う。以下の表現も可。

　　　1類：　Ny'I、　LOOSZ-R。　　ニュイ　ロースズレ
　　　2類：　Ny'I,　LOOSZ-R.

動詞の語尾に付いた -R は未来時制を表す。-R で レ と読む。可能性がある
程度高い時は KAPRO（副詞で、「多分」の意、英語の probably）を使おう。

　　　1類：　Ny'I、　KAPRO，　LOOS。　　　　ニュイ　カプロ　ロース
　　　2類：　Ny'I，　KAPRO，　LOOS.

例文：　　去年の今日は雪だった。

1類：　HTES　SAAL　UB　AAJI-W　LOOS　RI-T。
　　　　フテス　サール　ウブ　アージワ　ロース　リタ
2類：　AAJI-W　UBL　HTES　SAAL　RI-T　LOOS.
　　　　アージワ　ウブル　フテス　サール　リタ　ロース

（注）HTES SAAL は、去年。UB（2類は UBL）は修飾詞で英語なら前置詞 of。

1類：　HTES　SAAL'Z　AAJI-W　LOOS　RI-T。
　　　　フテス　サールズ　アージワ　ロース　リタ
2類：　HTES　SAAL'Z　AAJI-W　RI-T　LOOS.
　　　　フテス　サールズ　アージワ　リタ　ロース

（注）修飾詞 UB（UBL）を使わずに、所属や所有を表す 〜'Z（〜の）を使用。

例文：　　一週間前の ５月２０日は雨だった。　　（注）今日は５月２７日。

1類：　1WIIK　WAGO　5YE　20NE、　LOOn　RI-T。
　　　　ワン　ウィーク　ワゴー　リマイェ　ニティオネ　ローン　リタ
2類：　1WIIK　WAGO　5YE　20NE，　RI-T　LOOn.
　　　　ワン　ウィーク　ワゴー　リマイェ　ニティオネ　リタ　ローン

（注）WAGO は、〜前（英語の ago）で今現在を基準にして言う。IUEB
（before）も 〜前、の意だが、今現在を基準にするとは限らない。

例文：　　もう三日間、雨だ。

1類：　TARED　3NE　KAn、　LOOn。　　タレドゥ　サムネ　カン　ローン

2類：　TARED　3NE　KAn,　LOOn.

（注）TARED は副詞で、もう、もう既に。KAn は期間を表す。LOOn-W として、その後に自動詞 UKOAZ（続く）を置いても良い。

例文：　明日の天気は何 だろう。

1類：　?　BUKAS　EnZAA-W　HA　RI-R。エ　ブーカス　エンザーワ　ハ　リレ
2類：　?　BUKAS　EnZAA-W　RI-R　HA.　エ　ブーカス　エンザーワ　リレ　ハ

（注）HA　は疑問詞で、何（英語の what）。このような簡単な文では　HA-E としなくても良い。HA の代わりに HANA も可。又、Hy　ヒュ　(how) も可。未来時制なので RI を省略することは不可（できるのは現在形の場合だけ）。親しい者同士の会話では以下の短縮表現も可。

1類：　?　BUKAS　EnZAA。　　エ　ブーカス　エンザー
2類：　?　BUKAS　EnZAA.

例文：　明後日の天気がどうだろうと私は行くだろう。

1類：　2BUKAS　NRA　EnZAA、　SE　ITU-R。
　　　　　ニ　ブーカス　ヌラ　エンザー　セ　イトゥーレ
2類：　2BUKAS　NRA　EnZAA,　SE　ITU-R.

（注）2BUKAS は、明後日。NRA は、「どんな〜であろうと」を表す大変便利な譲歩助詞（後章で学びます）。ITU は、行く。未来時制なので動詞の語尾に -R レ が付く。

11－2　形容詞、形容詞句、形容詞節 の 位置と役割

形容詞は、1、2類共に名詞や代名詞の前に置かれるが、形容詞句と形容詞節の位置は1、2類で逆になる。ノシロ文法らしさは後の二つ、即ち、形容詞句と形容詞節の位置に現れている。先ずは形容詞の位置から見て行こう。

11-2-1 形容詞の位置と役割

形容詞 は名詞や代名詞の前に置かれて、後続する名詞や代名詞を修飾する（形容詞の**限定用法**という）。ノシロ語の形容詞は代名詞も修飾できるので、AOBI　DAFE（美しい彼女は）のような表現も可能である（英語では beautiful She とは書かないが、ノシロ語では ＯＫ）。又、形容詞は単独で補語になる（形容詞の**叙述用法**）。

【注】即ち、形容詞や動形容詞が、SCV 文（2 類は SVC）や SOCV 文（2 類は SVOC）の C となっている場合（叙述用法）は、主語や目的語の姿、状態、行動を示すもので、直ぐ後に続く名詞や代名詞を修飾するのではない。

形容詞が名詞や代名詞を修飾するときは、1、2 類共に被修飾語である名詞や代名詞の前に置かれる。形容詞が幾つも並ぶ場合は、重要度や時系列に従って名詞（代名詞）の前に順に並べ、1 類の場合は 、で区切り、2 類の場合は , で区切る。構成詞の OnD や OA を間に入れても良い。尚、名詞（代名詞）が複数並ぶ場合は、構成詞 OnP、OnS、OAP、OAS を使い分けることで、形容詞の効果がどの名詞(代名詞)に及ぶのか、或いは及ばないのか明確にすることができる。形容詞が名詞(代名詞)を修飾するときの位置を公式化して下記しよう。

1 類：　形容詞　＋　**名詞**　（又は代名詞）　　　　（注）被修飾語を太字で。
2 類：　形容詞　＋　**名詞**　（又は代名詞）

例 ）　　赤い<u>花</u>

1 類：　EIMA　**PAAFL**　　　エイマ　パーフル
2 類：　EIMA　**PAAFL**　　　エイマ　パーフル

（注）EIMA は赤、PAAFL は花。EI は色を表す部首、PAA は植物を表す部首。

日本語や英語を使って以下のように書くこともできる。

1 類：　赤い　**花**
2 類：　red　**flower**

形容詞が複数並ぶときは、1 類は、 EIMA、AUB 花 （赤い、大きな花）のように複数の形容詞を 、 で区切り、2 類は、EIMA, AUB flower のように , で区切るのが原則だが、海外のパソコンにはこれ等のキーが無いものも多いので、1 類の場合も , を使って構わない。同様に 。 についても . でも良い。尚、これ等の記号は発音しない。

【注】AUB は国際標準単語で「大きい」の意。中国語から採った DAA も同意だが友好単語（部首を持たない）なので将来は使われなくなるだろう。

目的語を取らない動形容詞（動詞 + K ）や 補語となる動形容詞（動詞 + KE）も形容詞と見做してよい(日本語の動詞の連体形の如きもの)。

例文： 私は泳ぐスーザンを見た。

1 類： SE DyUMI-K Susan-O MU-T。

　　　　セ デューミク　スーザンオ　ムータ

2 類： SE MU-T DyUMI-K Susan-O.

　　　　セ ムータ　デューミク　スーザンオ

（注）DyUMI は泳ぐ、MU は見るで、どちらも動作動詞。DyUMI を動形容詞にするために K を付けている。DyUMI-InK （デューミインク）と進行形にすると躍動感、臨場感が出る。DyUMI-K も DyUMI-InK も形容詞と同等で、1、2 類共に Susan を前から修飾する。形容詞節を導く Ky （キュ と読む。英語なら関係代名詞 who や that ）を使って「泳いでいるところのスーザンを」とするより 1 字だけ短くなる。

動詞を進行形にして、更に日本語や英語を使って以下のように書いても良い（但し、ノシロ文法と一体化した基本単語の使用は必須）。

1 類： SE 泳ぐ－InK スーザン－O 見る-T。

　　　　セ オヨグインク　スーザンオ　ミルタ

2 類： SE see-T swim-InK Susan-O.

　　　　　　セ　スィータ　スウィムインク　スーザンオ

（注）-In は「〜している」（英語なら進行形）。直語の K は、動形容詞で「〜
するところの」。この動形容詞「泳いでいる」は目的語も補語もとらずに自己
完結しているから、句（形容詞句）でも、節（形容詞節）でもなく、語（形容
詞）である。即ち、動形容詞「泳いでいる」（泳ぐ-InK）は、形容詞としてス
ーザンを修飾しているので、1 類でも 2 類でも、スーザンの前に置かれること
になる（1 類では、語 でも 句 でも 節 でもとにかく前置する）。

11-2-2　形容詞句の位置と役割

「名詞と修飾詞が一組」 になって形容詞句となっている場合は、1 類は「名
詞 ＋ 修飾詞」という形で被修飾語たる名詞や代名詞の前に置かれて、前から
名詞や代名詞を修飾するのに対し、2 類は 「修飾詞 ＋ 名詞」 という形で
名詞や代名詞の後に置かれて、後ろから名詞や代名詞を修飾する。公式を下記
しよう。

1 類 ：　<u>形容詞句（＝ 名詞＋修飾詞）</u> ＋ **名詞**　　　（注）形容詞句に下線。
2 類 ：　**名詞** ＋ <u>形容詞句（＝ 修飾詞＋名詞）</u>

例　：　机上の本　（book on desk　定冠詞は省略）

1 類 ：　<u>KESK　UN</u>　**BEEK**　　　ケスク　ウヌ　ベーク
2 類 ：　**BEEK**　<u>UNL　KESK</u>　　　ベーク　ウヌル　ケスク

1 類 ：　<u>机　UN</u>　**本**　　　　　ツクエ　ウヌ　ホン
2 類 ：　**book**　<u>UNL　desk</u>　　　ブック　ウヌル　デスク

（注）KESK は 机、 BEEK は 本、 UN は 1 類の修飾詞、UNL は 2 類の修飾詞で
「〜の上の、上に」。修飾詞 UN は英語の前置詞 on に相当。1 類の修飾詞に
L を付けると 2 類の修飾詞になる。2 類の修飾詞は前置詞ではなく後置詞にな
るが、意味は勿論同じ。ノシロ語には 定冠詞 も 冠詞 も 無い。

動形容詞が目的語や補語をとる場合は語ではなく、句（形容詞句）だから、1
類 と 2 類ではその位置が逆になる。つまり、1 類の 形容詞句 は被修飾語た

る名詞や代名詞の前に置かれ、２類の 形容詞句 は名詞や代名詞の後に置かれる（以下の例文）。

例文 : 病院は血液を検査する<u>機器</u>を買った。（注）検査するための機器。

１類 : ROSP-W LOnDA-L <u>InXAS DI</u> **XAAMET**-O EnTAS-T。
ロスプワ ロンダオル インシャス ディ シャーメットゥオ
エンタスタ

２類 : ROSP-W EnTAS-T **XAAMET**-O DIL InXAS LOnDA-L.
ロスプワ エンタスタ シャーメットゥオ ディル インシャス
ロンダオル

１類 : 病院－W 血液－L <u>検査する ＤＩ</u> **機器**－O 買う－T。
ビョウインワ ケツエキオル ケンサスル ディ キキオ カウタ

２類 : Hospital-W buy-T **equipment**-O <u>DIL test</u> blood-L.
ホスピタルワ バイタ エクイップメントゥオ ディル テストゥ
ブラッドゥオル

（注）ROSP は病院、LOnDA は血液、InXAS は検査する、XAAMET は機器、
EnTAS は買う、意。買った、ではなく、買う-T とする。英単語を使う場合も
bought ではなく buy-T とする。修飾句や修飾節中の目的語には、-O オ では
なく -L オル を付ける（-L でも -OL でも読み方はオルで、 - は読まない。

DI（DIL）は、動詞と結合する修飾詞で、「〜するための、〜するために」。
ここは形容詞用法なので「〜するための」で、英語なら to 不定詞の形容詞用
法にあたる。「検査する」 は、［血液を］という目的語をとるので単なる形容
詞ではなく形容詞句になっている。故に、その位置は、１類では「機器」の前
になり、２類では後になる。目的語の位置は、１類の SOV、２類の SVO という
基本文型に従って逆になる。主節や目的節や補節になる名詞節中の目的語には
-O オ を付けるが、修飾句や修飾節の中の目的語には、-O オ ではなく、-L
オル を付ける。発音と一致させるために -OL と書いても良い。

11-2-3 形容詞節の位置と役割

形容詞節の位置は、形容詞句の場合と同じである。 即ち、１類では形容詞節は被修飾語である名詞や代名詞の前に置かれ、２類では被修飾語である名詞や代名詞の後に置かれる。１類は形容詞節の最後に Ky キュ を置き、２類は形容詞節の最初に Ky を置く。Ky は形容詞節（修飾節）を導く節理詞で、英語の関係代名 that、who、which を一まとめにしたようなもの。

１類 ： <u>形容詞節 ＋ Ky</u> ＋ **名詞**　　　　（注）形容詞節に下線。

２類 ： **名詞** ＋ <u>Ky ＋ 形容詞節</u>

例文 ： バイオリンを練習している人は彼女の父親です。

１類 ： XEELIn-L <u>EDGAAS-In Ky</u> **REn-W** DAFEI ILyUM （RI）。
　　　　シェーリンオル　エドゥガースイン　キュ　レンワ　ダフェイ
　　　　イリューム　　（リ）

２類 ： **REn-W** <u>Ky EDGAAS-In XEELIn-L （RI）</u> DAFEI ILyUM.
　　　　レンワ　キュ　エドゥガースイン　シェーリンオル　（リ）
　　　　ダフェイ　イリューム

（注）XEELIn はバイオリン、EDGAAS は練習する、REn は人、DAFEI は 彼女の、ILyUM は 父。

Ky キュ は形容詞節を導く代表的な節理詞で、意味は「〜するところの」、「〜であるところの」。英語の関係代名詞 that, who, which を合わせたものに相当。１類では、「バイオリンを勉強している」という形容詞節は「人」という被修飾語の前に置かれるが、２類では後置される。バイオリンは目的語だが、修飾節（修飾節とは 形容詞節と副詞節のこと）中の目的語なので -O オではなく -L オル を付ける。父親は補語だが、このような簡単な文の場合は父親-E とする必要はない。又、英語の Be 動詞に相当する RI についても、このような簡単な文では省略できる（但し、簡単な文であっても過去や未来時制だと省略不可）。【注】修飾詞や修飾節については後章で詳しく学びます。

以上で１１章は終わりです。最後までお付合いを頂き有難うございました。■

第12章　副詞

副詞 は、動詞、形容詞、副詞、又は文全体を修飾する。**副詞句** と　**副詞節**
も、動詞、形容詞、副詞、文全体を修飾する。ノシロの**副詞句**は、名詞と修飾
詞が一組になっている。**副詞節**は、副詞節を導く種々の節理詞に導かれる。副
詞節を導く節理詞は数が多い。

12-1　副詞の種類

● 　一般副詞

一般副詞は、国際標準単語 と　基本単語からなる。国際標準単語の原生副詞
（他品詞からの派生ではなく最初から副詞として作られた副詞）は一定の意味
を有する部首を持つが、基本単語に属するものは部首を持たない。以下に一般
副詞（但し、国際標準単語で原生副詞であるもの）の部首の一部と、その部首
を持つ一般副詞の例を示す。

部首　　　　左記の部首をもつ一般副詞の例

KA　....　　KAUS（通常は、普通は。　英語の usually ）、KALE（常に、必ず
　　　　　　always)、KAPRO（多分、恐らく probably)
ZA　....　　ZAO（非常に very)、ZAHALI（特別に、特に especially)
TA　....　　TAFn（しばしば often)、TAWAn（一度に、同時に）、TASAM
　　　　　　（時々）、TASUn（直ぐに）、TAPROn（直ちに）
BA　....　　BAST（まさに just)、BAIID（なるほど、実際 indeed)、BAIZA
　　　　　　（ところで、話変わって、さて）
ByA ....　　ByAL（未だ still, yet)
YA　....　　YAK（約、およそ about)、YALMO（ほとんど almost)

【注】形容詞、名詞、動詞等の他品詞から副詞（派生副詞）を作る場合は、元
の品詞の語尾に変換助詞 ＬＩ リ を付けるので、語末の ＬＩ は派生副詞を見
分ける目安になる。派生副詞では元の品詞の部首が継承される。

頻繁に使われる一般副詞を以下に示しておこう。

【注】TAWAn や EIIGELI のような国際標準単語は無印、基本単語（表の下の方にある）には ● を付けてある。副詞は、形容詞、名詞、助詞として使われることもある。**助詞** と兼用のものには ＊ を付す。

日本語（一般副詞）	国際標準単語	昔使っていた副詞	対応する英語
一度に（複数のことを同時にする）	TAWAn		at the same time（同時の、に）
一緒に	EIIGELI（形容詞 EIIGE から派性）		together（皆で一緒に）
一体として（まとまって）	UOPAKLI（形 UOPAK から）		as a whole
一般的に	AEJELI（形 AEJE から）	IIBAnLI	generally
今	TAU、 IKn		now
上に	EOPLI（名、形 EOP から）		up
後ろに、後方へ	EORIALI（名、形 EORIA から）		back, rear
大きく	AUB（形 AUB と同形）	DAA、DAALI	large
多かれ少なかれ	FAALEE		more or less
遅く	IUSLLI（形、遅い IUSL から）		late
可能な限り、できるだけ	AIPOBUL	AASAn	as～as possible
かろうじて	XATTO	YATTO	barely
完全に	AOPALI（形 AOPA から）		completely

すっかり	EXOLLI（～しつくす は、EXOLLI ＋ 動詞）		throughly
しばしば	TAFn	OOFn	often
下に	EOMALI（名、形 EOMA から）		down
将来	IKRE（名、形、副 IKRE）		in the future
少なくとも	XATLE	ATLE	at least
すぐに	TASUn	SNAAT	soon
すでに	TARED	IIJIn	already
直ちに	TAPROn		promptly
精々のところ、 良くても	JALBI	AFTA	at most
絶対に	AIBSOLI		absolutely
全体に	EXOLLI		as a whole
確かに（必ず、 きっと）	ZAKU ＊	AQUKLI	ceratinly, surely
多分	KAPRO	DAAGAI	probably
通常は	KAUS	TAITEI	usually
常に、必ず	KALE	SAMU	always
偶に（たまに）	TAOKA		ocasionally
ちょっと待って	IDyUTE		Wait a minute.
～ というより－－	VAnC	AnC	than
当然に	IEENAC、IEENACLI		naturally
時々	TASAM	INAGDAA	sometimes
特別に、特に	ZAHALI ／ AOOSPELI	HAASLI	specially

ところで	BAIZA		by the way/ Well...
なるほど、実際	BAIID		indeed
なんと、意外にも	ZASPO ＊	SPO	surprisingly
〜のみ、だけ	XAOn ＊	OnLI	only
早く	IUHALI（形 IUHA から。IUHA も可）		early
速く、てきぱきと	IUFALI（形 IUFA から。IUFA も可）		quickly
前もって	IUELI（形、IUE から。IUE も可）		for precautionary/in advance
あらかじめ、前もって	IUEVAnLI（形、IUEVAn から。IUVAn も可）		in advance
非常に	ZAO	ZO	v e r y
左に、左へ	EOLELI（名、形 EOLE から）		left
必然的に	IEENES、IEENESLI		necessarily
再び	SAI ＊ 、SAILI	SAOI	again
そう、そのように	SOW		so （例：I think so. の so）
平均して	AnBLLI（名 AnBL から）	AOSATOLI	on the average
殆ど	YALMO	OLMAI	almost
前（例：100 年前）	WAGO	AGOO	ago
前に、前方へ	EOnLI（名、形 EOn から）		forward
後（例：100 年後）	WALEI	LEITAA	later

190

まさに	BAST ＊	JAST	just, very
未だ	ByAL	YAn	yet, still
まれに	TALI		rarely
右に、右へ	EOGALI （名、形 EOGA から）		right
昔、昔々	IKTAM （名、形、 副）		old time, long time ago
もちろん	IEEVKO		of course, surely
ゆっくり	TASLO		slowly
あの時（＝その 時）	● BOIT （指示代名 詞 BOI から派生）		then, at that time
あの時刻	● BOISA （ 同 ）		then, at that time point
あの時間	● BOIXI （ 同 ）		then, at that time
あの日	● BOINE （ 同 ）		then, at that date
あの時代	● BOIRA （ 同 ）		then, at that era (period)
そこで、そこへ	● BOIE	LA	there
その時	● BOISA （指示代名 詞 BOI から）		then, at that time
ここで、ここへ	● TOA （指示代名詞 TO から）、 HIA		here
この時	● TOT （指示代名詞 TO から）		this time
この度（今回）	● TOT （ 同 ）		this time
この時刻	● TOSA （ 同 ）		this time

191

この時間	● TOXI （同）		this time/ this period
この日	● TONE （同）		this day
この時代	● TORA （同）		this era/ this time
十分に	● MUQ		fully
大いに	● MUQ（形、名、副と同形）		many, much, a lot of
不十分に	● DE-MUQ		insufficiently
むしろ	● RAAZA		rather
約	● YAK		about, approximately
少しだけ、ちょっと	● XAO ● UOLT （UOLTLI）		little, a little, bit

【注1】三列目の「昔使っていた副詞」は多くが自然言語から採用した友好単語であり、今後は使われなくなるだろう。

【注2】「未だ」の意の ByAL ビャル には否定の意味は無いので、「未だ来ない」のような否定文では ByAL の他に否定語 NAI ナイ が必要になる。他方、「未だある」なら ByAL だけで良い。

以下の「肯定副詞」から「依頼副詞その他」までは基本単語で部首は無い。

● 肯定副詞

日本語	肯定副詞	読み方	相当する英語
はい、そのとおり	YUP	ユープ	Yes
はい、そのとおり（協調）	YUPn	ユープン	Yes of course
なるほど	SEAn	セアン	I see.

● 否定副詞

日本語	否定副詞	読み方	英語
ない	NAI	ナイ	no, not
ない（強調）	NAIn	ナイン	never
殆どない	NAIDLI	ナイドゥリ	hardly, seldom
いずれでもない	NAIDE	ナイデ	neither
いずれでもない	NOA	ノア	nor
めったに〜しない	NAISEL	ナイセル	seldom

● 疑問副詞

日本語	疑問副詞	読み方	英語
〜 ですか	？ 又は ＥＳＫ （疑問文頭に置く）	エスク	？ （疑問文末に置く）
どちらに	HILI	ヒリ	
いつ	HELI	ヘリ	ｗｈｅｎ
どこ	HOLI	ホリ	ｗｈｅｒｅ
どれほど	Hy	ヒュ	ｈｏｗ
どのように	HyE	ヒェ	ｈｏｗ
反語 （〜 だろうか 否 〜 ではない）	ENA	エナ	
付加疑問 （〜ですよね）	ETOn	エトン	

193

【注】「なぜ」を表す HyA ヒャ は、旧ノシロ文法では疑問副詞としていたが、新文法では疑問助詞とする。その方が守備範囲が格段に広くなるので。

● 命令副詞

日本語	命令助詞	読み方
～しなさい	YO	ヨ
～せよ（強調）	YOI	ヨイ

【注】以前は、YO も YOI も動詞の直後に置いていたが、平成 18 年 6 月 10 日に規則を変えて、1、2 類共に文頭に置くこととした。ＹＯ は仏陀がシャリプトラに対して、「よいな、シャリプトラよ、聞きなさい」と声掛け（丁寧な命令）する時の最初の言葉だったのではないか、ということを聞いたことがあります。間違いなら大変失礼ですが、信じてその YO を採用しました。

● 依頼の副詞、その他

ＰＬＩＩ（プリー、依頼）、ＸＡＬ（シャル、催促）、ＹＡＬ（ヤル、奨励）、ＭＡＩＴ（マイトゥ、助言）等いろいろある。

以下に、文を引き締めたり、文が長くなるのを防ぐ便利な副詞を紹介します。但し、会話で省略形 AE'、 IL'、 EI' を使う場合は、修飾詞との区別にご留意ください（会話では ' を読まないので）。

AnZE ～ …… 即ち ～（省略形は AE'。 英語の that is, ～ ）
INSAMLI ～ …… 要約すると、要するに（省略形は IL' ～。for short）
WAn_WADLI ～ …… 一言で言うと（省略形は WL' ～。for one word, ）
EHRULI ～ …… 換言すれば（省略形は EI' ～。 in other word ）
SOW RUK ～ … 所謂（省略形は SK' ～。 so called ～）
RUKZEn ～ …… 通称 ～、～と呼ばれる（省略形は Rn' ～。called ～ ）

例文 ： 日本では、多くの人が花見と呼ばれる桜の花の見物を楽しみます。
　　　　In Japan, many people enjoy cherry blossom watching called

Hanami.

1類 ： NIHOn AT, MUQ REn-W 桜見物-O RUKZEn 花見 楽しむ。

2類 ： ATL Japan、MUQ REn-W enjoy cherry-blossom-watching-O
RUKZEn Hanami.

(注) RUKZEn 花見 は、通称花見の意。RUKZEn 花見 を（）で囲んでも
良いでしょう。RUKZEn は ルークゼン と読む。

１２－２ 副詞、副詞句、副詞節 の位置と役割

副詞 は、１、２類に拘わらず被修飾語（動詞か形容詞、稀に他の副詞や文全
体）の前に置かれる。 但し、副詞が文全体を修飾する場合は、副詞を文頭に
置き、その直後に１類は 、 で、２類は , を書いて区切る。 ノシロ語
では、副詞が文頭に来ても、その為に後の語順が変わることはない（英語では
主語と動詞がしばしばひっくり返る）。

副詞句 は、１類では被修飾語の前に置かれるが、２類では後置される。副詞
句に文全体を修飾させる場合は、副詞句を文頭に置き、その直後に１類は 、
で、 ２類は , を置いてその副詞句が文全体を修飾することを明示する。

副詞節 の位置は、１類では被修飾語の前に置かれ、２類では後に置かれる。
然し、副詞節が文全体を修飾する場合は、常に文頭に置き、１類は 、 で、
２類は , で区切る。尚、句や節を他の部分から区切る PA や ZA は、長く
複雑な文を読み易くするために用いるもの（つまり目的が違う）で、１類は主
に文中で入れ子になっている節の最初に、２類は入れ子になっている節の最後
に置かれる。ピザ（料理）ではなく パザ。覚えるときは忘れずに！

英語では、副詞等を文頭に移動させると、その副詞の意味が強調され、それに
続く語順が変わるのが普通である。ノシロでは、副詞や副詞句や副詞節が文頭
に来るのは、副詞の意味を強調するというよりも、副詞の意味が文全体
に掛かっていることを示す場合である。副詞の意味が文全体に掛かることを示
すために、副詞等を文頭に移す場合は、主語との間に 、 や , を必ず置か
なければならない。ノシロ語では、「**強調**」は文頭への移動ではなく、強調
したい語の直前に VI ヴィ を置いて行う。副詞句や副詞節のように長くな

るものを強調する場合は、VII ヴィー と -VII とで副詞句や副詞節を挟む（こうすると強調の範囲がよく分かる）。しつこくなると思ったら -VII は省略してもよい（勿論、混乱を生じる恐れがない場合のみ）。尚、この VI や VII は副詞（句、節）だけでなく、形容詞、名詞、動詞 ... と何にでも使える便利な語である。文全体を修飾して、更に強調もするという場合は、副詞（句、節）を文頭に移した上で、VI や VII を付ける。

以上で１２章は終わりです。ご清読、有難うございました。■

第13章　比　較

比較表現の紹介に入る前に、比較の意義について簡単に述べておきます。
１３８億年ほど前に誕生したとされる現在の宇宙は、その宇宙自身も含めて、殆ど全てのものが変化し続けるよう運命づけられているように見える。変化は、大抵は空間（柔らかい物質）と物質（固い物質）という道具立てを利用して、他者や以前の自分との違いを作り出すという方法で行われるが、変化の意思は空間や物質自身にも有るから、これ等（空間と物質）もまた変化し続ける。変化し続けられないものは消えて行く。**生命**とは、宇宙空間であれ電子であれ人であれ、**他者には予測不可能な変化をするもの、し続けるもの一切** を考えるべきで、細胞膜や代謝や増殖といったことはどうしても必要なわけではない。他者との違いや以前の自分との違いを作り出すためには比較が必要である。比較しないことには違いようがないからだ（偶然、違うということもなくはないが ...）。我々が日常的に行う比較は、宇宙空間や素粒子が行う比較とは表面的に異なって見えても、根本は同じである。語学書では、比較表現は強調や比喩などと共に作文技術の一つとして説明されるのだが、実は比較は強調や比喩などとは比べものにならない根源的な意義を有し、今の宇宙が誕生する前から用意され（つまり水素やヘリウム等よりも古い）、今宇宙を支える（同一性の墓場に落ち込まないように支える）最強力な方法なのです。

【注】時や比較に関する筆者の考えは、「慶応ＳＦＣレビュー５号、多言語主義の可能性」（1999 年、慶應義塾大学出版会）でも述べました。

さて、堅い話はこのくらいにしてノシロ語の比較表現をご案内しましょう。
ノシロ語の比較表現は英語のそれよりずっと簡単です。単純明快！　クジラ文なんて勿論無し。ノシロ語の比較表現は以下の５種類です。

１．　等級について判断を示すだけで差異の程度や大きさには触れない。
２．　等級の判断を示すと共に差異の程度を特定の言葉で**定性的**に示す。
３．　等級の判断を示すと共に差異の大きさを**定量的**に示す。
４．　順位を示す（１番、２番 ...　５番 という具合に）。
５．　同等であること、つまり差異が無いことを示す。

１．から順に見ていこう。

１３－１　等級について判断を示すだけで差異の程度には触れない。

この場合は「～と比べて」の意の修飾詞 AN アヌ（２類は ANL アヌル）と形容詞や副詞を使う。AN（ANL）は比較専用の修飾詞。

● 二つのものを比較する。

「Ａ は Ｂ と比べて ～ である」 という最も基本的な比較表現で以下の型になる。

```
1類：　Ａ－Ｗ　Ｂ　ＡＮ　～　ＲＩ。
2類：　Ａ－Ｗ　ＲＩ　～　ＡＮＬ　Ｂ．
```

【注】動詞は一般動詞になることもあるが、ここでは ＲＩ で代表させる。SCV（２類は SVC）の文型で、時制が現在形なら RI を省略しても良い。～ の位置に形容詞や副詞が入る。英語の比較級に相当するものだが、ＡＮ は than よりも compared to に近い。ノシロ語では比較表現のために形容詞や副詞の形が変わることは全くない。例文を見よう。

例文：　高井氏は彼女と比べて背が高い。

```
1類：　ＭＲ，高井－Ｗ　ＤＡＦＥ　ＡＮ　背が高い　（ＲＩ）。
　　　　マール　タカイワ　ダフェ　アヌ　セガタカイ　　（リ）
2類：　ＭＲ，Ｔａｋａｉ－Ｗ　（ＲＩ）　ｔａｌｌ　ＡＮＬ　ＤＡＦＥ．
　　　　マール　タカイワ　　（リ）　トール　アヌル　ダフェ
```

● 三つ以上のものを比較する。

以下の如く Ｂ に加えて、Ｃ、Ｄ と追加していくだけで良い。 これだけで英語の最上（下）級の意味になる。英語だと ｔｈａｎ が前置詞 ｏｆ に変わるが、ノシロでは常に AN（ANL）を使う。形容詞や副詞の形も変わらない。

```
1類：　Ａ－Ｗ　Ｂ、　Ｃ、　Ｄ　ＡＮ　～　（ＲＩ）。
2類：　Ａ－Ｗ　（ＲＩ）　～　ＡＮＬ　Ｂ，　Ｃ，　Ｄ．
```

例文：　　高井氏は彼女や彼女の友人と比べて背が高い。

１類：　MR, 高井-W DAFE OnD DAFEI 友人 AN 背が 高い (RI)。
２類：　MR, Takai-W (RI) tall ANL DAFE OnD DAFEI friend.

B、C、D を分けるための記号　、や，　は読まないが、上例のように
OnD を使う場合は　オンドゥ　と読む。B、C、D が不特定の人であったり、
B、C、D が何であるのか相手に分かっている場合は省略して良いが、その
場合は省略によって比較文であることが分からなくなるので、形容詞や副詞の
前に、後述する ＦＡＳＴ や ＬＥＳＴ を置く。又、節を用いて比較する場合
は、比較専用の節理詞 AAN アーヌ（２類は AANL アーヌル）を使う。

１３－２　等級の判断を示し差異の程度を特定の言葉で定性的に示す。

特定の言葉とは以下の４語でいずれも副詞及び形容詞である（大抵は副詞）。
形容詞の場合は、形容詞や副詞由来の名詞（黄色さ、多さ等）を修飾する。

ＬＥＳＴ　　レストゥ
形容詞や副詞の前に置いて形容詞や副詞の意味を極めて弱める。ＦＡＳＴ の
逆の働きをする。攻撃性が極めて弱い、攻撃性が甚だしく弱い、等と言う時の
「極めて」や「甚だしく」であるが、一番弱いという保証まではできないので
ご注意。FAST と逆の意味になる。

ＬＥＥ　　レー
形容詞や副詞の前に置いて形容詞や副詞の意味を弱める。ＦＡＡ の逆の意味
になる。攻撃性が相当弱い、かなり弱い、等というときに使う。

ＦＡＡ　　ファー
形容詞や副詞の前に置いて形容詞や副詞の意味を強める。相当重い、かなり重
い、等と言う時の、「相当」や「かなり」。

ＦＡＳＴ　　ファストゥ
形容詞や副詞の前に置いてその意味を極めて強める。極めて重い、甚だしく重
い、等と言う時の「極めて」や「甚だしく」の意味を表す。但し、極めて　〜

であっても、それだけで「一番 〜 」という保証まではできないのでご注意。

【注】大雑把に言って、ＦＡＡ と ＬＥＥ の守備範囲は広く、ＦＡＳＴ と ＬＥＳＴ のそれは狭い。これ等の副詞は比較文ではない普通の文中でも使える。他方、副詞の ＺＡＯ ザオ（英語の very）は普通の文専用です。

実は、この型の比較表現は簡単なようで厄介な面がある。それを見るために、「高い」、「低い」……「民主的な」といった馴染みある形容詞を例にとり、これ等の前に LEST、LEE、FAA、FAST を置いて意味の違いを見てみよう。

ＬＥＳＴ＋形容詞	ＬＥＥ＋形容詞	形容詞や副詞	ＦＡＡ＋形容詞	ＦＡＳＴ＋形容詞
ＬＥＳＴ 高い（極めて高さ不足）	ＬＥＥ 高い（相当高さ不足）	高い	ＦＡＡ 高い相当高い	ＦＡＳＴ 高い極めて高い
ＬＥＳＴ 低い（極めて低さ不足）	ＬＥＥ 低い（相当低さ不足）	低い	ＦＡＡ 低い相当低い	ＦＡＳＴ 低い極めて低い
ＬＥＳＴ 黄色い極めて黄色不足の	ＬＥＥ 黄色い相当黄色不足の	黄色い	ＦＡＡ 黄色い相当黄色い	ＦＡＳＴ 黄色い極めて黄色い
ＬＥＳＴ 愛の有る極めて愛不足の	ＬＥＥ 愛の有る相当愛不足の	愛の有る	ＦＡＡ 愛の有る相当愛の有る	ＦＡＳＴ 愛の有る極めて愛の有る
ＬＥＳＴ 直線的な極めて直線性不足の	ＬＥＥ 直線的な相当直線性不足の	直線的な	ＦＡＡ 直線的な相当直線的な	ＦＡＳＴ 直線的な極めて直線的な
ＬＥＳＴ 民主的な	ＬＥＥ 民主的な	民主的な	ＦＡＡ 民主的な	ＦＡＳＴ 民主的な

極めて民主性不足の	相当民主性不足の		相当民主的な	極めて民主的な

【注】表の左上方の（ ）で囲んだ句は何となく解るが、日本語ではそうした表現をしない、という意味である。例えば、極めて高さ不足の、という表現は日本語では「低い」という表現になるだろう。英語でも tall や short は同様だが、最下段の「民主的な」に当る democratic という形容詞には less も more も両方使う。更に、ここでは取り上げなかったが、英語の expensive という形容詞には、least, less, more, most が全部付く。結局、使われる表現、使われない表現は、各自然言語によってまちまちだから、ノシロ語では LEST、 LEE、 FAA、 FAST は分け隔てなく全ての形容詞や副詞に付けられるものとする。上例のように、日本人はしない表現でも、外国人はするかも知れないので、初めて見て面食らうことがないようにしておこう。

例文を見よう。

例文： 高井氏は彼女と比べて相当背が高い。

1類： MR, 高井－W DAFE AN FAA 背が高い (RI)。
2類： MR, Takai－W (RI) FAA tall ANL DAFE.

例文： 高井氏は彼女と比べて極めて背が高い。

1類： MR, 高井-W DAFE、DAFEI 友人 AN FAST 背が高い (RI)。
2類： MR, Takai-W (RI) FAST tall ANL DAFE, DAFEI friend.

DAFE ダフェ、DAFEI ダフェイ は、其々、彼女は、彼女の（所有形）。高井氏が三人の中で最も背が高いというだけでなく、その身長差が極めて大きいことを FAST で表わしている。MR, は MR. でも良い。

差異が中程度以下、つまり「ほんの少し」であることを示したいときは、UOLT ウオルトゥ（英語の little）を FAA や LEE の前に置く。UOLT が FAA や LEE を弱めることになる。

例文： 高井氏は彼女と比べて相当にという程でもないが背が高い（単なる「背が高い」と「FAA 背が高い」の中間の高さ）。

1類：　MR.　高井-W　DAFE　AN　UOLT　FAA　背が高い　(RI)　。

2類：　MR.　Takai-W　(RI)　UOLT　FAA　tall　ANL　DAFE.

次は、**色の形容詞（副詞）**と、上述した四つの副詞 の使い方を見てみよう。

まず、 LEST と LEE の使い方から。右端のセルの普通の濃さの黄色を基準にして、それより薄い黄色には LEE を付け（中央のセル）、更に薄い黄色にはLEST を付けて（左端のセル）違いを示す。

LEST　黄色い	LEE　黄色い	黄色い　(基準)
とても薄い黄色 （黄色の彩度低い）	やや薄い黄色 （黄色の彩度中位）	普通の濃さの黄色 （黄色の彩度高い）

以下のように意味を強める FAA や FAST を使うのは、今、手にしている(基準にしている) 黄色の彩度が低いので、もっと彩度が高い(濃い)黄色を意識する場合だろう。左端のセルの「黄色」は右に行くにつれて黄色の彩度が上がる。尚、右端セルの「黄色」が彩度飽和なら、これ以上に濃い黄色は作れない。

黄色い　(基準)	FAA　黄色い	FAST　黄色い
薄い黄色 （黄色の彩度低い）	やや濃い黄色 （黄色の彩度中位）	とても濃い黄色 （黄色の彩度高い）

以下に英語との対称を示す。LEST、LEE、FAA、FAST を使う場合の基準は、自分の判断する基準であろう。

L E S T	L E E	基　準	F A A	F A S T
l e a s t	l e s s		m o r e	m o s t

13-3　等級の判断を示すと共に差異の大きさを定量的に示す。

この表現は、ＦＡＡ　や　ＦＡＳＴ　のような曖昧さを含んだ語を用いずに、ズバリ数値を形容詞や副詞の前に置くか、又は単独で使う。

例文：　あの人は私と比べて　５ｃｍ　背が高い。

１類：　ＦＥ　ＳＥ　ＡＮ　５ｃｍ　背が高い　（ＲＩ）。
２類：　ＦＥ　（ＲＩ）　５ｃｍ　ｔａｌｌ　ＡＮＬ　ＳＥ．

（注）ＡＮ　アヌ（２類は ＡＮＬ）は修飾詞で「〜と比べて」。ＦＥ　フェ　は「あの人は、かのひと（彼人）は」で男女の性を示さない表現。性を示すには、ＭＡＦＥ（彼は）や ＤＡＦＥ（彼女は）とすれば良い。複数形は其々、ＦＥＮ、ＭＡＦＥＮ、ＤＡＦＥＮ。

例文：　アメリカの人口は日本と比べて２倍です。

１類：　アメリカ　ＵＢ　人口-Ｗ　日本　ＡＮ　２　ＢＡＩ　（ＲＩ）。
２類：　Ｐｏｐｕｌａｔｉｏｎ-Ｗ　ＵＢＬ　Ａｍｅｒｉｃａ　（ＲＩ）　２　ＢＡＩ　ＡＮＬ　Ｊａｐａｎ．

（注）ＵＢ　ウブ（ＵＢＬ）は「〜の」（英語の of）。「アメリカ’Ｚ　人口−Ｗ」（アメリカズ　ジンコウワ）としても良い。この場合、２類は Ａｍｅｒｉｃａ’Ｚ　ｐｏｐｕｌａｔｉｏｎ-ＷＡ アメリカズ　ポピュレイションワ。’ｓ ではなく ‘Ｚ　です。

例文：　このロケットはジェット機と比べて１０倍速く飛ぶ。

１類：　ＴＯ　ロケット-Ｗ　<u>ジェット機　ＡＮ　１０　ＢＡＩ　速く</u>　飛ぶ。
２類：　ＴＯ　ｒｏｃｋｅｔ-Ｗ　<u>１０　ＢＡＩ　ｆａｓｔ　ＡＮＬ　Ｊｅｔ</u>　ｆｌｙ．

（注）ここでは「ジェット機と比べて１０倍速く」を、長い副詞句（下線）と見做して処理（動詞の前に置く）したが、以下も可（１類の文は不変）。
１類：　ＴＯ　ロケット-Ｗ　ジェット機　ＡＮ　１０　ＢＡＩ　速く　飛ぶ。
２類：　ＴＯ　ｒｏｃｋｅｔ-Ｗ　１０　ＢＡＩ　ｆａｓｔ　ｆｌｙ　ＡＮＬ　Ｊｅｔ．

例文：　今年の雨量は去年より３０％少なかった。

１類：　今年　雨量−Ｗ　去年　ＡＮ　３０％　ＸＡＯ　ＲＩ-Ｔ。
２類：　Ｔｈｉｓ　ｙｅａｒ　ｒａｉｎ-ｆａｌｌ-Ｗ　ＲＩ-Ｔ　３０％　ＸＡＯ　ＡＮＬ　ｌａｓｔ　ｙｅａｒ．

例文：　この箱の容積はあの箱の　3／4　である。

1類：　TO　箱'Z　容積-W　BOI　箱　AN　3/4　(RI)。
2類：　TO　box'Z　capacity-W　(RI)　3/4　ANL　BOI　box.

(注)　3／4　は、サム　フェン　スィー　と読む。

13-4　順位を示す

序数を形容詞や副詞の前に置く。上（下）から何番目という表現は、「〜か
ら」を表す修飾詞　IM　イム（2類は　IML）と組み合わせて表す。〜番目
は、〜DAI　と表す。

例文：　台北101は世界で一番高い。

1類：　Taipei 101-W　世界　AT　1DAI　高い　(RI)。
2類：　Taipei 101-W　(RI)　1DAI　high　ATL　world.

(注)　AT（2類は　ATL）の代わりに　AM（AML）でも良い。AM（AML）は英語の
among。1DAI　は1番目（の、に）。RI　は省略可。台北101 は 台北 に建てられ
た高層ビルで、建設当時は世界一高かった。

例文：　その湖は日本で2番目に深いです。

1類：　BOI　湖-W　日本　AT　2DAI　深い　(RI)。
2類：　BOI　lake-W　(RI)　2DAI　deep　ATL　Japan.

例文：　私の先学期の成績は下から3番目だった。

1類：　SEI　HTES　学期　成績-W　下　IM　3DAI　RI-T。
2類：　SEI　HTES　term　academic　record-W　RI-T　3DAI　IML　bottom.

（注）SEI セイ は SE の所有形で、私の。HTES フテス は前回の、一つ前の。
HTES SAAL 去年、HTES WIIK 先週。RI-T は リタ と読む。慣れるまでは
RI-TA と書いて構わない。例文は短くて簡単な SCV（2類は SVC）文型だが、
RI の時制が過去なので、この RI は省略できない。

１３−５　同等であること、つまり差異が無いことを示す

修飾詞はこれまで多用してきた AN （2類は ANL） の他に、「〜に似
た」「〜のような」の意の IL イル（2類は ILL イッル）を使う。視点
を決めるための AB アブ（2類は ABL アブル）「〜について」や IE
イエ（2類は IEL イエル）「〜に関する限り」も状況に応じて使う。この
表現で頻繁に用いられる形容詞と副詞は SEIM と TOOn の二つ。

SEIM　セイム
主に定性的な同等を示すが、定量的に使っても良い。形容詞、副詞、名詞にな
る。区別した方が安全な場合は、SEIM、SEIMLI、SEIMTI と使い分ければ良い。
尚、自動詞は SEIMZ セイムズ、他動詞は SEIMS セイムス。品詞を別の品詞に
転換する為の LI や TI は変換詞（変換助詞）と呼ばれるもので次章で学ぶ。

TOOn　トーン
主に定量的な同等を示すが、定性的に使っても良い。形、副、名詞になる。区
別する必要があるときは、TOOn、TOOnLI 副詞、TOOnTI 名詞と使い分ける。自
動詞は TOOnZ トーンズ、他動詞は TOOnS トーンス。例えば、「それは 甲
乙 を等しくする」は、TE TOOnS 甲 乙. となる（TE TOOnS 甲-0 乙-
E や、TE TOOnS 甲-E 乙-E. も可だが長い）。

文型としては、

「A は B と比べて等しく −− である」
「A は B のように −− である」
「A は 〜 に関して B と同等である」
「A は 〜に関する限り B と同等である」

が標準的である。例文を見て行こう（4番目の文型は省略）。

例文：　あの問題はこの問題と同じである。

1類：　BOI　問題-W　TO　問題　AN　SEIM　(RI)。
2類：　BOI　problem-W　(RI)　SEIM　ANL　TO　problem.

例文：　妹は姉と比べて同じくらい美しい（姉のように美しい）。

1類：　妹－W　姉　AN　SEIMLI　美しい　RI。
2類：　Younger　sister-W　RI　SEIMLI　beautiful　ANL　older　sister.

「～に似た」、「～のような（に）」という意の修飾詞 IL（2類は ILL）を使えば以下のように文が短くなる。

1類：　妹－W　姉　IL　美しい　(RI)。
2類：　Younger　sister-W　(RI)　beautiful　ILL　older　sister.

例文：　私はあなたと比べて同じくらい背が高い。

1類：　SE　ME　AN　SEIMLI　背が高い　(RI)。
2類：　SE　(RI)　SEIMLI　tall　ANL　ME.

1類：　SE　ME　IL　背が高い　(RI)。
2類：　SE　(RI)　tall　ILL　ME.

例文：　この仕事はその仕事のように危険ではない。

1類：　TO　仕事-W　BOI　仕事　AN　SEIMLI　危険　NAI　RI。
2類：　TO　work-W　NAI　RI　dangerous　ILL　BOI　work.

1類：　TO　仕事-W　BOI　仕事　IL　危険　NAI　RI。
2類：　TO　work-W　NAI　RI　dangerous　ILL　BOI　work.

例文：　人を愛するのと同様に動植物を愛する人はいるか。

206

1類：　？　人-L　愛す　IIL　動植物-L　愛す-K　人-W　RIZ。
2類：　？　Person-W　love-K　animal　OnD　plant-L　IILL　love
　　　　people-L　(ZA)　RIZ.

（注）？　は　エスク　と読む。ＥＳＫ　と書いても良い。修飾句（形容詞句と
副詞句）や　修飾節（形容詞節と副詞節）の中では目的語に　－Ｏ　ではなく
－Ｌ　を付ける。－Ｌ　でオルと読む。ＩＩＬ　は「～のように」意の節理詞。
－Ｋ　は動形容詞。形容詞節を導く　Ｋｙ　キュ　を使っても良いが、１字分
（ｙ）　だけ文が長くなってしまう。ＲＩＺ　リズ　は自動詞で「有る、居る、
存在する」。「～です、～である」の意の自動詞　ＲＩ　とは異なるので注意。
２類の　ＺＡ　ザ　は主に修飾句や修飾節の最後に入れて文を読み易くするため
のものだが省略しても良い。１類の場合は　ＰＡ　パ　を修飾句や修飾節の最初
に入れる（この文では不要）。尚、上の文を以下のように書くと、くどくなる
ので良くない。

1類：　？　人-W　人-L　愛す　IIL　動植物-L　愛す-K　人-W　RIZ。
2類：　？　Person-W　love-K　animal　OnD　plant-L　IILL　person-W
　　　　love　people-L　(ZA)　RIZ.

然し、動名詞（愛す-M　アイスム、love-M　ラヴム）を使って以下のように書
くのは構わない。

1類：　？　人-L　愛す-M　IL　動植物-L　愛す-K　人-W　RIZ。
2類：　？　Person－W　love－K　animal　OnD　plant-L　ILL　love-M
　　　　people-L　(ZA)　RIZ.

（注）-M　は動名詞。愛す-M　アイスム　で「愛すること」。IL　イル（２類は　ILL
イッル）は修飾詞。これから作られる　IIL（２類　IILL　イーッル）は節理詞。

視点や論点を特定した上で同等であることを述べるには、「～に関して」　を
表す　ＡＢ（２類は　ＡＢＬ）や　ＩＦ（２類は　ＩＦＬ）を使う。以下の例文。

例文：　あなたは彼女と比べて数学の成績が同じである。

1類：　ME　DAFE　AN　数学'Z　成績　AB　SEIM　RI。
2類：　ME　RI　SEIM　ABL　math'Z　score　ANL　DAFE.

（注）「数学の成績に関しては」という断りが入っている。

13-6　その他の比較表現

● 「 ～ すればする程 ―― 」
1類：　ＦＡＡ　～、　ＦＡＡＫ　――
2類：　― 同 ―

（注）ＦＡＡ、ＦＡＡＫ の組み合わせだけでなく、ＬＥＥ、ＬＥＥＫ の組み合わせも可能。更に、ＦＡＡ と ＬＥＥＫ といった互いに逆方向に向かう組み合わせも可能。例えば、「より多く遊べば遊ぶ程、あの人気校へ入れる可能性は小さくなる」のような文。

例文：　大抵の人は体操をすればする程健康になる。

1類：　大抵の　人-W　ＦＡＡ　体操する、　ＦＥＮ　ＦＡＡＫ　健康　ＥＱＫＡＺ。
2類：　Most　people-W　ＦＡＡ　excercize,　ＦＥＮ　ＥＱＫＡＺ　ＦＡＡＫ　healthy.

（注）「大抵の人」を繰り返すとしつこくなるので、人称代名詞の三人称複数の ＦＥＮ（フェヌ、英語の they）を使う。ＥＱＫＡＺ エチュカズ は、自動詞「～になる」で英語の become。ＢＩＩＫＥ は昔使っていたノシロ友好単語だが、今後は成るべくノシロ国際標準単語の ＥＱＫＡＺ を使おう。

例文：　私は体操をすればする程、気分が悪くなる。

1類：　ＳＥ　ＦＡＡ　体操する、　ＳＥ　ＦＡＡＫ　不快-O　感じる。
2類：　ＳＥ　ＦＡＡ　excercise,　ＳＥ　feel　ＦＡＡＫ　uncomfortable-O.

例文：　現代経済学は物が多ければ多いほど良いということを前提にする。

1類：現代経済学-W　（ＰＡ）　ＦＡＡ　ＭＵＱ-Ｗ　ＦＡＡＫ　良い　（ＲＩ）　Ｍｙ　前提する。
2類：Contemporary　economics　assume　Ｍｙ　ＦＡＡ　ＭＵＱ-Ｗ　（ＲＩ）　ＦＡＡＫ　good.

（注）1類の ＰＡ パ は、節や句を区切るために文の書き手が適宜置く助

詞。大抵は修飾節や句の最初に置く。2類は ZA ザ だが、上例では置かなくても良い、というより ZA は不要。FAA は、沢山有る、という意味の状態名詞 MUQ ムーチュ（名詞及び形容詞）を修飾する。FAA、LEE、FAST、LEST はこのように、時に形容詞として名詞（形容詞や副詞由来の名詞）を修飾する。My ミュ は 名詞節を導く節理詞で、英語の接続詞 that（～ということ）に相当。1類は、節の最後に、2類は最初に置かれる。My は頻繁に使われる節理詞なので是非とも覚えて下さい。 My に導かれる名詞節は目的節でもあるから My-O としても良い（しかしノシロ語に慣れて来たら -O を付けるのは反って面倒くさくなるだろう）。

● 「 ～ というよりはむしろ －－ 」
1類： ～ AN RAAZA －－
2類： RAAZA －－ ANL ～

～ の部分が節の場合は、修飾詞 AN アヌ や ANL アヌル を、節理詞の AAN アーヌ や AANL アーヌル に替える。

尚、 AnC RAAZA アンツ ラーザ の構文を使えば以下のように 1、2類が全く同形になる。AnC は副詞かつ構文用の助詞。

1類： AnC ～ RAAZA －－
2類： AnC ～ RAAZA －－

例文： その人は宗教家というより政治家だ。

1類： BOI 人－W 宗教家 AN RAAZA 政治家 RI。
2類： BOI person-W RI RAAZA politician ANL religionist.

1類： BOI 人－W AnC 宗教家 RAAZA 政治家 RI。
2類： BOI person-W RI AnC religionist RAAZA politician.

例文： 兄は失敗したというより混乱したのだ。

1類： 兄－W 失敗する－T AAN （兄－W） RAAZA 混乱する－T。

２類：　Brother-W　RAAZA　confuse-T　AANL　(brother-W)　fail-T.

（注）ＡＡＮ　アーヌ　（２類は　ＡＡＮＬ　アーヌル）　は節理詞。　１、２類共に、この文型では２番目の主語を省略して良い。ノシロ語では文の理解を困難にしてしまうような省略はしないが、このように最初の主語と次の主語が同じであることが分かりきっている場合はその恐れがないので省略して構わない（そうしないと却ってしつこくなる）。但し、省略はノシロ文法に十分習熟してからやろう。ＡｎＣ　と　ＲＡＡＺＡ　を使えば以下のようになる。

　　　　１類：　兄－Ｗ　ＡｎＣ　失敗する－Ｔ　ＲＡＡＺＡ　混乱する－Ｔ。
　　　　２類：　Brother-W　ＡｎＣ　fail-T　ＲＡＡＺＡ　confuse-T.

例文：　　兄は走るよりも泳ぐほうを好む（走るより泳ぎたい）。

１類：　兄－Ｗ　ＡｎＣ　走る　ＲＡＡＺＡ　泳ぐ。
２類：　Older　brother-W　ＡｎＣ　jog　ＲＡＡＺＡ　swim.

１類：　兄－Ｗ　ＡｎＣ　走る　ＲＡＡＺＡ　泳ぐ　＜　好む。
２類：　Older　brother-W　AnC　jog　prefer　＞　RAAZA　swim.

（注）　＜　や　＞　の発音は［Ｎ］、即ち「ン」。特定動詞と不定動詞を繋ぐためのものである。prefer　の代わりに　want　や　like　でもよい。

例文：　　私はむしろ家の中に居る。

１類：　ＳＥ　ＲＡＡＺＡ　家　ＩＮ　居る。
２類：　ＳＥ　stay　ＲＡＡＺＡ　ＩＮＬ　house.

（注）上例は、　ＡｎＣ　屋外　が省略されている。　ＩＮ　イヌ　（ＩＮＬ　イヌル）　は修飾詞。　「～の中の（で）」　で　英語の　in　に相当。

【注】　まともな教育を受けた人が、英語のクジラ文のようなものを延々学ばされると却って頭が悪くなって行くのではないかという気がしますが、皆様は如何お考えでしょうか？　ノシロ語にはクジラ構文のようなものは無し。

１３章はこれで終わりです。お楽しみ頂けましたでしょうか。■

第14章　助　詞

助詞には、要素助詞、時制助詞、進行助詞、態助詞、連結助詞、変換助詞、接辞助詞、譲歩助詞、追加助詞、省略助詞、識別助詞、区切り助詞、強調助詞、疑問助詞、そして、その動作が続いてしまうのは不適切であるという気持ちを示すための不適切助詞がある。副詞は、別の副詞、形容詞、動詞しか修飾できないが、助詞は名詞や代名詞まで修飾できるので守備範囲がぐっと広くなる。

「助」という字を落として、要素詞、時制詞、進行詞、態詞．．．としても構わない（ノシロ語に少し慣れてきたら「助」の字を落とす方が短くなるので良いと思う）。助の字が有っても無くても正式な名称である。助詞には副詞と考えてもよいものがあるが、分類をあまり気にする必要はなく、意味が分かって使えればそれで十分。助詞の殆どは、ノシロの造語だが、どれも覚えやすく識別し易いものばかりである。先ず、要素詞（要素助詞）から見ていこう。

１４－１　要素詞

文の**主語**、**目的語**、**補語** を明らかにするために、これ等（主語、目的語、補語）の語尾に付ける助詞を要素詞という。下表の上列の文字（－W，－O，－L 等）は要素詞をローマ字表記したもの（ハイフンは読まない）。ノシロ表記したものをは下段に示す。ノシロ表記の場合はハイフンを付けない。それはこれ等5つの記号がローマ字とは明らかに形が異なり、ハイフン無しで直接語尾にくっ付けても混乱を生じないからである。ノシロ語の要素詞は言語学で習う格助詞より少し守備範囲が広い（補語にも付けられる）。

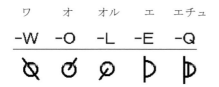

| ワ | オ | オル | エ | エチュ |
| -W | -O | -L | -E | -Q |

要素詞	主節、目的節、補節（即ち名詞節）の中で		修飾節（即ち、形容詞節と副詞節）の中で
主語に付ける	－Ｗ　ワ		－Ｗ　ワ
目的語に付ける	－Ｏ　オ		－Ｌ　オル
補語に付ける	－Ｅ　エ		－Ｑ　エチュ

【注】慣れるまでは、－Ｗ を －ＷＡ と書いても良い。同様に、－Ｌ を －ＯＬ、－Ｑ を －ＥＱ と書いても良い。目的語は、直接、間接を問わない。

【注】日本語では、主部が重要なら「～ は」、述部が重要なら「～ が」となるが、ノシロではこうした使い分けはしない（-W で「は」、「が」兼用）。

主語に付ける　－Ｗ　から見て行こう。

● 　主語を示す　－Ｗ　ワ

人称代名詞と疑問代名詞以外の主語に付けて、主語－Ｗ　とする。複数の主語を並べる場合は、最後の主語に－Ｗ を付けるだけで良い。動名詞が主語になるときは、動詞－Ｍ－Ｗ　とする。読み方は ムワ（ハイフン は読まない）。尚、名詞節全体を主語（というより主節だが）にするときは、文法に不慣れなうちは、名詞節を導く節理詞 Ｍｙ ミュ や Ｄｙ デュ に －Ｗ を付けて、Ｍｙ－Ｗ ミュワ や Ｄｙ－Ｗ デュワ としても構わない。しかし文法に慣れるまでのことです。

例文：　　母と兄と妹は、来月海外旅行をすることになっている（する予定）。

1類　：　　母、　兄、　妹－Ｗ　来月　海外へ　GIMO　旅行する-R。
2類　：　　Mother,　brother,　sister-W　next　month　overseas　GIMO
　　　　　　travel-R.

(注) 妹に －Ｗ を付ければ、母と兄には付けなくて良い（付けるとくどくなるので）。又、妹-W の前に ＯｎＤ を置いても良い。GIMO ギモ は助動詞で

212

「～の筈、～することになっている、予定している」の意。１類の例文中の「海外へ」は、「海外　UT」（２類は、UTL　overseas　を　travel-R　の後に置く）としても良い。

● 目的語を示す　－O　オ　　と　　－L　オル

－O　は名詞句と名詞節中の目的語の後に、－L　は修飾句と修飾節中の目的語の後に付ける。同じ句や節の中に同質の目的語が幾つも並ぶときは最後の目的語に　－O　や　－L　をつけるだけで良い。尚、名詞節全体を目的語（というより目的節）にするときは、My－O　ミュオ　や　Dy－O　デュオ　としても良い。しかしその文の中に名詞節が一つしかなくて、そのためその名詞節が目的節であると容易に分かる文では一々　My－O　や　Dy－O　とする必要はない（しかし初学者には、名詞節かつ目的節であることが一目で分かり親切でしょう）。

【注】名詞節は、主節、目的節、補節のいずれかに成る。修飾節（形容詞節と　副詞節）には成らない。

例文：　父は娘に本を与えた。

１類　：　父－W　娘－O　本－O　与える－T。
２類　：　Father-W　give-T　daughter-O　book-O.

（注）この　ＳＶＯＯ　の文型では、本の出発点と終着点をセットにして以下のように書いてもよい。父が出発点、娘が終着点である（セットにした部分に下線）。

　　１類　：　父－W　娘　UT　本－O　与える－T。
　　２類　：　Father-W　UTL　daughter　give-T　book-O.

例文：　私は、警察に、彼が金を盗んだということを、知らせた。

１類　：　SE　警察-O　MAFE　金-O　盗む-T　My　知らせる-T。
２類　：　SE　inform-T　police-O　My　MAFE　steal-T　money-O.

上の文を以下のような書けばノシロ語の初学者に親切となるでしょう。1類の
PA パ は区切り助詞。2類の区切り助詞 ZA ザ はこの文では不要。

1類 ： SE 警察-O PA MAFE 金-O 盗む-T My-O 知らせる-T。
2類 ： SE inform-T police-O My-O MAFE steal-T money-O。

例文： 母は、私が本をあげた子供に、ペンをあげた。
　　　　（注）私は子供に本をあげ、母は子供にペンをあげた。

1類： 母-W （PA） SE 本-L 与える-T Ky 子供-O ペン-O 与える-T。
2類： Mother-W give-T child-O Ky SE give-T book-L （ZA） pen-O。

（注）「本」は修飾節の中の目的語なので -L を付け、ペンは主節の中の目的語
なので -O を付ける。以下でも良い。出発点と終着点のセット部分に下線。

1類： 母-W （PA） SE 本-L 与える-T Ky 子供 UT ペン-O
　　　与える-T。
2類： Mother-W UTL child Ky SE give-T book-L （ZA） give-T
　　　pen-O。

例文： 母は、娘と息子に電話するだろう。

1類 ： 母-W 娘 OnD 息子-O 電話する-R。
2類 ： Mother-W call-R daughter OnD son-O。

例文： 母は、娘と息子に電話したことを、後悔した。

1類 ： 母-W 娘 OnD 息子-O 電話する-TM-O 後悔する-T。
2類 ： Mother-W regret-T call-TM-O daughter OnD son-O。

（注）この例のように動名詞が目的語になる場合は、M の後に -O 又は -L を
付けて、M-O ムオ や M-L ムオル とする。後悔は先に立たないので、「時制
の調整」に従い過去形で表す。電話する-TM-O は、デンワスルタムオ と読
み、英単語を使った call-TM-O は、コールタムオ と読む。

● 補語を示す －E エ と －Q エチュ

214

名詞句や名詞節中の補語の後に 　－E　 を付け、修飾句や修飾節中の補語には
－Q　 を付ける。　－E　 も　　－Q　 も複雑な長文で何処に補語があるか示す
必要がある場合にのみ用いるので、－W　 や　－O　 や　－L　 程には目に付
かない（実際、－E　 と　　－Q　 は殆ど使われない）。

１４－２　時制詞

過去時制を表すために動詞原形（現在形と同じ）の語尾に付ける　－Ｔ　タ
と、**未来時制**を表すために動詞原形に付ける　－Ｒ　レ を時制詞（時制助詞）
という。ハイフン（－）は読まない。時制詞は動詞にしか付けない。
尚、完了形は時制詞ではなく助動詞で表す。

動詞原型	過去形	現在形（原型と同形で辞書の見出し語の形）	未来形
RI　リ	RI-T　リタ ～であった	RI　リ ～てある、です	RI-R　リレ ～だろう
RIZ　リズ	RIZ-T　リズタ 存在した、居た	RIZ　リズ 存在する、居る	RIZ-R　リズレ 存在するだろう
DU　ドゥー	DU-T　ドゥータ ～した	DU　ドゥー ～する	DU-R　ドゥーレ ～するだろう
GyU　ギュー	GyU-T　ギュータ 笑った	GyU　ギュー 笑う	GyU-R　ギューレ 笑うだろう
KU　クー	KU-T　クータ 飲食した	KU　クー 飲食する	KU-R　クーレ 飲食するだろう
TUV　トゥーブ	TUV-T　トゥーブタ 持った、所有した	TUV　トゥーブ 持つ、所有する	TUV-R　トゥーブレ 持つだろう、所有するだろう

【注】動詞の原形と現在形は常に同形で、ノシロ語辞書の見出し語でもある。

１４－３　進行詞

目下**進行している動作**を表すために動詞の語尾に付ける　－Ｉn　イン を進行

詞という。 動詞に既に時制詞が付いている場合は、その時制詞の後に付ける
（－TIn　タイン、－RIn　レイン　の如く）。

例）EKAM（作る、make）に　－In　イン　を付けて　EKAM-In（作ってい
る）、-Tin　タイン　を付けて　EKAM-TIn（作っていた）、-RIn　レイン　を付けて
EKAM-RIn（作っているだろう）。MU（見る、see）に　－In　イン　を付けて
MU-In（見ている）、-Tin　タイン　を付けて　MU-TIn（見ていた）、-RIn　レイン
を付けて　MU-RIn（見るだろう）

【注】ノシロ語の　－In　は進行だけでなく、アスペクトも表すので英語の
ing　より守備範囲が広い。

14-4　態詞　たいし

受動態 を表すために動詞の語尾に付ける　－ZE　ゼ　を態詞という。時制詞、
進行詞、態詞 が重なるときの順序は、時制詞、進行詞、態詞の順になる。　つ
まり、動詞-TInZE　タインゼ、動詞-RInZE　レインゼ　のようになる。

態　詞	過去	現在	未来
進行形	DU-TIn ドゥータイン 〜していた	DU-In ドゥーイン 〜している	DU-RIn ドゥーレイン 〜しているだろう
受動態	DU-TZE ドゥータゼ 〜された	DU-ZE ドゥーゼ 〜される	DU-RZE ドゥーレゼ 〜されるだろう
進行受動態	DU-TIn-ZE ドゥータインゼ 〜されていた	DU-In-ZE ドゥインゼ 〜されている	DU-RIn-ZE ドゥーレインゼ 〜されているだろう

【注】受け身動詞の　GH　グフ　も受け身文を作るが、態詞とは別扱い。

14-5　連結詞

不定動詞と特定動詞が離れてしまう場合、特定動詞の前に付ける ＜ （１類）と ＞ （２類）が連結詞である。記号なのだがあえて記号扱いしないのは、会話の場合にも ， や ． や － とは異なり「ン」と発音するからである。尚、「行って見る」、「行って調べる」、「～を聞いて驚く」、「～を知って怒る」等も動詞を重ねて書くが、これ等の場合は単に動詞を並べるだけなので連結詞は使わない。「～を驚く」や「～を怒る」では、～ と動詞の間に修飾詞 ＵＥ（ＵＥＬ）を置く。しかし、「～を聞いて驚く」や「～を知って怒る」等は、 ～ が、「聞く」や「知る」という動詞の目的語になっているので ＵＥ（ＵＥＬ）は不要である。

１４－６ 変換詞

ノシロ語では以下の規則に従って品詞の語尾に、ＴＩ、ＮＡ 等の特定の文字を加えるだけで**別の品詞に変換**させることができる。これ等を変換詞という。

【注】元の語を原生語、変換詞を付けて作られる語を派生語と呼ぶ。

<u>元の語を　＞＞＞</u>

● 名詞に変換するには、元の語尾に ＴＩ ティ や Ｅｎ エン を付ける。

(例)　ＡＯＢＩ 　　　アオビ　　　　（形容詞）美しい
　　　ＡＯＢＩＴＩ　　アオビティ　　（名詞）美

　　　ＭＵＦＡ　　　　ムーファ　　　（動作動詞）(vt)、見つける、発見する
　　　ＭＵＦＡＴＩ　　ムーファティ　（名詞）発見
　　　ＭＵＦＡＥｎ　　ムーファエン　（名詞）発見したもの、見つかったもの

● 形容詞に変換するには、元の語尾に ＮＡ ナ、ＢＬ ブル、ＩＬＵ イルー を付ける。ＢＬ は能力や可能性を、ＩＬＵ は似たものや例えを表す。

(例)　ＩＹＰＥ　　　　イユペ　　　　（名詞）　希望
　　　ＩＹＰＥＮＡ　　イユペナ　　　（形容詞）　希望の

ＥＩＩＰＯＬ	エイーポル	（形容詞）	頼った、依存した
EIIPOL**BL**	エイーポルブル	（形容詞）	頼れる、頼りがいのある。
ＣＵＬ	ツール	（動作動詞）	鳥、虫等が鳴く
ＣＵＬＩＬＵ	ツーリルー	（形容詞）	鳴くような

【注】ＢＬ は、可能（性）や 有能（さ）を表す。従い、ＢＬ を付けて形容詞にした語は名詞にもなることが多い。例えば、ＡｎＭＯＡ （燃焼）に ＢＬ を付けた ＡｎMOABL は 「燃焼可能な」、「燃える」 という意味の形容詞になる。更に、TI を付けて AnMOABLTI とすれば、「燃焼可能性」という名詞になる。ＩＬＵ は主に動詞を形容詞にする場合（〜するような）に用いるが、これは準動詞の動形容詞で間に合うこともある。尚、ILU は、「眠るように 死ぬ（眠るように息を引き取る）」のように副詞も作れる。

ＮＡ、ＢＬ、ＩＬＵ の他に、「〜的な」という形容詞を作るための ＯＯＶ、ＶＯＯ もある。ＯＯＶ は子音で終わる語に付け、ＶＯＯ は母音で終わる後に付ける。両者は副詞に変えることも可（余り使われないが）。

● 　副詞に変換するには、元の語尾に 　ＬＩ 　リ 　を付ける。

（例）ＡＯＢＩ 　　　アオビ 　　　（形容詞）美しい
　　　ＡＯＢＩＬＩ 　　アオビリ 　　（副詞）美しく

● 　自動詞に変換するには、元の語尾に Ｚ ズ （又は Ｂ ブ）を付ける。

（例）ＡＯＢＩ 　　　アオビ 　　　（形容詞）美しい
　　　ＡＯＢＩＺ 　　アオビズ 　　（自動詞）美しくなる

【注】外国のワープロで ・ を出せない場合は ’ を使う（Ｙ’Ｉ の如く）。

● 　他動詞、又は、自動詞と他動詞のいずれにもなる動詞に変換するには、元の語尾に Ｓ ス （又は Ｐ プ）を付ける。

（例）ＡＯＢＩ 　　　アオビ 　　　（形容詞）美しい
　　　ＡＯＢＩＳ 　　アオビス 　　（他動詞）美しくする

【注】TI、En、NA、BL 、ILU、LI、Z、B、S、P を付けることで
T、E、N、等の文字が三つ重なるときは、一つ落とし二つだけ書く。

14-7　接辞詞

● 　接頭語（語頭に付ける接辞詞）

接頭語	読み方	意味	補足（相当する英語等）
AAP-	アープ	超〜	super 〜, meta 〜
BA-	バ	し損なう、し損ない	fail to do, failure to do
DE-	デ	逆〜、逆の意味になる	de〜, un〜
DEP-	デプ	不可能	un〜（un-answerable）
EL-	エル [1]	自己	self〜
EQU-	エチュー	有〜	aerobic（有酸素） corporeal（有体の）
GO-	ゴ	毎（〜ごとの、に）	3日毎の(に) は GO-3NE
HAn-	ハン	反〜、抗〜	anti（対空ミサイル）
HI-	ヒ	被〜（動作を受ける）	defendant 被告人
HIn-	ヒン	非〜	de, un, non
HL-	フル	防〜	mothproof 防虫（HL より HAn の方が強い）
IBn-	イブン	無〜	anonymous 無記名、無名
KA-	カ	可能〜、有り得る〜	possible〜
KOI-	コイ	共〜	co-educational（共学）
KRn-	クルン	半〜	half 〜
LEIT-	レイトゥ	故〜	late
LIM-	リム	最〜、最も〜	L-形容詞 と書いて良い
MI-	ミ	未〜（肯定も否定も）	not yet
MTO-	ムト	元〜	former 〜, ex 〜
NAn-	ナン	難〜	very hard 〜（難燃性）
OLE-	オレ	過〜（小、少）	less（大抵は LEE で代用可）
OOL-	オール	全〜	all
OVR-	オヴル	過〜（多、大）	over（大抵は FAA で代用可）
PAX-	パシュ	部分的〜	partial

POS-	ポス	以後の〜	post
SAI-	サイ	再〜	re
XIn-	シン	親〜	pro
ZEn-	ゼン	前〜	pre

【注】通常は接頭語末には ハイフン - を付ける（AAP- や SAI- の如く）。但し、ハイフン - は読まない。接頭語を単独で用いることは稀。「自己」を単独で用いるときは、名詞 EQEL エチェル を使う。

● 接尾語（語末に付ける接辞詞）　　　【注】誤解の心配無ければ - は省略可。

接尾語	読み方	意味	補足（例、相当する英語等）
-AT	アトゥ	場所、〜場	UDPEG-AT 競技場（- は省略可）
-AA	アー	行為者	InPIS-AA 殺人者
-II	イー	被行為者	InPIS-II 殺される(た)人
-FAn	ファン	愛好家	EVLIT-FAn 文学愛好家
-ILT	イルトゥ	専門家を目指す人	AnBAA-ISL-ILT 数学の専門家を目指す人（AnBAA-ISL-ILT も可）
-ISL	イスル	〜学	AnBAA-ISL 数学
-IST	イストゥ	専門家	AnBAA-IST 数学者
-ISM	イスム	〜主義	UAAR-ISM 自由主義 AFKOMISM 共産主義
-IUE	イウエ	〜先行	EXRIn-IUE 原理先行 apriori EDPER-IUE 経験先行 aposteriori
-IULA	イウラ	〜後行	InTRA-IULA 理性後行
-JIn	ジン	主義者	UAAR-JIn 自由主義者
-In	イン	〜中	AKyRAK-In 工事中 under construction
-NAE	ナエ	〜無し	AnBAA-NAE 無数の numberless
-NE	ネ	〜性	1DAIn-NE 主体性
-VIL	ヴィル	〜化	Finland-VIL フィンランド化、 Finlandization

【注】動詞の語尾が ＡＡ で終わる場合は、動詞から Ａ を一つ落としてから、ハイフン － と ＡＡ を一組にして -ＡＡ を加える（xxxxA-AA となる）。動詞の最後の部分の発音は、アアー となる。動詞が ＩＩ で終わる場合も同様にする。動詞の最後の部分の発音は イイー となる。但し、どんな場合もこの規則に従って単語を作らなければならない訳ではなく、別の表現にすることもできる。先に学んだ接頭語では、大抵、接頭語末に ハイフン（-）を付けるが、接尾語の場合は誤解を生じる恐れがなければハイフン不要。Ｉｎ（〜中、〜の最中）の代わりに、「〜の最中」を表す修飾詞 ＩＵ（２類は ＩＵＬ）も使えるが、その場合は、１、２類で修飾詞の位置が逆になる。動詞を進行形にするための進行助詞 -Ｉｎ も同じような意味になるが、動詞の場合はハイフン（-）は必須である。

１４−８　譲歩詞

ＨＲＡ　フラ、　ＣＲＡ　ツラ、　ＮＲＡ　ヌラ、　ＶＲＡ　ヴラ

【注】語呂合わせは、語頭の音を取って、普通のヴラ（ＨＣＮＶ）。

譲歩表現は多様なので、修飾詞の ＥＮ（２類は ＥＮＬ）、及びこれと姉妹関係にある節理詞 ＥＥＮ（ＥＥＮＬ）だけでは十分とは言えない（ＥＮ は、譲歩の修飾詞 ＥＦ や ＥＧ と共に機能強化された（名詞だけでなく動詞とも結び付けるようにした）のだがそれでも不足）。その不足を補うのが以下の四つの譲歩詞（譲歩助詞）である。譲歩詞は常に前置される。

● 　ＨＲＡ　フラ　　　「どんな 〜 であろうと」

ＨＲＡ　を名詞や動詞や形容詞や副詞の前に置くと、「名詞、動詞等の内容がどうであれ」 という意味になる。英語の ｗｈａｔｅｖｅｒ（何であれ）に近いが、ＨＲＡ は助詞だから守備範囲はもう少し広く、動詞や形容詞にも付けられる。

ＨＲＡ　ＨＡ	フラ　ハ	何であれ　（whatever）
ＨＲＡ　ＨＩ	フラ　ヒ	どちらであれ　（whichever）
ＨＲＡ　ＨＵ	フラ フー	誰であれ　（whoever）
ＨＲＡ　ＨＥ	フラ　ヘ	何時であろうと　（whenever）
ＨＲＡ　ＨＯ	フラ　ホ	何処であろうと　（wherever）

HRA	HAS	フラ	ハス	何をしようと　（whatever one do --- 直接対応する英単語なし）
HRA	HyA	フラ	ヒャ	どんな理由にせよ　（whatever the reason）
HRA	Hy	フラ	ヒュ	どれほどであろうと　（no matter how much）
HRA	HUM	フラ	フーム	誰のものであろうと　（things whoever own）
HRA	XU	フラ	シュー	何であれ　（XU は英語の関係代名詞 what に相当）

以下のように使うこともできる。

HRA	ME	フラ	メ	どんなあなたであろうと（名前、職業、振る舞い、性格等々 = Whoever you are + Whatever you are ）
HRA	IYUS	フラ	イユース	どのように欲しようとも（むさぼろうと、控えめに求めようと ...）
HRA	EKLEZ	フラ	エクレズ	どのように働こうとも（のんびり働こうと、あくせく働こうと ...）
HRA	RyUR	フラ	リュール	どのように走ろうとも（ゆっくり走ろうと、蛇行しながら走ろうと、疾走しようと ）

HRA　MUQ　EKLEZ　　　　フラ　ムーチュ　エクレズ
　　　　　　　　　　　どれだけ 多く 働こうとも

HRA　UOL　UIIDAS　　　　フラ　ウオル　ウィーダス
　　　　　　　　　　　どれほど 少し 汚そうとも ...

HRA　AOOH　EKLEZ　　　　フラ　アオーフ　エクレズ
　　　　　　　どのように （どんなに）熱心に働こうとも

HRA　IUFALI　RyUR　　　　フラ　イウファリ　リュール
　　　　　　　どのように （どんなに）速く走ろうとも

HRA　EILO　　　　　　　　フラ　エイロ
　　　　　どのような黄色であろうとも（レモン色、からし色 ...）

HRA　AUHE　EILO　　　　　フラ　アウヘ　エイロ

222

どれだけ濃い黄色であろうとも

【注】HRA MUQ EKLEZ は、「どれだけ多く働こうと」で、大抵は労働時間（8 or 12時間 ？）を問うことになるが、HRA EKLEZ だと、「どのように働こうが」で、幅が広くなる（働き方 ・・・ 時間、集中度、働く場所、共働き）。

例文： 何が起ころうと私は驚かない。

1類： HRA HA 起こる、 SE NAI 驚く。
2類： SE NAI surprise, HRA HA happens.

(注)「何が起ころうと」を強調したければ、1、2類共、HRA の前に VII を置けばよい。

例文： あなたが言うことは何であろうと正しい。

1類： ME 言う Ky HRA XU－W 正しい （RI）。
2類： HRA XU-W Ky ME say (ZA) (RI) right.

(注) 2類の ZA ザ は区切り助詞で、入れ子になっている形容詞節の終わりを示す。この文では、1類に区切り助詞 PA パ を入れる必要はない。RI も ZA も省略可。

例文： 先生は二つのテストの中、どちらであれ（成績の）良い方を採る。

1類： 先生－W 2 テスト AM 良い HRA TE－O 採る。
2類： Teacher-W take better HRA TE-O AML 2 test.

(注) 例文に「どちらであれ」という表現が有るので HRA を入れたが、無くても意味は通るだろう。AM（2類は AML）の代わりに IM（IML）「〜から」でも良い。

上例の最初の文「何が起ころうと私は驚かない」は、以下のように、譲歩の修飾詞 EN エヌ（2類は ENL）や 節理詞 EEN エーヌ（EENL）を用いても表現できる。修飾詞 ERP エルプ（ERPL） や 節理詞 EERP

エールプ（EERPL）も使える。

1類：　HA　起こる　EEN、SE　NAI　驚く。
2類：　SE　NAI　surprise,　EENL　HA　happen.

（注）強調したい場合は、1類は HA の前に VII ヴィー を置き、2類は
EENL の前に VII を置く。

（注）EEN　の意味は　「たとえ　～　でも」（even if）だから、HRA　の
ように自由集合の如きものを考えるより、幾つもの仮定の中からどちらかと言
えば期待し難いことを一つを選び出し「たとえ　～　が起ころうとも」、「たと
え　～　しようとも」、「たとえ　～　であろうとも、～としても」ということを
表現するのに向く。EERP　エールプ（EERPL）は英語の regardless
だから、「ロシアのウクライナ侵略がどう終わろうとも（Regardless how the
Russian invasion to Ukraine ends, ……）」の如き文に向く。

● 　CRA　ツラ　　　「 ～ 次第、 ～ に全面的に譲歩する」

CRA　～　は、「～ 次第」で、「あなた次第（CRA ME）」、「価格次第
（CRA 価格）」 のように使う。英語の It's up to you.（それはあなた次第
ですよ、あなたが自由に決めること）の up to 　と同じで、CRA 以下に全
て預けます、おまかせします、ということ。

例文：　それはあなた次第だよ。　　　（あなたが自由に決めて良い）

1：　TE　CRA　ME　（RI）。
2：　TE　（RI）　CRA　ME.

● 　NRA　ヌラ　　　「 ～ だとしても」、 「 ～ するとしても」

以下のように使う。　NRA　の後に複数の選択肢を並べることも可。

NRA SOW　　　　　　　　　　ヌラ　ソウ
そうだとしても
NRA NAI SOW　　　　　　　　ヌラ　ナイ　ソウ
そうでないとしても

NRA IULA OA IUE　　　　　ヌラ　イウラ　オア　イウエ
遅かれ早かれ
NRA AUMA OA UOLT　　　　ヌラ　アウマ　オア　ウオルトゥ
多かれ少なかれ　（FAALEE　も可）
NRA BOLT OA BOQIL　　　　ヌラ　ボルトゥ　オア　ボチル
成人（BOLT）であろうと、子供だろうと
NRA IRMA OA IRDA　　　　ジュラ　イルマ　オア　イルダ
男だろうと、女だろうと
NRA EILO OA NAI　　　　　ヌラ　エイロ　オア　ナイ
黄色（EILO）であろうと、なかろうと
NRA ME　　　　　　　　　　ヌラ　メ
あなただとしても、あなたであっても
NRA ME OA NAI　（ME）　ヌラ　メ　オア　ナイ　（メ）
あなただろうと、なかろうと
NRA ITU OA NAI　（ITU）ヌラ　イトゥー　オア　ナイ
行こうと、行くまいと　　　　　　　（イトゥー）

NRA ヌラ、**HRA** フラ、**EF** エフ　の使い方を比較しておこう。

【注】EF（2類 EFL）は「もし〜なら」の意の修飾詞で、次章で詳説します。

NRA 雨 ... 雨だとしても
（例： 雨だとしても直ぐ止むだろう、雨だとしても小雨だろう）
【注】修飾詞 EN も可。

HRA 雨 ... どんな雨だろうと
（例： 霧雨でも、強い雨でも、酸性雨でも、このコートは水を通さない）

雨 EF ... もし雨なら
（例： もし雨ならロケット発射は中止だ）
【注】2類は EFL rain となる。尚、節理詞は EEF エーフ（EEFL）です。

例文を見よう。

例文： 素数だとしても、それは 1000 以上に違いない。

1： NRA 素数、TE 1000 TISBI RI。
2： TE RI 1000 TISBI, NRA prime number.

例文： 彼女は行くとしても、私は行かない。

1： DAFE NRA ITU、SE NAI ITU。
2： SE NAI ITU, DAFE NRA ITU.

(注) 節理詞 EEN エーヌ（EENL）を使って以下のように書くこともできる。

　1： DAFE ITU EEN、SE NAI ITU。
　2： SE NAI ITU, EENL DAFE ITU.

文脈から DAFE（彼女）を省略できるなら、新たに強化された修飾詞 EN
エヌ（ENL）を使って、以下の如く圧縮することも可能。

　1： ITU EN、SE NAI ITU。
　2： SE NAI ITU, ENL ITU.

(注) EN エヌ は、EF エフ や EG エグ と共に強化されたスーパー修飾詞で、
名詞、代名詞、動名詞だけでなく、動詞や形容詞とも結び付く。修飾詞 と 節
理詞 は、１類では後置され、２類では前置される（復習）。

● VRA ヴラ 「 〜 でも」、「 〜 さえも」 　（英語の even ）

以下のように使う。

例文： 私でも撮せます（写真を撮れます）。
　　　　（昔の或るフィルムメーカーの TV コマーシャル）

1： VRA SE 写真−O GIMA 撮る。
2： VRA SE GIMA take picture−O.

(注) 私は機械に弱いけれど、そんな私でさえ、この全自動カメラなら大丈夫
ですよ、という意味。

例文：　敵は　（我々に）　近づくことさえできない。

1 ：　敵-W　(SEN-O)　NAI　GIME　VRA　近づく。
2 ：　Enemy-W　NAI　GIME　VRA　near　(SEN-O).

14－9　その他の助詞

●　追加詞　　ＳＬＥ　スレ　と　ＭＯ　モ

SLE は 前置、MO は 後置する。SLE も、MO も日本語の「〜も」と同様に、名詞、代名詞、形容詞、副詞、動詞と何でも修飾する。「私も」、「あなたも」、「本も」、「黄色も」、「行きもする」、「貸しもする（売り買いだけでなく）」の如く。一語（句でも節でもない）の修飾語でありながら後置される MO はノシロ文法の極めて少ない例外の一つである。1類を好む人は MO を、2類を好む人は ＳＬＥ を使うことが多くなるのではないか（もちろん選択自由）。

●　省略詞　　－ui　ウイ　と　－mn　ムン

日本語の「等（など）」、英語なら etc. や and so on や and so forth で、明示する代表語に続けて書く（後置する）。代表語は名詞、代名詞、形容詞、動詞と何でもよい（ラテン語の et al や et alii は名詞や代名詞に付けことが多いが、ノシロ語の －ui や －mn は動詞や形容詞にも使える）。例えば、「BEEK-ui 本など」、「EDKLA-mn 授業など」、「MUP-ui 鑑賞などする」、「EIMA、EITA-mn 赤、白など」の如く用いる（BEEK、EDKLA、MUP、EIMA EITA が代表語）。原則として小文字で書く。二つあるので、代表語に続けたときに聞き易くなるように使い分ける。筆者は、代表語が子音で終わるときは -ui を付け、母音で終わるときは -mn を付けるようにしている。

●　識別詞（後行詞や先行詞の前に置く）　　An　アン

後行詞 （2類は先行詞） に形容詞や修飾句が付く場合は、形容詞や修飾句から後行詞 （先行詞）を容易に区別できるように後行詞 （先行詞） の直前に An を置く。この助詞を置くことで、全くの初学者でも、どれが後行詞（先

行詞）か容易に区別できる。但し、使用は任意。英語の不定冠詞　a　や　an　とは関係ない。

● 　区切り詞（句や節の境目を示す）　　PA　パ、　ZA　ザ

PA　と　ZA　は、テキストでは構成詞としていた。しかし、NOA　以外の構成詞は全て　O　で始まるという原則を守るために、助詞の方に引越しさせることにします。こうしても何も問題は起こりませんのでご心配なく。PA　と　ZA　の働きについては既に何度か説明している。句や節の区切りを示す為に適宜使用するものだが、1類では文中の句（修飾句）や　節（従属節や修飾節）の最初に　PA　を置くことが多く、2類では文中の句や節の最後に　ZA　を置くことが多い。尚、PA　と　ZA　の使用は任意であるが、ノシロ語の初心者に手紙を書くときは、これを積極的に使う方が親切である。

● 　強調詞（強調したい、語、句、節の前に置く）　VI　ヴィ、VII　ヴィー

強調したい語の前に　VI　ヴィ　を置く。　句や節を強調したいときは　VII　ヴィー　をその前に置く。範囲を明示したい場合は、句や節を　VII　と　-VII　で挟む、つまり、VII　句　-VII　とか　VII　節　-VII　とする。VI　に導かれる強調語や、　VII　　に導かれる強調句、強調節は、文頭に移しても良いが、文中や文末に置いても強調の効果に変わりはない。ノシロ語では、語や句や節を文頭に置くことで強調効果を出そうとするのは危険である。理由は、ノシロでは、1類、2類間の語順の置き換えがあり、それと混同しないようにする必要があるからである。

● 　疑問助詞　HyA　ヒャ　（英語の　why　なぜ）

【注】HyAA　ヒャー　は同じ意味だが助詞ではなく　副詞　です（次章、「疑問詞」の中でご説明します）。

以上の助詞　（SLE　から　HyA　まで）は、スレモ、ウィムン、アン、パザ、ヴィヴィー、ヒャ　と比較的流れ良く覚えられるのではないでしょうか。

● 　尊敬詞　JIA　ジア　「～様、～殿」　と、　LA　ラ　「～される、～しなさる」

ＪＩＡ は名詞や人称代名詞の語頭に、ＬＡ は動詞の語頭に付ける。両方使うと最丁寧な表現になります。活用などは一切無く、ただ名詞や動詞の前に置くだけなので簡単です（日本語の敬語のような外人泣かせ（日本人でさえ難しい）の敬語では全くありません。ジャラジャラと語呂合わせしましょう。

例文：　あなた様は天然痘のワクチンを発明なされました。

M1：　JIA　ME　smallpox　UHEIV-O　LA　INVEnS-T。
M2：　JIA　ME　LA　INVEnS-T　smallpox　UHEIV-O。

● 　放置詞　ＢＢＵ　ブブー　（動詞がＢで終わる場合は ＤＤＵ）
　　「～のままにしている」、「のままになっている」

　放置助詞は、「～したままである」、「ままになっている」という文を書く場合に動詞の後に置く。例えば、「蛇口を開いてそのままにしている」とか「信号機が強風で倒れたままになっている」といった文で使う。通常、こうした文には、「止めるべきなのに」とか「起こすべきなのに」という気持ちが込められている。

動詞の語尾が Ｂ で終わる場合は Ｂ音がしつこくなるので、ＤＤＵ ドゥドゥー とする。動詞に時制助詞（-T, -R）や -ZE や -In が付くときは、それ等の助詞の後に ＢＢＵ や ＤＤＵ を置く。

【注】最後の二種類の助詞、尊敬詞 と 不適切詞 の覚え方は、ジアラブブー、或いは ジャラブー などと覚えては如何でしょうか。最後の ブブー は、覚え易い響きの単語だと思います（語呂合わせがどうも上手く行かずに済みません）。

以上で１４章を終わります。長くお付き合い下さり誠に有難うございます。残るは、修飾詞、節理詞、そしてノシロ語の文法を支える基本単語のご紹介だけです。もう少しでーす。　■

第15章　修飾詞　しゅうしょくし

修飾詞は単独で用いられることはなく、常に　名詞（代名詞、動名詞、稀に形容詞や副詞も）又は　動詞　と結合して、修飾句　即ち、形容詞句　や　副詞句　を形成する。形容詞句は名詞や代名詞を修飾し、副詞句は　動詞、形容詞、副詞、又は文全体を修飾する。

修飾詞は、１類　と　２類で　置かれる位置が異なる（正反対になる）。１類の修飾詞は、名詞（代名詞、動名詞、稀に形容詞や副詞も）や　動詞の後に置かれるから　後置詞　だが、２類の修飾詞は名詞（代名詞、動名詞、稀に形容詞や副詞も）や　動詞の前に置かれるので　前置詞　である。位置だけを考えると、２類の修飾詞は英語の前置詞（at，in，to 等）に近いが、英語の前置詞は名詞や代名詞や動名詞としか結び付かないのに対して、ノシロ語の修飾詞は少数（６語）ながら動詞と結び付くものもある。文字も１類と２類で一文字だけ異なる、即ち、１類の修飾詞の語尾に　L　を付けると、そのまま２類の修飾詞となる。修飾詞は全部で９０語ある。

【注】「名詞（代名詞、動名詞、稀に形容詞や副詞も）」という表現は些かうっとうしいので、以後は（　）内は単に　代名詞　や　名詞相当語　と　書きます。

１５－１　名詞（代名詞、動名詞）と結合する修飾詞　（全部で８４語）

このタイプの修飾詞は９０語中の８４語。全て一語一意です。但し、是非覚えておきたいのは十数語です。形成される修飾句の形は以下の通り。

１類の修飾句の形　：　　名詞　＋　修飾詞
２類の修飾句の形　：　　修飾詞　＋　名詞

１類の修飾詞は名詞の後に置かれるから　後置詞、２類の修飾詞は名詞の前に置かれるから　前置詞　である。この場合（つまり２類の修飾詞）だけは、英語の前置詞と似たものになる。英語とは異なり、修飾詞と結合する名詞（代名詞）は、常に原形（主格と同形）にする。即ち、英語では前置詞と結び付くときの名詞や代名詞は目的格にするが、ノシロ語では原形にする。例えば、英語

の with me は、ノシロ語では、I IZ （1類） や IZL I （2類）とな
る （IZ/IZL = with）。

被修飾語まで書き出すと以下のようになる。 1類の修飾句は被修飾語を前から
修飾し、2類の修飾句は被修飾語を後ろから修飾する。

【注】修飾句とは、形容詞句（名詞や代名詞を修飾する）と 副詞句（動詞、
形容詞、副詞、又は、分全体を修飾する）のことです。

1類：   名詞 ＋ 修飾詞 ＋ **被修飾語**
2類： **被修飾語** ＋ 修飾詞 ＋ 名詞

【注】見易いように、修飾句に下線を引き、被修飾語を太字で示した。

名詞と一組になる修飾詞の例として UT ウトゥ （2類は UTL ウトゥル）
と、IZ イズ （2類 IZL イズル）を見てみよう。

例： 東京 へ **帰る** （〜 へ は 修飾詞 UT / UTL。2類の UTL は英語の
　　　前置詞 to に相当）

1類： 東京 UT　**帰る**
　　　トウキョウ　ウトゥ　カエル　　　（日本語では、東京 へ 帰る）
2類： **return** UTL Tokyo
　　　リターン　ウトゥル　トウキョウ　（英語では、return to Tokyo）

（注）「帰る」は被修飾語。「東京」は原形（原型と現在形は同形）。 1類は
「東京」が修飾詞の UT と結合して修飾句（ここでは副詞句）を形成し、被修
飾語 **帰る** を前から修飾している。 2類は Tokyo が修飾詞の UTL と結合し
て修飾句を形成し、被修飾語の **return** を後ろから修飾している。 1類の修飾
詞の語尾に L を付けると2類の修飾詞になる。

例： 私と一緒に **帰る** （〜と一緒に、は 修飾詞 IZ / IZL で、2類の
　　　IZL は英語の with に相当）

1類： SE IZ **帰る**　　セ イズ カエル （日本語は、私と一緒に帰る）
2類： **return** IZL SE　リターン イズル セ （英語は return with me）

（注）帰る、は被修飾語。SE を英語のように SE-O（目的格）にしては駄目。修飾詞と一組にする名詞（代名詞、動名詞）は必ず原形（主格と同形）にするので、SE-O ではなく SE とする。即ち、「私と一緒に」は、英語では with me だが、ノシロ語では with I とする。

（注）１類の修飾句 SE IZ は被修飾語の 帰る を前から修飾詞し、２類の修飾句 IZL SE は被修飾語 return を 後ろから修飾している。

例文： あなたは 私と一緒に 東京へ 帰りますか。 （IZ と UT の二つの修飾詞が入る文）

１類： ？ ME SE IZ 東京 UT 帰る。
２類： ？ ME ｒｅｔｕｒｎ IZL SE UTL Tokyo.

（注）帰る と ｒｅｔｕｒｎ は被修飾語。SE は原形。１類は二つの修飾句（SE IZ と 東京 UT、どちらも副詞句）が被修飾語の 帰る を前から修飾し、２類は二つの修飾句（IZL SE と UTL Tokyo）が被修飾語の return を後ろから修飾している。修飾句というのは、副詞句と形容詞句のこと。

名詞（代名詞）と結合する修飾詞（全８４語）は、A、I、U、E のいずれかで始まる ２字語 又は ３字語だが、２類の修飾詞には必ず語尾に L が付くので、３字語か４字語になる。頻繁に使われるのは８４語のうち、精々１０数語であり、それを覚えてしまうとノシロ文を書くのが楽しくなります。他方、動詞と結合する修飾詞（最後に学びます）は僅か６語で、両者合わせて計９０語。ノシロ語は、英語のように一語が幾つもの意味や役割を掛け持つことはなく、全て一語一意（単純明快）なので、初学者にも易しい言語です。

名詞（代名詞）と結合する修飾詞 （全８４語）を以下にご紹介しましょう。

● A で始まる修飾詞

【注】１類の修飾詞のみを示す。１類の修飾詞の語尾に L を付けると（ABL アブル、ACL アツル ．．．の如く）直ちに ２類の修飾詞 になる。

修飾詞	読み方	意味	対応する英語	補足（例）

AB	アブ	～について	about	
AC	アツ	～の代わりに	instead of	
AD	アドゥ	～に依れば	according to	
AE	アエ	～を除いて	except for	
AF	アフ(f)	～の後の、後で	after	境界含むなら TAF
AG	アグ	～に対抗する	against	敵、ミサイル、細菌に対抗する、して
AI	アイ	～までの、までには（期日）	by	
AJ	アジュ	～から成る、～でできている	of	consist of の of
AK	アク	横切って	across	道を横切って
AL	アル	～があれば、が居れば	with	ナイフや浮き輪があれば、貴方がいれば
AM	アム	～の間の、間で	among, between	英語のように二つ、三つ以上を区別せず
AN	アヌ	～と比べて	compared to	比較表現に必須の修飾詞
AO	アオ	～の上の、上で	above	境界含むなら TAO
AP	アプ	～の向かい側の、向かい側に	opposite	都庁舎の向かい側に（間に、空間、道、川等がある）、
ARP	アルプ	～の周りの、周りに	around	
AS	アス	～以来の、以来	since	2020 年以来
AT	アトゥ	～で(場所)、での	at, in	場所の大小は無関係
AU	アウ	～を通る、通り抜けて	through	
AX	アシュ	～の割りには	considering	素人の割りには、低価格の割りには
AY	アユ	～によって、～を使って	by, with	彼、猫、政府等によって、車やナイフで（受動態で頻出）
AZ	アズ	～としての(同格候補、可能性)	as	ジャパン・アズ・ナンバーワン(No.1 候

			補としての日本)、県知事としての山田氏(未決定、候補)

● Ｉ で始まる修飾詞（１類の修飾詞のみ示す。語尾に Ｌ を付けると直ちに２類の修飾詞 になる）

修飾詞	読み方	意味	対応する英語	使い方、例
IA	イア	〜を経由した、〜を経由して	via	ニューヨーク経由の（で）
IB	イブ	〜の側（そば）の、〜の側で	by	位置（池の側で写真を撮る））
IC	イツ	〜までの、〜まで	until, till, upto	ある時（点）までの動作の継続
ID	イドゥ	〜のせいの、〜のせいで、〜なので	due to, because of	寂しさ、発作、事故等のせいで
IE	イエ	〜という単語中の文字や音声	as in	America IE 4r なら r（4r 無しなら最初の文字 A を指す）
IF	イフ	〜に関する限り（他はともかくとして）	as far as concerned	私に関する限り、この問題に関する限り（他事はいざ知らず）
IG	イグ	〜上手な、〜上手に	good in 〜	水泳が上手な、数学が得意な
IK	イク	〜の前の、前で	in front of	私の前で、駅前の
IL	イル	〜に似た、〜のような、〜のように	like, as	これに似た、彼のような、彼のように（EM はよく似ているが本質は異なる）
IM	イム	〜からの、〜から	from	開始点、開始時
IN	イヌ	〜の中の、の中で	in, inside	境界含むなら TIN

修飾詞	読み方	意味	対応する英語	使い方、例
IO	イオ	〜の利益のための、〜のために	for	彼や会社の利益のために
IP	イプ	〜に並行した、〜に並行して	parallel to	甲州街道に並行している青梅街道
IRP	イルプ	〜の後ろの、後ろで	behind, back of	私の後ろの人、PCの後ろのコップ、行為の背後の悪意
IS	イス	〜の外の、の外で	outside	境界含むなら TIS/TISL
IT	イトゥ	〜の中へ	into	家の中へ、池の中へ、穴の中へ
IU	イウ	〜の最中の、〜の最中で	in the midst of	ゲーム、掃除、試験等の最中に
IX	イシュ	〜のとおり（現物の提示）	as	as follows 以下の通り
IY	イユ	〜に加えての、〜に加えて	in addition to	これに加えてのそれ、自白に加えて証拠も
IZ	イズ	〜と共に、〜付きの、〜と一緒の	with	リボン付きの箱、子連れの白鳥

● **U で始まる修飾詞**（1類の修飾詞のみ示す。語尾に L を付けると直ちに
2類の修飾詞 になる）

修飾詞	読み方	意味	対応する英語	使い方、例
UA	ウア	〜にとって	to	彼には（難しい）、私にとって（幸運）
UB	ウブ	〜の	of	所有、帰属（東京の大学）

UC	ウツ	〜無しの、無しで	without	彼無しの、現金なしで
UD	ウドゥ	〜下の、下で（数量、程度、位置）	under	境界を含むならTUD。以下の、に
UE	ウエ	〜に（驚く、怒る）	at, with	喜怒哀楽の原因。**例 a**（当表の下に示す）
UF	ウフ（f）	〜から離れた、離れて	off	
UG	ウグ	方位角度で	at	
UJ	ウジュ	〜の姿（格好）で、〜の状態で	at, in	**例 b**
UK	ウク	〜という、〜としての、〜である	of, as	同格 **例 c**
UL	ウル（l）	〜に似ず、とは異なり	unlike	**例 d**
UM	ウム	〜以内の、以内で	within	
UN	ウヌ	〜に接する、接して	on	**例 e**
UO	ウオ	〜前の、〜前に	before	**例 f**
UP	ウプ	〜に基づいた（て）、〜からすると	upon, seeing 〜	**例 g**
URP	ウルプ	〜の間の、〜の間に（期間）	during	**例 h**
US	ウス	〜だけど、〜に反して	despite	**例 i**
UT	ウトゥ	〜の方向の、〜の方向へ	to	**例 j**
UU	ウー	〜に続く、〜に続いて	next to	ある評価基準による序列を示す。**例 k**
UX	ウシュ	〜に成り代わった、成りすまして	in the disguise of	集金人に成りすまして金を騙し取る..
UY	ウユ	〜の先の、〜の先に	beyond	境界を含むならTUY。以遠の、に。**例 l**

| UZ | ウズ | ～の他の、～の他に | besides | 例 m |

例 a ： 合格に（驚く）、不正に（怒る）、逝去を（悲しむ）、勝利の報に（浮かれる）

例 b ： 素足で（来た）、裸で、制服で（現れた）、武装して（終結する）

例 c ： 都知事の石原氏　（都知事である石原氏。候補ではない！）、金メダルの高橋さん（金をとった高橋さん）

例 d ： 兄とは異なり、父親に似ず、果物とは異なり、アメリカのやり方とは異なり

例 e ： 窓ガラス上の（にとまっている）蝿、天井の（にとまっている）蝿、机の上の蝿、本の上のコーヒーカップ

例 f ： 9時前の何時でもよい、それは事件の前に起きてる（後ではなくて）、秋の前の夏または春に

例 g ： この事実に基づいた（て）、契約に基づいた（て）、陳情からすると、最近の報道から見て

例 h ： 夏休み期間中の（に）、その期間中の（に）、合宿中の事件

例 i ： 失敗にも拘わらず、成功にも拘わらず、大方の予想に反して

例 j ： ＮＹ へ（の）、標的へ（の）、その家へ（の）、南へ（の）

例 k ： 富士山に続いて（く）、その学生の次の（に）、5の次の数（4か6）

例 l ： この線から先の、この基準から先の、この線から先へは立ち入り禁止

例 m ： 信用状の他に、これの他に、親戚の他に

● 　 E で始まる修飾詞（1類の修飾詞のみ示す。語尾に L を付けると直ちに2類の修飾詞になる）

修飾詞	読み方	意味	対応する英語	使い方、例
EA	エア	～の時の、～の時に	at	例 a（当表の下に示す）
EB	エブ	～には、～するには（動名詞と組む）	to 不定詞。 -- as ～	例 b
EC	エツ	～するほどの、～する程に、～をもたらす程の、程に	to 不定詞	例 c

ED	エドゥ	〜のための、のために、を求めて	for	例 d
EE	エー	〜を相手の、〜を相手に	with	例 e
EF	エフ	もし 〜 ならば	if	例 f
EG	エグ	もし 〜 ならば	if and only if = iff	
EI	エイ	〜ごとに、〜の度に	every 〜。 （助詞の GO- と同意）	
EJ	エジュ	〜の行為と共に、〜中に、〜中の	as 〜、in 〜	例 g
EK	エク	〜と仮定しての、〜と仮定して	suppose 〜	例 h
EL	エル	〜する限り、〜でさえあれば	as long as, so long as	例 i
EM	エム	あたかも 〜 のような（のように） （注）よく似てるが本質は違う。偽装	as if	例 j
EN	エヌ	たとえ 〜 でも	even if	例 k
EO	エオ	〜にあたる、〜に対応する	for, to	例 l
EP	エプ	〜に応えて（の）、〜に反応して	reply to	例 m
ERP	エルプ	〜と別に、〜に関係無く	regardless of	例 n
ES	エス	〜へ行く途中の、〜への途中で	on the way to	例 o
ET	エトゥ	〜を棚上げした、して、脇に置いて	putting it side	例 p
EU	エウ	〜に沿った、に沿って、に順じて	in accordance with	例 q
EX	エシュ	〜のもとで	under	例 r
EY	エユ	〜を含めた、〜を含めて	including	

EZ	エズ	〜の場合の、〜の場合に	in case/in the case of	例 s

例 a： 卒業時の、七五三（祝い）の時に、5月5日の（に）、当日の（に）
（注）期間は、修飾詞ではなく副詞で 〜 KAn と表す。例えば、「私は2時間働いた」は、1、2類共に SE 2 XI KAn 働く-T となる。2 XI KAn は副詞だから、1、2類共に動詞の前に置く（副詞には多少自由度があるが）。

例 b： 結婚には若過ぎる、申請には遅過ぎる。結婚するには、や 申請するには、のように動詞表現にする場
合は、動詞と結び付く修飾詞 BI を使う。

例 c： 泣くほどの悲劇、泣くほど悲しい、蒸発するほどの熱さ、蒸発するほどに熱く、〜を引き起こすほどの。多くの場合、名詞と結び付けるよりも動名詞（特に自動詞の）と結び付ける方がなめらかになる。

例 d： 事故防止のための、正義を求めて、金を求めて、母を求めて三千里、仕事の完成を目指して

例 e： 米国を相手に条約を結ぶ、彼女と（に）約束する、スミス氏との取引、A国はB国に対して降服した

例 f： もし成功なら、もし彼なら、もし黄色なら
（注）形容詞＋名詞で、名詞が省略される場合は、EF（EFL）が形容詞と結び付くことになる（例：もし晴れの天気なら ＝ EFL fine weather から weather が落ちて EFL fine となる）。

例 g： 私は Aを構想中に Bを思いついた。掃除中に、睡眠中に

例 h： 動物と仮定して、詐欺と仮定して、Aと仮定して

例 i： 休み時間である限り、整数の限り、会員である限り

例 j： あたかも新発見のような（に）、あたかも革命のような（に）

例 k： たとえ野菜だとしても、たとえ妹だとしても、たとえ習慣としても

例 l： にんじんに相当する野菜、彼に相当する人物、「俯瞰」に相当する英単語は

例 m： 貴信に応えて、熱に反応して（する）、要請に応じて（応えて）

例 n： 第一条件とは別に、その規則とは関係なく、彼とは別に、事件とは関わりなく

例 o： サンフランシスコへ行く途中で（の）、改革の途中で

例 p： 彼の抗議を棚上げして、その問題を脇に置いて、完全性の証明を脇に

置いて
例 q： この柵に沿って、この定理に従って、村の慣習に従って
例 r： 新学部長のリーダーシップのもとで、刑務官の監視のもとで、その政
　　　治体制のもとで
例 s： 危機の場合の（に）、彼の場合には、右回りの場合に、自由業の場合
　　　には

★　機能強化された三つの修飾詞

仮定の EF／EFL （もし）、EG／EGL （もし）、譲歩の EN／ENL
（〜としても）

これ等は、仮定文や譲歩文を作る上で非常に有用なので、機能を強化して名詞
（代名詞、動名詞）だけでなく、動詞 や 形容詞 や 副詞 とも結合して修飾
句を形成できるものとします。そして、主語を省略しても意味が解る場合は主
語を省略して構わない。先ず、EF／EFL （もし） から見ていこう。

ME　EF　（2類は EFL ME）　...　　もしあなたなら
>>>　修飾詞 EF (EFL) は代名詞 ME と結合している。
ITU　EF　（EFL ITU）　　...　　もし行くなら
（ITU イトゥー ＝ 行く）　>>>　EF は動詞 ITU と結合。
EILO　EF　（EFL EILO）　...　　もし黄色なら
（EILO ＝ 黄色）　>>>　EF は形容詞 EILO と結合。
SOW　EF　（EFL SOW）　　...　　もしそうなら
（SOW ＝ そう、英語の so）　>>>　EF は副詞 SOW と結合。

【注】今回、EF/EFL の機能強化が図られたのに伴い、昔の助詞 FRE は廃止し
ます。又、機能強化された修飾詞 EF/EFL と、動詞と結び付く修飾詞 FI/FIL
とは部分的に機能重複しますが、害になるわけでもないので FI/FIL をそのま
ま残しましょう。

EG／EGL （もし）は排他的 i f （即ち英語の iff）だが、日本語に訳す
と上述の EF／FFL と同じ表現になってしまうことが多い。
ME　EG（2類は EGL ME）　...　　もしあなたなら（その場合のみ）
ITU　EG　（EGL ITU）　...　　もし行くなら（同上）

EILO EG （EGL EILO）　　 . . . 　 もし黄色なら（同上）
SOW EG （EGL SOW）　　　 . . . 　 もしそうなら（同上）

EN／ENL （〜 としても）は譲歩。
InPRIMAA EN （2類は ENL InPRIMAA） . . . 　犯人だとしても
 （InPRIMAA ＝ 犯人）　 >>> 　 EN は名詞 InPRIMAA と結合している。
 I TU　EN （ENL ITU） . . . 　 行くとしても 　（ITU ＝ 行く）
>>> 　 EN は動詞と結合。
IAANAL EN （ENL IAANAL） b . . . 　 無罪だとしても（IAANAL ＝ 無罪）
>>>> 　 EN は形容詞と結合。
SOW EN （ENL SOW） . . . 　 そうだとしても（SOW ＝ そう）
>>>> 　 副詞と結合

【注】譲歩表現は非常に多様で、ここに紹介した EN/ENL　だけでは表現し切
れないので、譲歩助詞として、別に JRA ジュラ、HRA フラ、CRA
ツラ を用意して完璧を期しています。

EN／ENL　については以下の例文も見ておこう。

例文：　 行くとしても、私は試験の後に行きたい。

1類：ITU EN、SE IXEL AF ITU ＜ IYUS。
　　　 イトゥー エヌ、 セ イシェル アフ イトゥー ン イユース
2類：ENL ITU, SE IYUS ＞ ITU AFL IXEL.
　　　 エヌル イトゥー, セ イユース ン イトゥー アフル イシェル

（注）IXEL ＝ 試験、AF/AFL ＝ after、IYUS ＝ want、ITU ＜ IYUS ＝ 行きたい
　　　 （行く ＜ 〜したい）。条件文の主語（私、SE）は省略されている。

例文：　 そうだとしても、彼は疑いなく有罪だ。

1類：　 SOW EN、MAFE IHK UC EUUGIL RI。
2類：　 ENL SOW, MAFE RI EUUGIL UCL IHK.

（注）SOW ＝ そう（so）、MAFE ＝ He、IHK ＝ 疑い、UC/UCL ＝ 〜なしに

(without)、EUUGIL = guilty。結論文は SCV で時制も現在なので RI は省略可だが、ここでは条件文が付いていて単純な文とまでは言い切れないので、安全のために省略しない方が良いだろう。条件文の主語（彼、he）は省略されている。

１５－２　動詞と結合する修飾詞　6語

ＢＩ ビ、ＣＩ ツィ、ＤＩ ディ、ＦＩ フィ、ＧＩ ギ、ＪＩ ジ。　２類は、ＢＩＬ ビル、ＣＩＬ ツィル、ＤＩＬ デイル、ＦＩＬ フィル、ＧＩＬ ギル、ＪＩＬ ジル。

【注】動詞 と結合する修飾詞 BI（２類は BIL）、CI（CIL）、DI（DIL）は、平成24年から加えられたもので、英語のｔｏ不定詞 や ａｓ のような使い方をする。平28. 09. 01 には、更に、FI（FIL）、JI（JIL）が追加され、動詞と結び付く修飾詞は、BI、CI、DI、FI、JI の５語となった（名詞と結び付く修飾詞 EJ も新たに追加された）。更に、FI の姉妹語とも言うべき GI も追加されて合計６語となった。そして今回令和５年(2023) の新版では **BI** と **CI** の意味を**交換**した（**Version 3.2**）。交換した理由は、使用頻度が高い「～するには、～するのは」という表現には、発音し易いBI（BIL）を充てて、使用頻度が低い「～する程」には、やや発音し難い CI（CIL）を充てる方が親切と考えたからです。CI（ツィ）という音はドイツ人等は何でもないが、他の多くの国の人々には（日本人も勿論）口の緊張が求められる音です。

【注】形容詞が名詞や代名詞を修飾したり、副詞が動名詞を修飾する場合で、名詞や代名詞や動名詞が省略されて、形容詞や副詞だけが残っている場合が稀にある。この場合は、修飾詞は見掛け上、形容詞や副詞と一組になる。即ち、名詞や代名詞や動名詞は姿が見えなくなっていて、１類は、形容詞 ＋ 修飾詞 という形になり、２類は、修飾詞 ＋ 形容詞　という形になることがある（この点は、今は気にしなくても大丈夫）。再述になるが、名詞（代名詞）と結び付いて修飾句を作る場合も、動詞と結合して修飾句を作る場合も、１類と ２類 では修飾詞の位置が **逆** になる。

これ等の修飾句（即ち、形容詞句 か 副詞句）は、１類の場合、前から後ろに続く被修飾語を修飾し、２類は、後ろから前にある被修飾語を修飾する。副詞句は、動詞、形容詞、副詞を修飾するが、文全体を修飾することもある。

修飾句の形も働き方も、名詞と結び付く修飾詞と同じ。即ち、修飾句の形は、

1類 ： 動詞 ＋ 動詞と結び付く修飾詞
2類 ： 動詞と結び付く修飾詞 ＋ 動詞

被修飾語まで含めた形は以下となる。 （修飾句に<u>下線</u>、被修飾語を**太字**で）

1類 ： <u>動詞 ＋ 動詞と結び付く修飾詞</u> ＋ **被修飾語**
2類 ： **被修飾語** ＋ <u>動詞と結び付く修飾詞 ＋ 動詞</u>

動詞と結合する修飾詞 を下表に示す。

動詞と結合する 修飾詞	用法	訳し方	使い方
Ｂ Ｉ （2類は BIL）	副詞用法のみ	〜するには 〜するのは 〜して	動作の適否や善悪や快不快を表す。英語の to 不定詞 too young to marry。 nice to meet (you)。英語の to 不定詞
Ｃ Ｉ （CIL）	形容詞用法 副詞用法	〜する程の 〜する程に	実例を挙げて状況・性質を説明。英語の as --- as to do 〜 〜する程 ---
Ｄ Ｉ （DIL）	副詞用法 形容詞用法	〜するために 〜するための	目的を表す。英語の to 不定詞（to do）や in order to do
Ｆ Ｉ （FIL）	副詞用法 形容詞用法	もし〜するなら もし〜ならばの	英語の if。行く ＋ FI （行くなら、2類は FIL + go = if go）
Ｇ Ｉ （GIL）	副詞用法 形容詞用法	もし〜するなら もし〜ならばの	排他的に仮定する。論理学の IFF （= only if）。日本語の「もし」は FI より GI に近い
Ｊ Ｉ （JIL）	副詞用法 形容詞用法	〜しながら 〜しつつ	複数の動作を並べる。as, while. 歩きながら考える、眠りつつ他界する

【注】ＢＩ ビ（２類は ＢＩＬ）は副詞用法のみ。「～するには」と訳すが、や「～するのは」や「～して」の方が良い場合もある。動詞と結合する修飾詞 ＦＩ（ＦＩＬ）は、名詞と結合する修飾詞 ＥＦ（ＥＦＬ）が動詞とも結び付くように機能強化されたことにより、役割が一部重なるが、双方共存しても害は無いので残すことにする。私（水田）は ＢＣＤＦＧＪ を 仏陀富士（ブツダフジ）と語呂合わせして覚えました。但し、これだと ＧＩ が抜けるが、ＧＩ は ＦＩ の兄弟のようなものなので、声に出さなくても一緒に覚えられるでしょう。ＧＩ を落としたくないなら、ブツダフグジ と覚えることになります（語呂合わせが難しい）。意味については 「 に、ほ、ため、なら、（なら）、し 」なんて如何でしょう（苦しくて済みません！）。

ブ	ツ	ダ	フ	グ	ジ
ＢＩ	ＣＩ	ＤＩ	ＦＩ	ＧＩ	ＪＩ
する**には**、	する**ほどの**、	する**ため**、	する**なら**、	する**なら**、	し**ながら**

【注】修飾詞と結合する動詞は、現在時制だけでなく、過去、未来、進行、態、及びこれ等の組み合わせも可能。

ＢＩ から順に見て行こう。

● **ＢＩ ビ**

ＢＩ ビ（２類は ＢＩＬ ビル）には **副使的用法** しかない。ある動作や行動の 適不適、快不快、善悪、可否 について述べるときの言い方で、日本語では、「～するには －－ 」、「～するのは －－ 」、「～して －－ 」という言い方になることが多い。語順は以下のようになる（見易いように、修飾句に下線を引き、被修飾語を太字で示す）。

１類：　<u>動詞 ＋ ＢＩ</u> ＋ **被修飾語**（形容詞、副詞）

２類：　**被修飾語**（形容詞、副詞） ＋ <u>ＢＩＬ ＋ 動詞</u>

ＢＩ と動詞を組合わせて作られる副詞句の守備範囲は広い。動詞＋ＢＩ（２類は、ＢＩＬ＋動詞）で表される行動や動作の 適不適、好き嫌い、可否 等を、すぐ隣に置かれる形容詞や副詞で示す。この構造だけ（文全体ではなく）を 見ると、<u>動詞＋ＢＩ</u> は副詞句というより名詞句のよう、つまり、動詞＋ＢＩ が 主語 で **被修飾語** となる形容詞や副詞が 補語 のような感じがする

244

かも知れないが、文全体をみると副詞句であると分かる。尚、動詞＋ＢＩ を動名詞を使って表すこともできるが、ＢＩ（ＢＩＬ）の方が文が滑らかになることが多い。例文を見ていこう。

例： 　<u>申請するには**早い**</u>

１類： 　<u>申請する　ＢＩ</u>　**早い**
２類： 　**early**　<u>BIL apply</u>　（英語の　early　to　apply）

（注）申請する、という動詞の代わりに、申請（application）という名詞を使えば、１５章で学んだ「名詞と結び付く修飾詞 EB エブ（EBL）」を使って、

１類： 　<u>申請　ＥＢ</u>　早い
２類： 　**ｅａｒｌｙ**　<u>ＥＢＬ　ａｐｐｌｉｃａｔｉｏｎ</u>　　と書くことも可。

例： 　<u>申請するには**早過ぎる**</u>　　　（注）未だ申請する時期ではない、の意。

１類： 　<u>申請する ＢＩ</u>　**TU**　**早い**
２類： 　**TU** **early**　<u>BIL apply</u>　（too　early　to　apply）

（注）ＴＵ トゥー は「〜過ぎ」で英語の　ｔｏｏ に相当。ＴＵ の代わりに、比較で学んだ　ＦＡＡ や ＦＡＳＴ も可。又、上例は名詞と結び付く修飾詞 EB/EBL（〜には）を使ってもよい（申請する、を申請という名詞に変える）。

１類： 　<u>申請　ＥＢ</u>　**TU**　**早い**　　. . .　　申請には早過ぎる
２類： 　**TU** **ｅａｒｌｙ**　<u>ＥＢＬ　ａｐｐｌｉｃａｔｉｏｎ</u>

例： 　<u>申請するには遅い</u>

１類： 　<u>申請する　ＢＩ</u>　**遅い**
２類： 　**ｌａｔｅ**　<u>ＢＩＬ ａｐｐｌｙ</u>　　（ｌａｔｅ　ｔｏ　ａｐｐｌｙ）

例； 　<u>申請するには遅過ぎる</u>

１類： 　<u>申請する ＢＩ</u>　**TU**　**遅い**
２類： 　**TU** **late**　<u>BIL apply</u>　（too　late　to　apply）

例：　　結婚するには<u>良い年齢</u>だ

1類：　　<u>結婚する　BI</u>　良い　年だ
2類：　　**good　age**　<u>BIL marry</u>　　　（good　age　to　marry）

例：　　結婚するには<u>十分な年齢</u>だ

1類：　　<u>結婚する　BI</u>　十分な年齢だ
2類：　　**old　enough**　<u>BIL marry</u>　　　（old　enough　to　marry）

例文：　　この問題は<u>解くには難しい</u>。　　　（注）＝難しくて解けない。

1類：　　ＴＯ　問題－Ｗ　<u>解く BI</u>　**難しい**　（ＲＩ）。
2類：　　ＴＯ　question-W　（ＲＩ）　**hard**　<u>BIL solve</u>.
　　　　　（This question is hard to solve.）

（注）「難し過ぎる」なら ＴＵ トゥー を「難しい」の前に置いて、「ＴＵ
難しい」とする。「ＴＵ　難しい」は、１００％不可能という意味になる。
「ＳＯＯ　難しい」は大変難しいが、１００％不可能とまでは言えない場合
で、例文のように単なる「難しい」だと ＳＯＯ より更に幾分か緩くなる。
ＴＯ ト は指示形容詞で「この」（英語の this）。

例文：　　彼人達（かのひとたち）が<u>結婚するには若過ぎる</u>（例えば１２歳　と
　　　　　１０歳）。　They are too young to marry.

1類：　　ＦＥＮ　<u>結婚する BI</u>　**ＴＵ 若い**　（ＲＩ）　。
2類：　　ＦＥＮ　（ＲＩ）　**ＴＵ young**　<u>BIL marry</u>.

（注）「グスタフは、カーリンと結婚するには、若過ぎる」のように、動詞が目
的語を伴う場合は以下のようになる。

1類：　グスタフ－Ｗ　カーリン－Ｌ　<u>結婚する BI</u>　**ＴＵ 若い**　（RI）。
2類：　Ｇｕｓｔａｖ－Ｗ　（ＲＩ）　**ＴＵ young**　<u>BIL marry</u>
　　　　Ｋａｒｉｎ－Ｌ.　　（Gustav is too young to marry Karin.）

参考までに、以下の文は professor という主語の他に SEN という別の主語があるので、修飾詞 BI では間に合わず（表現しきれず）、節理詞 EEC エーツを使って以下のように書くことになる。

例文：　教授は、私達が理解するには、あまりに速く話した（教授の話し方が速すぎて、私達は理解できなかった）。

1類：　Professor-W　(PA)　SEN　理解する　EEC　**TU**　**速く**　話した。
2類：　Professor-W　speak-T　**TU**　**quickly**　EECL　SEN　understand.

（注）EEC　は「〜するには．．．」の意の節理詞。2類は EECL エーツル。副詞は動詞の前に置かれる、という原則からすると、2類の TU　quickly は EECL 以下の副詞節から切り離されて、speak-T の前に置かれる筈だが、TU quickly　EECL　SEN　understand　が一体（修飾節）となって speak-T を修飾しているので、切り離さずに上の例文のように書きました。

以下のような**日常生活で頻繁に登場する表現**にも BI（BIL）を使える。

例：　<u>お会いして**素敵**</u>　（お会いするのは素敵）
　　　（Nice to meet！/ Good to see！）

1類：　<u>会う　BI</u>　**素敵**
2類：　**Nice** <u>BIL</u> **meet.**　　（ｎｉｃｅ　ｔｏ　ｍｅｅｔ）

（注）この例のように、句構造（動詞＋BI、2類は BIL＋動詞）　だけを見ると、「<u>会う　BI</u>」は副詞句というより名詞句のような感じに、即ち、「会う」が主語で、「素敵」が補語のような感じになる。

（注）以前に学んだ動名詞を使えば以下のようになる（「会う－M」が主語、「素敵」が補語、「RI」が動詞）。

　　　1類：　会う－M－W　素敵　（RI）。　　（会うことは素敵）
　　　2類：　Ｍｅｅｔ－Ｍ－Ｗ　（RI）　ｎｉｃｅ．

混乱の心配がなければ、会話やポスターでは以下のように、－M－W と RI を省略しても良い。

1類：　会う－M　素敵　　　　　　　（会うことって素敵）
　　　2類：　Ｍｅｅｔ－Ｍ　ｎｉｃｅ

しかし、－M－W　と　RI　が省略されていることを理解しないと、「形容詞は名詞の前に来る」というノシロ文法はどうなってしまうのだろうという気持ちになるので、以下の方が無難そうに思えるが、

　　　1類：　素敵な　会う－M　　　　　　（素敵な会うこと）
　　　2類：　Ｎｉｃｅ　Ｍｅｅｔ－Ｍ

これにしても、今度は、動名詞にする必要はなく、単なる名詞（出会い、英語は meeting）で良いのでは、ということになるので（但し、名詞にすると動的な感じが弱くなる）、この種の文は動名詞を使うより最初に書いた BI（BIL）を使う方が安心なのではないか。

例：　　あなたに<u>お会いして</u>（お会いするのは、お会いできて）**素敵**
　　　　（**Nice** <u>to meet</u> you！/ **Good** <u>to see</u> you！）

1類：　ＭＥ－Ｏ　　会う　ＢＩ　　**素敵**
2類：　**Ｎｉｃｅ**　<u>ＢＩＬ　ｍｅｅｔ</u>　ＭＥ－Ｏ

（注）英語なら、Nice to meet you. という定番の挨拶表現で、形容詞＋ｔｏ不定詞　の型。動名詞を使えば以下のようになるが、2類の文も 1類と同様に滑らかにするには、上例のように BI（BIL）で表現する方が楽だと思う。

　　　1類：　ＭＥ－Ｏ　会う－Ｍ－Ｗ　素敵　（RI）。
　　　2類：　Ｍｅｅｔ－Ｍ－Ｗ　ＭＥ－Ｏ　（RI）　ｎｉｃｅ.

例文：　　私はあなたに<u>お会いして</u>嬉しいです。　　（I am glad to see you.）

1類：　ＳＥ　ＭＥ－Ｏ　<u>会う　ＢＩ</u>　嬉しい　（RI）。
2類：　ＳＥ　（RI）　**ｇｌａｄ**　<u>ＢＩＬ　ｓｅｅ</u>　ＭＥ－Ｏ.

（注）このように　動詞＋ＢＩ（2類は、ＢＩＬ＋動詞）が文の中に収まっていると、副詞句らしくなる、即ち、<u>会う　ＢＩ</u>　嬉しい、だけを見ると、主語

と補語のセットのような感じがしてしまうが、上のように文中に収まると、あくまで 副詞句（条件／条件設定）であることが分かる。

（注）動名詞を使って表す場合は、以下のように、名詞（代名詞、動名詞）と結び付く修飾詞 UE ウエ（UEL）が必要になる。UE は喜怒哀楽の原因を示す修飾詞。ID イドゥ（IDL）も可。

1類：　SE　ME－O　会う－M　UE　**嬉しい**　（RI）。
　　　　（私はあなたに会うことで（会うことが原因で）嬉しい）
2類：　SE　（RI）　glad　UEL　see－M　ME－O.

例：　　聞いて**悲しい**ニュース　（聞くには悲しい）
　　　　(Sad (Sorry) to hear the news !)

1類：　聞く　BI　**悲しい**　ニュース
2類：　**Sad news　BIL hear**

（注）「聞いて」（聞くには）は、「悲しい」を修飾しているが、「悲しいニュース」を一まとめにして考えてもよい。

例文：　私はそのニュースを聞いて**残念**です。
　　　　(I am sorry to hear that news.)

1類：　SE　BOI　ニュース－O　聞く　BI　**残念**　(RI)。
2類：　SE　(RI)　**sorry　BIL hear**　BOI　news-O.

（注）このように BI と動詞の組み合わせが文の中で使われると副詞句らしくなる。

（注）動名詞を使うと以下のように UE（UEL）が必要になる。UE は喜怒哀楽の原因を表す修飾詞で、動詞ではなく名詞（代名詞、動名詞）と結び付く。UE（UEL）の代わりに修飾詞 ID（IDL）も可。RI は省略可だが、内容的に重い文章だし、特に短い文でもないので省略しなくてもよい。

1類：　SE　BOI　ニュース－O　聞く－M　UE　**残念**　（RI）。
2類：　SE　(RI)　**sorry**　UEL hear-M　BOI　news.

例文： 私はそのニュースを<u>聞いて</u>**嬉しい**です。
　　　（I am happy to hear that news.）

1類： SE　BOI　ニュース－O　<u>聞く　BI</u>　**嬉しい**　RI。
2類： SE　RI　**happy**　<u>BIL　hear</u>　BOI　news-0.

例文： 私は推薦状を喜んで書きます。

英語では、 I'm glad to write a recommendation. が普通だろうが、ノシロ語では以下のように 助動詞 GILE ギレ か、副詞 APLELI （どちらも、喜んで ～ の意）を使うのが一番簡単（ノシロでは「副詞は動詞の直前に」が原則だが、副詞の位置についてはノシロ語といえども多少の自由度はある）。尚、BI（BIL）を使って書くこともできる（以下の3番目）。

1類： SE　推薦状－O　GILE　書く。　（私は推薦状を喜んで書く）
2類： SE　GILE　write　recommendation-O.

1類：SE　推薦状－O　APLELI　書く。（私は推薦状を喜んで書く）
2類：SE　APLELI　write　recommendation-O.

1類： SE　推薦状－O　<u>書く　BI</u>　**嬉しい**　RI。
　　　（私は推薦状を書くのは嬉しい）
2類： SE　RI　**glad**　<u>BIL　write</u>　recommendation-O.
　　　（I am glad to write a recommendation.）

（注）再述しますが、ノシロには冠詞（英語の a, an, the）は無い。又、数量を示す必要があるときは、数詞の 1, 2, 3, 4 … や SOM ソム（some），PLU プルー（plural），MUQ ムーチュ（many／much）等を名詞の前に置きます。

● CI ツィ

CI ツィ（2類は、CIL ツィル）には 形容詞的用法 と 副使的用法があり、語順は以下のようになる。

1類： <u>動詞　＋　CI</u>　＋　**被修飾語**（名詞、形容詞、副詞）
2類： **被修飾語**（名詞、形容詞、副詞）　＋　<u>CIL　＋　動詞</u>

（注）ツ や ツィル という音はドイツ人等は何でもないが、日本人には難しいかも知れない（特に文中で）。その場合、初めのうちは ツ や ツル で代用発音し、慣れて来たら、ツィ や ツィル に戻しても良いと思う。

ＣＩ の形容詞的用法 「〜するほどの」

例文： それは泣くほどの**事件**ですか ？

1類： ？ ＴＥ 泣く ＣＩ **事件** （ＲＩ）。
2類： ？ ＴＥ （ＲＩ） **ｉｎｃｉｄｅｎｔ** ＣＩＬ ｃｒｙ.

（注）事件の深刻さを具体的に（泣くほどの、泣くような）説明している。
泣くは自動詞だから目的語を取らない。

ＣＩ の副使的用法 「〜するほどに」

注） 英語の、 ｓｏ 形容詞（副詞） ａｓ ｔｏ ｄｏ

例文： 彼は二人の孤児を助ける程に**親切**だった。

1類： ＭＡＦＥ ２ 孤児－Ｌ 助ける ＣＩ **親切** ＲＩ－Ｔ。
2類： ＭＡＦＥ ＲＩ－Ｔ **ｋｉｎｄ** ＣＩＬ ｈｅｌｐ ２ ｏｒｐｈａｎ－Ｌ.

（注）どのように親切かを具体的に（孤児を助けるほど）説明している。ＭＡＦＥ
は人称代名詞で「彼は」。人称代名詞と疑問詞の主格には －Ｗ は付けない。
「孤児」は修飾句（副詞句）中の目的語なので、－Ｏ オ ではなく －Ｌ オル
を付ける。

例文： この問題は簡単に「優」（Ａ グレード）を得る程に**易**しい。

1類： ＴＯ 問題－Ｗ 簡単に 優－Ｌ 得る ＣＩ **易**しい ＲＩ。
2類： ＴＯ ｑｕｅｓｔｉｏｎ-Ｗ ＲＩ **ｅａｓｙ** ＣＩＬ ｇｅｔ Ａ－Ｌ ｅａｓｉｌｙ.

（注）ＴＯ は 「この」。「優」は副詞句の中の目的語なので －Ｏ オ ではなく、－Ｌ オル を付ける。もし例文に「この問題は **皆** が優を得るほどに易

しい」のように、**問題** とは異なる主語が明示されていたら、修飾詞では無理なので、以下の如く節理詞 ＥＥＢ エーブ（２類は ＥＥＢＬ 。～ するほど）を使う。節理詞については次章で学びます。

```
１類 ： ＴＯ 問題-W （PA） 皆-W 優-L 得る ＥＥＢ 易しい （RI）。
２類 ： ＴＯ question-W （RI） easy ＥＥＢＬ ＯＯＬ-W get A-L.
```

（注）ＯＯＬ [o:l] は、「全て（名詞）、全ての（形容詞）」で、英語の all。名、形、同形だが、形容詞であることを明示したい場合は、変換助詞 ＮＡ を付けて ＯＯＬＮＡ とする。「優」は ＥＥＢ に導かれる修飾節（副詞節）中の目的語なので -L が付く。-L は ル ではなく オル と読む（－ＯＬ と書いても、-L と書いても発音は オル）。

● ＤＩ ディ

ＤＩ ディ（２類は ＤＩＬ ディル）は、恐らく ＢＩ や ＣＩ よりも頻繁に使われるだろう。ＤＩ（ＤＩＬ）には 形容詞的用法 と 副詞的用法 がある。「切る」（切断する）という意の動作動詞 ＤＵＦ ドゥーフ [f] を例にして変化を見よう（過去形が使われることは殆どないと思う）。

【注】英語の ｔｏ不定詞 を習った時、「こと（名詞用法）」、「ため（形容詞用法、副詞用法）」、「べき（形容詞用法）」と暗記したと思いますが、この ＤＩ（ＤＩＬ）はその中の「～するための、～するために」に当たる。

	過去	現在	未来
基本形	１類： DUF-T DI 過去に切るための 過去に切るために ２類： DIL DUF-T	１類： DUF-DI 切るための 切るために ２類： DIL DUF	１類： DUF-R DI 将来切るための 将来切るために ２類： DIL DUF-R
進行形	１類： DUF-TIn DI ２類： DIL DUF-TIn	１類： DUF-In DI 切っているための 切っているために ２類： DIL DUF-In	１類： DUF-RIn DI 将来切っているための 将来切っているために ２類： DIL DUF-RIn
受動態	１類： DUF-TZE DI ２類： DIL DUF-TZE	１類： DUF-ZE DI 切られるための	１類： DUF-RZE DI 将来切られるための

		切られるために 2類：DIL DUF-ZE	将来切られるために 2類: DIL DUF-RZE
進行 ・受動態	1類：DUF-TInZE DI 2類：DIL DUF-TInZE	1類：DUF-InZE DI 切られているための 切られているために 2類: DIL DUF-InZE	1類：DUF-RInZE DI 将来切られているための 将来切られているために 2類: DIL DUF-RInZE

【注】現在形（＝基本形）は、英語の to-不定詞 の定番に当たる。DUF は切断する、DUK だと切断しない場合の動詞。 だから木の枝を切る、という場合は大抵 DUF だが、料理中に誤って自分の指を軽く切ったという場合は DUK になる。DUF の F の発音は [f] だが、フ としておく（日本語に [f] 音はない）。

DI の形容詞的用法

「〜するための」（目的、用途、予定、方法）、「〜すべき」。

< 動詞が目的語や補語を伴わない場合 >

例文： これは 切るための 道具です。 （修飾句に下線、被修飾語を太字で）

1類： TO-W DUF DI 道具 （RI）。
2類： TO-W （RI） tool DIL DUF.

(注) TO ト は指示代名詞「これ」。「この」という形容詞にもなる。複数形は TON トヌ。RI は省略可。この例文の「道具」を使うのは、私達のような普通の人である。もし道具を使う人を明示する必要がある場合、例えば「これは父が木を切るための道具です」なら、形容詞節を導く節理詞 EEF （Ky よりも EEF の方が良い）を使って以下のように書く。尚、EEF は、修飾詞 EF 由来の節理詞だから、2類の節理詞は語尾の L を引き継ぐ（詳しくは、次章「節理詞」で学ぶ）。

1類： TO-W 父-W tree-O DUF EEF 道具 （RI）。
2類： TO-W （RI） tool EEFL father-W cut tree-O.

例文： 学校 へ 行く （べき、ための） 時刻だ。

1類：　<u>学校　ＵＴ　　行く　ＤＩ</u>　**ＡＨＳＡ**　　（ＲＩ）。
2類：　（ＲＩ）　**ＡＨＳＡ**　<u>ＤＩＬ　go　　ＵＴＬ　　school</u>.

（注）被修飾語　ＡＨＳＡ　アフサ　は「時刻」（時間なら　ＡＨＴＡ）。ＵＴ　（2類は　ＵＴＬ）は　修飾詞「どこそこへ」。ノシロ語には、英語の仮主語　Ｉt　のようなものは無いので、天候や時間を表す文は無主語になる。天候は、時間は、という主語を頭の中で唱えて、主語以外の部分だけ書いたり、話したりするのである。本例は、「学校へ」　という副詞句が　動詞　「行く」　を修飾し、「行くべき」という形容詞句が　名詞「時刻」を修飾している。尚、節理詞　**ＥＥＡ**（Ｋy　も使えるが　ＥＥＡ　の方が良い。2類では　ＥＥＡＬ）を使えば以下のようになる（英語では　Ｉt　を書き出すが、ノシロ語では一々書き出さず（天候も同じ）、頭の中で「人々は（が）」とか「あなたは（が）」或いは「時刻は」と唱えるだけである。書き出さないと意味不明になってしまう場合は勿論書き出す。

1類：<u>（人々－Ｗ）　学校　ＵＴ　行く　ＥＥＡ</u>　**ＡＨＳＡ**　　（ＲＩ）。
2類：（ＲＩ）　**ＡＨＳＡ**　<u>ＥＥＡＬ　（people-Ｗ）　go　ＵＴＬ　school</u>.

<　　動詞が目的語や補語を伴う場合　　＞

例文：　　これ等は血液を　<u>テストするための</u>　**機器**　です。

1類：　ＴＯＮ－Ｗ　血液－Ｌ　<u>テストする　ＤＩ</u>　**機器**　　（ＲＩ）。
2類：　ＴＯＮ－Ｗ　（ＲＩ）　equipment　<u>ＤＩＬ　test</u>　blood-Ｌ.

（注）テストする、という動詞が　血液－Ｌ　という目的語をとる。血液－Ｌ　は修飾句（形容詞句）中の目的語だから　－Ｏ　ではなく　－Ｌ　が付く。形容詞句なので、1類は前から被修飾語の　**機器**　を、2類では後から　equipment　を修飾する。1類は、「目的語　＋　動詞　＋　修飾詞　＋　被修飾語 」で、 2類は、「被修飾語　＋　修飾詞　＋　動詞　＋　目的語 」という語順になる。TON トヌは　TO ト　の複数形（N ヌ　を付けると複数形になる）で英語なら　these。

ＤＩ　の副詞的用法　　　「～するために」

目的や狙いを示す「～するために」や「～しないために」という表現は日常生活で頻繁に使う。英語にも、　ｔo不定詞　だけでなく in order to　といろい

ろある。例文を見ていこう。

＜　動詞が目的語や補語を伴わない場合　＞

例文：　私達は 生きるために　働く。

1類：　SEN　ASLIS DI　働く。　　　　セヌ　アスリス　ディ　ハタラク
2類：　SEN　work　DIL ASLIS.　　　セヌ　ワーク　ディル　アスリス

例文：　転ばないように用心してなさい。

1類：　YO　NAI　転ぶ DI　用心深い　RI。
2類：　YO　RI　careful　DIL NAI fall-down.

（注）命令文なので、YO の後に、ME（あなたは）が省略されている。

＜　動詞が目的語や補語を伴う場合　＞

例文：　私は生活費を 稼ぐ（かせぐ）ために 働く。

1類：　SE　生活費-O　稼ぐ DI　働く。
2類：　SE　work　DIL earn　living-O.

（注）DI（2類は DIL）は動詞「稼ぐ（earn）」と一組になって修飾句
（ここでは副詞句）を作り、「働く」という被修飾語を前から修飾している。
DIL も動詞 earn と一組になり、副詞句を形成して、被修飾語の work を後ろ
から修飾している。living-O は earn の目的語。DIL earn は英語の to 不定
詞の副詞用法（to earn）に相当する。

例文：　彼女は汚職を 証明するために 資料を集めるだろう。

1類：　DAFE　汚職－L　証明する DI　資料－O　集める－R。
2類：　DAFE　gather-R　documents-O　DIL prove　graft-L.

（注）証明するために、は動詞 「集める」 を修飾している。資料を集める、
を一つのまとまりと見て、それを修飾していると考えてもよい。証明するため

に、ではなく、証明するための資料、なら形容詞用法となる。汚職、は修飾句の中の目的語だから　－O　オ　ではなく、　－L　オル　が付く。

例文：　　母は癌に　<u>ならないために</u>　**野菜を食べる**。

1類：　　母－W　癌－L　NAI　かかる　DI　　**野菜－O　食べる**。
2類：　　Mother-W　**have**　**vegetable**-O　<u>DIL　NAI　suffer-from</u>　cancer-L.

（注）「癌」　に　－L　が付くのは、修飾句の中の目的語だから。修飾句や修飾節中の目的語には　－O　ではなく　－L　が付く。「野菜」に　－O　が付くのは、「野菜」が主節中の目的語であるため。野菜を食べる、が被修飾語。

● ＦＩ

先に学んだ名詞と結び付く修飾詞　EF／EFL　が、「もし水泳なら」、「もし開催なら」　のように、名詞と結び付くのに対し、この修飾詞　FI　フィ（FIL　フィル）は動詞と結び付いて、「もし<u>泳ぐ</u>なら」、「もし<u>開催する</u>なら」のように使われる。

条件節（従属節）の主語を省いても意味が完全に分かる場合（条件節の主語と主節の主語が一致している場合）は条件節の主語を省略して、　動詞　＋　FI（2類は、FIL　＋　動詞）として構わない。尚、この　FI　に対応する節理詞は、EEF（EEFL）「もし　〜　なら」である（英語の接続詞　If　）。

例文：　<u>もし泳ぐなら</u>、あなたは水着を持っていくべきだ。

1類：　<u>泳ぐ　FI</u>、　ME　水着－O　GIKI　持っていく。
2類：　ME　GIKI　take　swimsuit-0,　<u>FIL　swim</u>.

（注）条件節の主語　ME　を省略しているので形式上は副詞句である。GIKI　は「〜する方がよい、〜すべき」意の助動詞で、英語なら had better do。助動詞は全て　GI　ギ　で始まる。参考までに、「持って行く」は TUVITU、「持って来る」は TUVITAM。

主語を省略しない場合は、修飾詞　FI　の代わりに、以下のように節理詞

256

EEF（英語の接続詞 If）を使う。

1類： EEF ME 泳ぐ、 ME 水着−O GIKI 持っていく。
2類： ME GIKI take swimsuit-O, EEFL ME swim.

もう一つ例文を見よう。先ず、動詞と結び付く修飾詞 FI（FIL）を使って、短い文を書いてみる。

例文： 花火大会、<u>開かれるなら</u>、私達はそれを見に行くだろう。

1類： 花火大会、 <u>開催する-ZE FI</u>、 SEN TE-O 見る DI 行く-R。
2類： SEN go-R DIL see TE-O, fireworks exhibition, <u>FIL hold-ZE</u>.

（注）この文では、「花火大会」 を主語ではなく副詞扱いし、「開かれるなら」 は文法どおり条件句。-ZE は受け身、-R は未来時制。DI（DIL）は、勉強したばかりの修飾詞で 「〜するために」。「見に行く」は、「見るために行く」だから、DI（DIL）を使う。

「花火大会」を主語とする場合は（それが普通）、以下のように節理詞 EEF（2類は EEFL）を使って書く方が確実・安全である。

例文： <u>花火大会が開かれるなら</u>、私達はそれを見に行くだろう。

1類： <u>花火大会-W 開催する-ZE EEF</u>、 SEN TE-O 見る DI 行く-R。
2類： SEN go-R DIL see TE-O, <u>EEFL fireworks exhibition-W hold-ZE</u>.

● GI

GI ギ （GIL ギル）は上述の FI／FIL の兄弟語で、英語では exclusive if （排他的 if = only if = iff ）と呼ばれるもの。日本語の「もし」は大抵の場合、この GI／GIL の意味ですが、世界では FI／FIL の方が普通なので FI／FIL に慣れておきましょう。

● JI

JI ジ （JIL ジル）は同じ主語が複数の異なる動作を同時に（重ねて）行う場合に使うもので、「～ しながら ――する」という意味になる。 ～しながら、が意味上の副動詞で、――する、が意味上の主動詞となるのが一般的だが、副動詞や主動詞を分けられない場合もあるだろう。 JI は、名詞と結び付く修飾詞 EJ （EJL）に対応する。節理詞では EEJ（EEJL）に対応する。

例文： ラーソン夫人は安らかに 眠りつつ（眠りながら） 永眠された。

1類： 安らかに 眠る JI、 Ds，Lawson－W 永眠する－T。
2類： Ds，Lawson－W pass－away－T，peacefully JIL sleep.

（注）眠る－In としても良い。DS， は女性に付ける敬称で、ダース と読む。ダース ラーソン。男性に付ける敬称は、 MR， で マール と読む。其々、英語の Mr. と Ms. に相当する。

以下のように、名詞と結び付く修飾詞 EJ （EJL）を使っても引き締まった文になるが、「眠り」 は名詞であり動詞ではないので、修飾詞の助けはあるにしても、「眠りつつ」 という進行の印象がやや薄れる。 EJ （EJL）を使う場合の訳文は、「安らかな眠りと共に（眠りの中で）、ラーソン夫人は永眠した」 といったところか。

1類： 安らかな 眠り EJ、 Ds， Lawson－W 永眠する－T。
2類： Ds， Lawson－W pass－away－T， EJL peaceful sleep.

以下のように、接続詞 EEJ （EEJL）を使ってもよいが、同じ主語（DS, Lawson） を二度述べることになり、くどくなる。

1類： Ds,Lawson－W 安らかに 眠る EEJ、 Ds，Lawson－W 永眠する－T。
2類： Ds，Lawson－W pass－away－T， EEJL DS， Lawson－W peacefully sleep.

JI の代わりに以下のように構成詞 OnJ オンジュ を使うこともでき

る（構成詞は次章で学びます）。

1類：　Ｄｓ，ラーソン-Ｗ　安らかに　眠る　ＯｎＪ　永眠する-Ｔ。
2類：　Ｄｓ，Lawson－Ｗ　peacefully　sleep　ＯｎＪ　pass-away-Ｔ.

主語　Ａ　が　　Ｘ　という動作をしながら　Ｙ　という動作をする場合は、
Ｘ　と　Ｙ　を　ＯｎＪ　で繋いで表すことができる。尚、「～　して－－す
る」は、時系列表現（Ａ　が順に　Ｘ　という動作をして、それから　Ｙ
という動作をして、それから　Ｚ　という動作を順にする）なのでベストの
構成詞は　ＯＺｎ　オズン　である。ＯｎＤ　オンドゥ　も時系列表現に使える
が、ＯＺｎ　は時系列（時間的な順序）をはっきりさせたい場合の専用構成詞
である。尚、構成詞は、ＮＯＡ　以外は全て　Ｏ　で始まる。修飾詞や節理詞と
異なり、1、2類で同形である。

結局、主語が同じ場合は、一番最初の例文　（**ＪＩ**　を使う文）と、最後の例
文　（**ＯｎＪ**　を使う文）がベストであり、主語が異なる場合は、節理詞を使
うことになる（節理詞を使う以外にない）。

修飾詞の勉強いよいよ終わりに近づきました。　あとほんの少し！　頑張って
下さいね！

15-3　修飾詞を意味で分類

ノシロ語の修飾詞は一語一意なので、英語の前置詞のように（例えば at ）幾
つかある意味の中のどれなのか迷ってしまうことはありません。　但し、IM
（2類は IML、英語の from ）のような修飾詞は、意味は唯一つ「～から」であ
っても、時（例：1時<u>から</u>3時まで）や、場所（東京<u>から</u>パリへ）や、状況
（悲惨<u>から</u>幸福へ）や、事物（英語<u>から</u>人工言語へ）等いろいろな語と結び付
くので、それに慣れることは必要です。

さて、これまでは、修飾詞を　Ａ、Ｉ、Ｕ、Ｅ　順に並べて来ましたが、最後
に<u>修飾詞の意味分類</u>もしておきましょう。

名詞と結び付く修飾詞の主なもの　を意味分類（1～9まで）してみよう。

1. 時に関するもの

AF	～の後 (after ～)
AI	～までにする (by ～　その期日までに支払う)
AS	～以来 (since ～)　　【注】事件などにも使う。
IC	～の期日まで (till ～ その期日まで続ける)
IM	～から (from ～　スタート、始め)　【注】場所などにも使う。
UO	～の前 (before ～)
URP	～の期間中に (during ～ の期間)
EA	～の時 (at ～)

【注】年月日や時刻を表す言葉があるので、EA/EAL はしばしば省略可。

2. 場所、位置、経路、方向に関する

AK	～を横切って (across)
AO	～の上で (above)
AP	～の向かい側に (opposite)
ARP	～の周りに (around)
AT	～で (at)
AU	～を通り抜けて (through)
IA	～を経由して (via)
IB	～の傍で (by)
IE	～という語の中の (単語を構成する各々の文字を指定する場合に使う)
IK	～の前で (in front of)
IM	～から (from)　【注】時などにも使う。
IN	～の中で (in)
IP	～に並行して (parallel to)
IRP	～の後ろで (behind)
IS	～の外で (outside)
IT	～の中へ (into)　【注】状態などにも使う。
UD	～の下で (under)
UF	～から離れて (off)
UG	～方位角度で (at angle)
UN	～に接して (on ～)

UT　　〜へ（to）　　【注】時などにも使う。
UY　　〜の先の（beyond 〜）　　【注】条件にも使う。
ES　　〜への途中で（on the way to）
ET　　〜を脇に置いて（putting 〜 side）　　【注】条件にも使う。
EU　　〜に沿って（in accordance with 〜）　　【注】条件にも使う。

３．所属、所有

UB　　〜 の --　　（英語の of で、〜' Z -- でもよい。

【注】〜' Z -- は英語の 〜's -- と同じ。

４．仮定、譲歩

EF　　もし〜ならば（普通の if）
EG　　もし〜ならば（排他的 if = iff）
　　　　【注】日本語の「もし〜」は EG であることが多い。
EK　　〜と仮定して（assuming 〜）
EN　　〜だとしても

５．手段（道具や行為者も）

AY　　〜によって（by 〜）

【注】受け身文では常連の修飾詞で、人、道具、事柄に使う

６．とり立て、焦点を当てる

AB　　〜にビて（about 〜）

７．原因、理由、推論

ID　　〜のせいで（because of 〜, due to 〜）
UE　　〜に（驚く、悲しむ、喜ぶ）（at 〜/with 〜）
UP　　〜からすると、〜 から見て（以下の ９．UP　も見よ）

８．比較

AN	〜と比べて（compared with 〜/compared to 〜）

【注】比較文では常連の修飾詞

| IL | 〜に似た、のような、のように（just like 〜） |
| UL | 〜とは異なって、〜に似ずに（unlike 〜） |

９．条件、前提、制約など

AC	〜の代わりの（instead of 〜）
AD	〜に拠れば（according to 〜）
AE	〜を除いた（except for 〜）
AS	〜としての（as 〜、〜としての）
IF	〜に関する限り（as far as 〜 concerned）
IG	〜が上手（good in 〜）
IY	〜に加えて（in addition to 〜）
UA	〜にとって（to 〜）
UC	〜無しの（without 〜）
UP	〜 に基づいて、〜からすると、〜を考慮すると
UZ	〜の他に（besides 〜）
EU	〜に沿った、〜に準じて（in accordance with 〜）
EX	〜の下で（under 〜）
EY	〜を含めて（including 〜）
EZ	〜の場合の、に（in the case of 〜）

１５－４　まとめ　（再び相関表 Ver. 3.2）

ＢＩ、ＣＩ、ＤＩ、ＦＩ、ＧＩ、ＪＩ（２類は、ＢＩＬ、ＣＩＬ、ＤＩＬ、ＦＩＬ、ＧＩＬ、ＪＩＬ）に相応する他の修飾詞や、次章で学ぶ節理詞を一緒に並べてみましょう。次章で学ぶ節理詞 My　ミュ、Dy　デュ、Ky　キュとそれ等に対応する準動詞もご参考までに一緒に示します。

動詞と結合する 修飾詞	名詞と結合する 修飾詞	節理詞	準動詞

		My ミュ ということ	-M 動名詞
		Dy デュ かどうか	-D 動名詞
		Ky キュ ところの	-K 動形容詞
BI 副詞句のみ するには、するのは	EB 副詞句のみ するのは、するには	EEB 副詞節のみ するには、するのは	
CI 形容詞句 する程の 副詞句 する程に	EC 形容詞句 する程の 副詞句 する程に	EEC 形容詞句 する程の 副詞句 する程に	
DI 形容詞句 するための 副詞句 するために	ED 形容詞句 を求める 副詞句 を求めて	EED 形容詞節 を求める 副詞節 を求めて	
FI 形容詞句 もし～と仮定しての 副詞句 もし～ならば	EF 形容詞句 もし～ならばの 副詞句 もし～ならば	EEF 形容詞節 もし～ならばの 副詞節 もし～ならば	
GI FI の姉妹語だが排他的（英語の only if）	EG 形容詞句 もし～ならばの 副詞句 もし～ならば	EEG 形容詞節 もし～ならばの 副詞節 もし～ならば	
JI 形容詞句 しながらの 副詞句 しながら	EJ 形容詞句 ～の行為中の 副詞句 ～の行為中に	EEJ 形容詞節 ～しながらの 副詞節 ～しながら	

【注】EEJ の形容詞用法は、例えば「居眠りしながらの勉強は非効率だ」等。
【注】最新ノシロ文法 Verssion 3.2 では、修飾詞 EF（EFL）、EG（EGL）、EN（ENL）の３語は機能強化されて、名詞、代名詞、動名詞だけでなく、動詞や形容詞とも結合できるようになっています（ご留意願います）。

以上で１５章を終わります。お楽しみ頂けましたでしょうか。■

第16章 構 成 詞 こうせいし

16-1 構成詞一覧

構成詞は、普通二つ以上の語、句、文を組み合わせて論理構成したり、一定の関係を示したりする。構文を作ることもある。殆どがノシロの造語で、否定語の NOA ノア 以外は全て O オ で始まる。他の品詞（副詞が多い）が構成詞のように働くこともあるが、どちらの品詞なのかを余り気にする必要はない。意味が解って使えればそれで十分。主な構成詞を下記しよう。尚、構成詞の語頭の O は部首ではない（基本単語には部首はない）。

構成詞	読み方	意味	対応する英語
OnD	オンドゥ	そして、及び	and
OnP	オンプ	そして、及び	and
OnS	オンス	そして、及び	and
OnJ	オンジュ	二つの行為・動作が重なる （副たる行為をしながら、主たる行為をする）	do₁ in doing (do₁ が main action)
OA	オア	又は	or
OAP	オアプ	又は	or
OAS	オアス	又は	or
OI	オイ	又は	exclusive or （どちらか一つだけ）
OIP	オイプ	又は	exclusive or
OIS	オイス	又は	exclusive or
OU	オウ	又は	and / or (両方取りも可)
OUP	オウプ	又は	and/or
OUS	オウス	又は	and/or
NOA	ノア	**いずれでもない**	nor (neither nor)
OENI	オエニ	それゆえ	therefore
OERA	オエラ	しかし他方では	whereas

OKyRI	オキュリ	その結果	consequently
ONEVI	オネヴィ	それにも拘わらず	nevertheless
On	オン	～対 -- （例：1米ドルにつき 102 円）	per
OOZ	オーズ	何故ならば	because
ORIE	オリエ	加えて、更に	in addition
OST	オストゥ	そして（複数の行為が同時にスタート）	and
ONIST	オニストゥ	そして（同時スタート同時終了）	and
OT	オト	～と -- の対称（例： 美と愛の対称）	symmetry
OTT	オットゥ	しかし	but
OV	オヴ	～対 -- （試合等。巨人対阪神）	versus
OZK	オズク	その場合には（前文を受けて次の文に繋ぐ）	and for that case
OZn	オズン	それから、その後、すると	and then
OZUn	オズーン	その後しばらくして	and then

【注】日本語の「又は」は、ＯＩ か ＯＡ である。英語の ｏｒ は、ＯＵ か ＯＡ である。論理学では ＯＵ が普通。「Ｓｈｉｆｔキーを押したまま Ａ キー を押す」や「一緒に押す」（行為が overlap する）のような表現は、ＯｎＤ より ＯＳＴ の方が良い。ＯＳＴ と Ｏ２ＳＴ は、行為の開始や、開始と終了 を明示するときに使うもので、物理学や工学等の動作では便利だろう。ＯＺｎ は行為の順序（時系列）を明示したい場合に使い、殆ど同時か直後を表す。OZUn は、最初の行為の後少し間が空く場合に使う。

【注】OnJ オンジュ は、平成 28 年 9 月 1 日に追加（Version 2.7）したもので、「その人は眠りながら安らかに亡くなった」のような複数の行動が重なる場合に使う（眠るが副動詞、亡くなるが主動詞で、二つの行動が重なっている）。尚、複数の動作が重なる場合の表現方法は、動詞と結び付く修飾詞 JI/JIL （～しながら -- する）を使うこともできるし、節理詞の EEJ/EEJL （～しながら -- する）や PLP プルプ （～するにつれて -- する）で表現することも可。

16-2　注意すべき構成詞

殆どの構成詞は簡単で特に説明を要しないと思うが、馴染みの無いものや少し注意を要するものが幾つかあるのでそれ等を説明しましょう。

● OnD　　　そして、及び、〜と
例：　白い家　OnD　車　．．．　　白い家と車
OnD だと、形容詞「白い」が、家に掛かることは間違いないが、車にまで掛かるかどうか明確でない。家や車のような語だけでなく句や節でも良い。

● OnP　　　そして、及び、〜と
例：　白い家　OnP　車　．．．　　白い家と車
形容詞の「白い」は、家と車の両方に掛かる、即ち、家も車も白い。

● OnS　　　　そして、及び、〜と
例：　白い家　OnS　車　．．．　　白い家と車
形容詞「白い」は、家にしか掛からない。だから車の色は白ではない。

● OA、　OAP、　OAS　　又は
先に述べた　OnD、　OnP、　OnS　と同じ要領で使い分ける。つまり、
白い家　OA　車　．．．　　白い家　又は　車。家が白いのは間違いないが、車まで白いかどうかは不明。
白い家　OAP　車　．．．　　白い家　又は　白い車。家も車も共に白い。
白い家　OAS　車　．．．　　白い家　又は　車。白いのは家だけ。

● OI、　OIP、　OIS　　又は
アラビア茶　OI　コーヒー　．．．　アラビア茶　か　コーヒーの　どちらか一つ。コーヒーまでアラビアンかどうかは不明。
アラビア茶　OIP　コーヒー　．．．　アラビア茶　か　コーヒーの　どちらか一つ。　ティーもコーヒーも共にアラビアン。
アラビア茶　OIS　コーヒー　．．．　アラビア茶　か　コーヒーの　どちらか一つ。　お茶はアラビアンだが、コーヒーは違う。

● OU、　OUP、　OUS　又は　　（論理学や英語ではこちらが標準）
アラビア茶　OU　コーヒー　．．．　アラビア茶　か　コーヒー　か　アラビア茶とコーヒーの両方取りも可。　コーヒーまでアラビアンか不明。
アラビア茶　OUP　コーヒー　．．．　アラビア茶　か　コーヒー　か　ア

266

ラビア茶とコーヒーの両方取りも可。お茶もコーヒーもアラビアン。
アラビア茶　ＯＵＳ　　コーヒー　．．．　アラビア茶　か　コーヒー　か　ア
ラビア茶とコーヒーの両方取りも可。お茶はアラビアンだがコーヒーは違う。

● ＯＴＴ　（しかし）、　　ＯＮＥＶＩ（それにも拘わらず）

例文：　私は熱心に勉強したが、卒業できなかった。

1類：　ＳＥ　熱心に　勉強する-Ｔ　ＯＴＴ　（ＳＥ）ＮＡＩ　ＧＩＭＡ　卒業する-Ｔ。
2類：　ＳＥ　hard　study-Ｔ　Ott　（ＳＥ）ＮＡＩ　ＧＩＭＡ　graduate-Ｔ.

（注）ＯＴＴ　と　ＯＮＥＶＩ　は副詞として、その前の文を一度　。　や　．
で区切ってから、「しかし、彼は無罪だ」、「それにも拘わらず、彼は無罪
だ」、「しかし、彼は出発した」、「それにも拘わらず、彼は出発した」のよ
うに用いることが可能。しかし、逆接の節理詞　ＵＵＳ　ウース　「〜だけれど
も」　は必ず従属節と一緒に用いる。

【注】ＯＥＲＡ　は、「兄は牧師になった。一方（しかし）、弟はギャングに
なった」のように逆対称に用いる。

● ＯＴＯ　　　〜と　--　の対称

例文：　Ａ　は　Ｂ　であるということと、　Ａ’　は　Ｂ’　であるという
こととの対称が印象的だ。

1類：　Ａ-Ｗ　　Ｂ　（ＲＩ）Ｍｙ　ＯＴＯ　Ａ’-Ｗ　Ｂ’　　（ＲＩ）
　　　　Ｍｙ　印象的-Ｅ　ＲＩ。
2類：　Ｍｙ　Ａ-Ｗ　（ＲＩ）　Ｂ　ＯＴＯ　Ｍｙ　Ａ’-Ｗ　（ＲＩ）
　　　　Ｂ’　ＲＩ　impressive-Ｅ.

（注）簡単な文なので補語を示す　-Ｅ　は省略してもよい。

● ＯＶ　　　〜対　--　（試合や二つのものの優劣を論ずるときに使う）

例：　私は巨人対阪神の試合を見た。

1類：　ＳＥ　巨人　ＯＶ　阪神　試合－Ｏ　見る－Ｔ。
2類：　ＳＥ　watch-T　Giants　ＯＶ　Tigers　baseball　game-O.

● ＯＯＺ　　　何故ならば

原因は、ＯＯＺ の後に（右側に）説明される。念のために、ＯＯＺ、ＩＤ、
ＩＩＤ、ＨｙＡ を比べてみよう。

ＯＯＺ　　　構成詞「なぜなら」　　例：　彼は小鳥を買った、<u>なぜなら</u>、彼はさ
びしかったから。
ＩＤ（2類は IDL）　　修飾詞「の故に」　　例：　彼は寂しさ<u>の故に</u>小鳥を買
った。
ＩＩＤ（2類は IIDL）　　節理詞「という理由で」　　例：　彼はさびしい<u>ので</u>小
鳥を買った。
ＨｙＡ　疑問助詞「何故」　　例：　<u>何故</u>、彼は小鳥を買いました<u>か</u>？

● Ｏｎ　　　　～につき、　～あたり、　～の度（たび）に

英語の per に相当するもので以下の如くいろいろな場面で使われる。
他の表現が可能なこともある。オン［oN］と読む。以下の下線を引いたところ
が Ｏｎ で表される。【注】オン の発音記号は［oN］、オヌ は［on］

為替相場は、1ドル<u>当たり</u>（<u>につき</u>）90円てとこかなー
東京港行きは 30分<u>に</u>（<u>つき</u>）2本の間隔で出ているよ
この車はガソリン1リットル<u>で</u>20ｋｍ走る
支払いは 週<u>あたり</u> 7万円です
給料は月<u>あたり</u>30万円だった　（月給30万円）
あの歌手は 一曲歌う<u>ごとに</u> 5万円らしいよ
一回の鑑定<u>につき</u> 10万円だって
お泊りは 一人<u>当たり</u> 9千円です
一泊2食で お<u>一人様</u> 1万2千円です
この学校は生徒30人<u>につき</u>先生が一人の割合です
【注】先生一人<u>につき</u>生徒30人と言ってもよく、この場合も Ｏｎ を使う。

16－3　構文

構成詞を用いて作られる構文の代表的なものを下記します。尚、13章「比較」で学んだ「～ すればする程 ――」や「～ というよりはむしろ ――」も構文だが、構成詞を含まない。

● ⅠⅠLA ～ OA ――
「～ 又は ―― のいずれでも」で、英語の either ～ or ―― にあたる。ⅠⅠLA を省略しても意味が分かることが多い。尚、ⅠⅠLA TE と ⅠⅠLA TE-O は、英語の either one で「どちらでも構わない」の意。

例文： あなたは、私か学校に、連絡すべきだ。

1類： ME ⅠⅠLA SE OA 学校 UT GIMI 連絡する。
2類： ME GIMI report ⅠⅠLA SE OA UTL school.

(注) GIMI は助動詞「～すべき」で英語の should にあたる。

例文： あなたは、それを、私か学校に、連絡すべきだ。

1類： ME TE-O ⅠⅠLA SE OA 学校 UT GIMI 連絡する。
2類： ME GIMI report TE-O ⅠⅠLA SE OA UTL school.

● NAIDE ～ NOA ――
「～ でもないし ―― でもない」で、英語なら neither ～ nor ―― 。

例文： それは生きているのでもなく死んでいるのでもない。

1類： TE NAIDE 生きている NOA 死んでいる RI。
2類： TE RI NAIDE living NOA dead.

(注) RI は省略できないわけではないが、構文を含む文なので省略しない方が安全だと思う。

● SOO ～ OZn ――
「非常に ―― なので ～」の意で、英語なら so ―― that ～

にあたる。 −− は形容詞か副詞で 〜 には節が来る。 −− が形容詞の場合は、形容詞の直後に名詞が続くことも多い。ＯＺｎ の代わりに ＯＥＮＩ オエニ や ＯＫｙＬＩ オキュリ も可能。

例文： 景色がとても美しいので私達はそこに泊まった。

１類： 景色-W **SOO** 美しい **RI** **OZn** **SEN** **BOIE** 泊まる-T。
２類： Scenery-W **RI** **SOO** beautiful **OZn** **SEN** **BOIE** stay-T。

（注）ＳＥ は人称代名詞一人称 ＳＥ の複数形。ＢＯＩＥ は副詞「そこに、そこで」。ＲＩ の時制は、「泊まる」の時制（過去）と同じと看做せるので省略して良い。もし、−Ｔ を残して ＲＩ−Ｔ とすると大昔は美しかったが、泊まったときは定かでないことになる。

● ＮＡＩ ＯｎＬＩ 〜 ＯＴＴ ＳＬＥ −−
　 ＮＡＩ ＯｎＬＩ 〜 ＯＴＴ −− ＭＯ
「 〜 だけでなく −− もまた」 で、英語の not only but also にあたる。
〜 や −− は、対になっていれば、名詞、形容詞、動詞と何でもよい。
句や節でもよい。ＳＬＥ は前置だが、ＭＯ は後置されるのでご注意。

例文： 私だけではなく兄も外国へ行く。 （見易いように構文を太字に）

１類： **NAI** **OnLI** SE **OTT** **SLE** SEI 兄-W 外国 UT 行く。
２類： **NAI** **OnLI** SE **OTT** **SLE** SEI brother-W go UTL foreign country。

前置される後置される ＭＯ モ（英語の too）を使うと以下のようになる。

１類 ： **NAI** **OnLI** SE **OTT** 兄-W MO 外国 UT 行く。
２類 ： NAI **OnLI** SE **OTT** brother-W MO go UTL foreign country。

例文： 日本は中国とだけではなくインドとも条約を結んだ。

１類： 日本-W **NAI** **OnLI** 中国 EE **OTT** **SLE** BAARAT （EE） 条約-0 結ぶ-T。
２類： Japan-W go-into-T treaty-0 **NAI** **OnLI** EEL China **OTT**

　　　　SLE　　（EEL）　　BAARAT.

（注）EE（EEL）は、修飾詞「～を相手に」、「～と共に」。インドの方につける EE （EEL） は省略可。BAARAT はインド。

例文：　その女性は私に電話するだけではなく警察に手紙を書くだろう。

1類：　BOI　DAFE　NAI　OnLI　ME－O　電話する
　　　　OTT　SLE　警察－O　手紙－O　書く－R。
2類：　BOI　DAFE　NAI　OnLI　call　ME－O　OTT
　　　　SLE　write－R　police－O　letter－O.

（注）NAI OnLI は、ME－O　電話する　に掛かり、OTT　SLE　は、警察－O　手紙－O　書く－R　に掛かる。前置される　SLE　の代わりに、後置される MO（英語の too ）を使う場合は以下。

1類：　OI　DAFE　NAI　OnLI　ME－O　電話する　OTT
　　　　警察－O　手紙－O　書く－R　MO。
2類：　BOI　DAFE　NAI　OnLI　call　ME－O　OTT
　　　　write－R　police－O　letter－O MO.

（注）NAI　OnLI　は、「ME－O　電話する」　に掛かり、後置される追加助詞 MO は、その前の「警察－O　手紙－O　書く－R」　に掛かる。

● 命令文　＋　OnD　－－
　　～　せよ、そうすれば　－－
● 命令文　＋　OA
　　～　せよ、さもないと　－－
● FAA　～、　FAAK　－－
　　～　すればするほど　－－

これは構成詞を使わない構文の例。5章4－3 や 13章 6 で学びました。

以上で16章は終わりです。ご清読有難うございました。　■

271

第17章 節理詞 せつりし

節には、名詞節、形容詞節、副詞節の三つがある。名詞節は、主節、目的節、補節のいずれかになり、形容詞節は名詞や代名詞を修飾し、副詞節は動詞や形容詞や文全体を修飾する。節理詞は1類の場合は節の最後に置かれ、2類の場合は節の最初に置かれて、その節の役割を明らかにしたり、他の語に働きかけたりする。節理詞を見れば、その節が名詞節か、形容詞節か、副詞節か分かる。副詞節を導く節理詞には、形容詞節も導くものがある（掛け持ち）。

17-1 名詞節を導く節理詞

名詞節を導く節理詞は、My ミュ と Dy デュ の二つだけで、1類、2類で同形である。

● My ミュ 「～ということ」

My は英語の接続詞 that（～ということ）に相当する。My に導かれる名詞節は、主節、目的節、補節のいずれかになる。一つの文の中に My に導かれる主節、目的節、補節が共存する場合は、混乱を防ぐために、主節を導く My はそのままにして、目的節や補説を導く My に －O や －E を付けて My－O ミュオ や My－E ミュエ としても良い。例文を見よう。

例文： あなたがノシロ語を熱心に勉強したということは重要である。
（注）見易いように名詞節に下線を引いた。

1類： ME ノシロ語－O 熱心に 勉強する－T My 重要 RI。
2類： My ME hard study-T NOXILO-O (ZA) RI important.

（注）2類の文に付けた ZA は区切り助詞。文中の句や節の最後に置いて、そこが句や節の終わりである事を示す。区切り助詞は、文を分かり易くするだけで他の語への働きかけはしない。尚、1類では ZA ではなく、PA となり、句や説の最初に置いて、そこが句や節の最初である事を示すのだが、上の例文では、1類の区切り助詞 PA は不要である。

例文：　あなたが行くことは、彼女が行くことを、意味する。

1類：　ME　行く　My　(PA)　DAFE　行く　My－O　意味する。
2類：　My　ME　go　(ZA)　means　My－O　DAFE　go.

（注）名詞節が複数並ぶ（最初の名詞節は主節、次の名詞節は補節）場合は、上例のように目的節を導く My の方に －O を付けて My－O ミュオ とすると初学者にも分かり易い文になる。主節を導く My には、－W 無しでは混乱を生じてしまうような例外的な場合を除き、－W を着けない方が良い（しつこくなる）。　又、このような簡単な文では、PA（文中の節の始まりを示す助詞）や ZA（文中の節の終わりを示す助詞）も不要だろう（但し、ノシロ語の初学者のために付けるのは親切です）。

例文：　問題は、私が正しいということ、です。

1類：　問題－W　(PA)　SE　正しい　(RI)　My－E　RI。
2類：　Point－W　RI　My－E　SE　(RI)　right.

（注）My に導かれる名詞節が補説（補語というより補節）のときは、My－E とすると、そのことがよく分かる（但し、この程度の簡単な文では My だけで十分だと思う）。PA は、1類の区切り助詞。2類の区切り助詞 ZA は全く不要（補節の終りが文全体の終わりでもあるので）。

● Dy　デュ　「〜かどうか」

英語の if （〜かどうか）や whether （〜かどうか）に相当する。

例文：　彼人が生きているかどうかは重要である。　　（注）名詞節に下線。

1類：　FE　生きている　(RI)　Dy　重要　RI。
2類：　Dy　FE　(RI)　alive　(ZA)　RI　important.

生きている、は自動詞の進行形（生きる－In／live　In）でも表せる。その場合、RI は不要（置くと間違い）。FE は三人称単数だが、性に言及しない言い方。性に言及する「彼」は MAFE、「彼女」は DAFE 。

例文：　問題は、<u>あなたが彼女を愛したかどうかということ</u>、です。

1類：　問題－W　<u>ME　DAFE－O　愛する－T　Dy</u>　RI。
2類：　Matter－W　RI　<u>Dy　ME　love－T　DAFE－O</u>.

17－2　形容詞節を導く節理詞

形容詞節を導く代表的な節理詞は　Ky　キュ　である。昔のノシロ文法では、
これを英語の関係詞　that　や　which　のようなものと説明してい
たが、Ky　の機能と使い勝手を向上させるために、Ky　を殆ど全ての連体修
飾節を導くことができる節理詞に改めます。この変更（機能強化）は、名詞節
を導く節理詞の　My　と　Dy　の交換（大昔は　My　と　Dy　の意味が逆だった）
と同様に大きな変更なのでご注意願います。

● 　Ky　キュ　「～するところの」、「～であるところの」、「～する」

Ky　　を用いる時の語順は、他の全ての節理詞の場合と同じで、

1類：　<u>形容詞節　＋　Ky</u>　＋　**名詞**（代名詞、動名詞）
2類：　**名詞**（代名詞、動名詞）　＋　<u>Ky　＋　形容詞節</u>

となる（理解し易いように形容詞節に下線を、被修飾語を太字で示す）。1類
では、被修飾語である名詞（代名詞、動名詞）は、形容詞節の後に来るので後
行詞（こうこうし）と言い、2類では、名詞（代名詞、動名詞）が形容詞節の
前に来るので先行詞（せんこうし）という。

後行詞／先行詞の頭に形容詞が付いて紛らわしくなっている場合は、後行詞／
先行詞の直前に、識別助詞　An　アン　を置いて、後行詞／先行詞を明示する
ことができる（An　は一つのという意味ではない）。後行詞や先行詞に、幾つ
もの形容詞や形容詞句が掛かって、どれが後行詞／先行詞なのか分かり難い場
合には　An　は必須だろう。例文を見よう。

例文：　<u>パソコンを勉強している</u>人は彼女の父親です。

1類： パソコン－L　勉強する－In　Ky　人－W　DAFEI　父親　RI。
2類： Person－W　Ky　study-In　personal-computer-L　RI　DAFEI　father.

（注）修飾句や修飾節中の目的語には　－O　オ　ではなく　－L　オル　を付ける。－In　は進行形。この文では、後行詞／先行詞の前に、形容詞も形容詞句もないので、An　を付ける必要なし。

例文：　私が選択した**クラス**はキャンセルされた。

1類：　SE　選択する－T　Ky　**クラス**－W　キャンセルする－TZE。
2類：　**Class**-W　Ky　SE　choose-T　（ZA）　cancel-TZE.

（注）－T　タ　は過去。－TZE　タゼ　は、過去受動態。

例文：　私の友人は、私がキャンセルした**クラス**を、とった。

1類：　SEI　友人－W　SE　キュンセルする－T　Ky　**クラス**－O
　　　　取る－T。
2類：　SEI　friend－W　take－T　**class**－O
　　　　Ky　SE　cancel－T.

例文：　妹が図書館で働いている弁護士は車を買った。
　　　　（注）　妹とは、弁護士の妹。

1類：　FEI　妹－W　図書館　AT　働く　Ky　**弁護士**－W　車－O
　　　　買う－T。
2類：　**Lawyer**－W　Ky　FEI　sister－W　work
　　　　ATL　library　（ZA）　buy－T　car－O.

（注）ZA　は2類の区切り助詞（形容詞節が文の間に埋まっている場合に、形容詞節の終りを示して文の理解を容易にするのを主任務とする助詞）。1類の区切り助詞　PA　は不要。何故なら、1類の文の形容詞節は、左側が空いているので、区切り助詞　PA　無しで容易に文を理解できるから。尚、区切り助詞　PA　や　ZA　の挿入は任意である。

例文：　私は、妹が図書館で働いている**弁護士**を、知っている。

1類： ＳＥ　ＦＥＩ　妹－Ｗ　図書館　ＡＴ　働く　Ｋｙ　**弁護士－Ｏ**　知
っている。
2類： ＳＥ　ｋｎｏｗ　**ｌａｗｙｅｒ**－Ｏ　Ｋｙ　ＦＥＩ　ｓｉｓｔｅｒ－
Ｗ　ｗｏｒｋ　ＡＴＬ　ｌｉｂｒａｒｙ．

例文： 彼女は、前夫に会った駅へ、行った。

1類： ＤＡＦＥ　（ＰＡ）　ＤＡＦＥ　前夫－Ｌ　会う－Ｔ　Ｋｙ　**駅**
ＵＴ　行く－Ｔ。
2類： ＤＡＦＥ　ｇｏ－Ｔ　ＵＴＬ　**ｓｔａｔｉｏｎ**　Ｋｙ　ＤＡＦＥ
ｍｅｅｔ－Ｔ　ｅｘ－ｈｕｓｂａｎｄ－Ｌ．

（注）Ｋｙ　の代わりに、昔の　ＫｙＵＴ　キュートゥ　を使うと、1類は
ＤＡＦＥ　（ＰＡ）　ＤＡＦＥ　ＡＴ　前夫－Ｌ　会う－Ｔ　ＫｙＵＴ　**駅**
ＵＴ　行く－Ｔ。となり、2類は　ＤＡＦＥ　ｇｏ－Ｔ　ＵＴＬ　**ｓｔａｔｉｏｎ**
ＫｙＵＴ　ＤＡＦＥ　ｍｅｅｔ－Ｔ　ｅｘ－ｈｕｓｂａｎｄ－Ｌ　ＡＴＬ．
となる。ＫｙＵＴ　は英語の関係代名詞と似ているので、場所を示す修飾詞の
ＡＴ　（2類は　ＡＴＬ）が元の位置に残る。

実は、上の六つの例文中、Ｋｙ　の方が　ＫｙＵＴ　より使い易いことが分かる
のは最後の例文「彼女は前夫に会った駅へ行った」だけ。しかし以下の用例を
見れば、殆ど全ての連体修飾節を導けるようになった新しい　Ｋｙ　の方が、使
い勝手が断然良いことを確認できるでしょう（以下の文では、後行詞（先行
詞）が、状況や様相を示す形容詞節を受けている）。

例： 多くの生徒がページをめくる音

1類： ＭＵＱ　生徒－Ｗ　ページ－Ｌ　めくる　Ｋｙ　**音**
2類： **ｓｏｕｎｄ**　Ｋｙ　ＭＵＱ　ｓｔｕｄｅｎｔ－Ｗ　ｔｕｒｎ　ｐａｇｅ－Ｌ

（注）この文は、「～する時に紙の摩擦と空気が生み出すところの」が省略さ
れている。修飾節中の目的語には、－Ｏ　オ　ではなく　－Ｌ　オル　を付け
る。ＭＵＱ　は「多数の、多量の」。Ｋｙ　の代わりに「～する時の」の節
理詞　ＥＥＡ　（ＥＥＡＬ）を使って、以下のように書いてもよい。

1類：　<u>MUQ　生徒－W　ページ－L　めくる　EEA</u>　**音**
2類：　**sound**　<u>EEAL　MUQ　student-W　turn　page-L</u>

又、省略せずに以下のように書くことは勿論差し支えない。英文に慣れた人はこちらを好むかも知れない。

1類：　<u>MUQ　生徒－W　ページ－L　めくる　EEA　ページ－W</u>
　　　　<u>たてる（作りだす）Ky</u>　音
2類：　<u>sound　Ky　page－W　make　EEAL　MUQ</u>
　　　　<u>student－W　turn　page－L</u>

（注）EEA エーア（2類は EEAL エーアル）は、「～のする時の、～する時に」で、形容詞節も副詞節も導く。

例：　<u>母が裏庭で落ち葉を焼く</u>**におい**

1類：　<u>母－W　裏庭　AT　落ビ葉－L　焼く　Ky</u>　**におい**
2類：　**smell**　<u>Ky　mother－W　burn</u>
　　　　<u>dead－leaves－L　ATL　backyard</u>

（注）この文は、「焼く」と「におい」の間に、「～する時に落ち葉から生じるところの」が省略されている。

Ky の代わりに「～の時の、時に」の EEA（EEAL）を使っても良い。これは形容詞節も副詞節も導く。

1類：　<u>mother-W　backyard　AT　fallen-leaf-L　burn-T　EEA</u>　**smell**
2類：　**smell-0**　<u>EEAL　mother-W　burn-T　fallen-leaf-L　ATL　backyard.</u>

以下のように書いても勿論良い。

1類：　<u>mother-W　backyard　AT　burn-T　Ky</u>　**leave**　**UB**　**smell**
2類：　**smell**　**UBL**　**leave**　<u>Ky　mother-W　burn-T　ATL　backyard.</u>

（注）母が裏庭で焼く落ち葉のにおい、の意。修飾詞 UB（UBL）は、「～の」で、英語の of 。

277

例：　美人が座っている隣の**席**

1類：　美人－Ｗ　座る－Ｉｎ　Ｋｙ　隣の**席**
2類：　next　**seat**　Ｋｙ　pretty　lady-W　sit-In

（注）「座っている」と「隣席」の間に、「場所の」が省略されている。

これ等の文（上の三例）には省略があるため機械翻訳させると、時として問題を引き起こすが、人間同志の対話なら先ず問題は起こらない。それは人間の脳が省略された語を瞬間的に補う高度の推理能力を持つからである。ノシロ語による対話は、人間同志が直接行うので、誰もが生まれながらに持つこの高度の思考力を存分に生かすことができるのです。

（ここで一言）
機械翻訳は、対話の当事者しか知らない対話の背景、経緯、両者の個性や言語能力や内心の問題、次に予想される展開といったものを十分把握し切れないまま行われてしまうのが普通です。つまり機械翻訳というのは、多くの場合、解析能力が特に高いとは言えない上に、事情も経緯も知らない通訳者を雇っていきなり対話を始めるのに似ています。実は機械翻訳に携わる研究者の多くが、言語学や論理学やプログラムに長じた秀才であるにも拘わらず、機械翻訳の質が中々向上しないのは、彼等の能力のせいというよりも、機械翻訳には元々超えられない限界があるからです。ＡＩ＋ビッグデータの威力が語られるこの頃ですが、個人の内心に有って表現されたことがないものは集めようがなく、推論にも自ずと限度があります。こうした見方に対しては、第三者に翻訳を求めるのは、対話の経緯や発言者の内心など分からなくても、文章や発言を表面的に解釈するだけで済む場合に限られる筈だ、と反論されるかも知れません。しかし、それがそうであるのは、列車の時刻表や、ゴミの分別方法を述べた区役所のWebサイトの文章などに限られるのではないでしょうか。他方、ノシロ語を利用する対話はあくまで当事者が行うので、対話の背景や経緯を知ることができないことによる、或いは、分析力や類推力の不足による迷訳や誤訳は当然に起こり難くなります。勿論、ノシロ語の利用者は母語を使うのと比べて少し不自由を感じると思います（殊に初学者の場合は）。が、それでも対話の当事者が自分で文を作って伝え合うことに変わりはないので、事情を知らない第三者（翻訳ソフト等）が入ることによる誤訳や迷訳という問題は起こり難くなります。又、ノシロ語も勿論、機械翻訳にかけることができますが、従来の機械

翻訳ソフトとは異なり、文脈解析も構文解析もなく、唯単語を置き換えて機械的に語順を逆にするだけなので、話者や書き手の意思を誤まって伝えてしまう危険性は格段に小さくなると思います。この話はこのくらいにしましょう！

最後に、複数の形容詞節が同じ後行詞（２類は先行詞）を修飾する場合を見ておこう。この場合は、構成詞 ＯnＤ オンドゥ を間に入れて、重要度の高いもの或いは起きた時刻順に形容詞節を並べる。例として、形容詞と、形容詞句と、二つの形容詞節が同じ後行詞（先行詞）を修飾するとき（こんなに重なるのは稀でしょうが ・・・ ）の語順を以下に示そう。

１類： 形容詞節 ＋ Ｋy ＋ ＯnＤ ＋ 形容詞節 ＋ Ｋy ＋ ＯnＤ ＋ 形容詞句 ＋ 形容詞 ＋ Ａn ＋ **後行詞**

２類： 形容詞 ＋ Ａn ＋ **先行詞** ＋ 形容詞句 ＋ ＯnＤ ＋ Ｋy ＋ 形容詞節 ＋ ＯnＤ ＋ Ｋy ＋ 形容詞節

【注】形容詞句は、１類は「名詞（代名詞、動詞）＋修飾詞」、２類は「修飾詞＋名詞（代名詞、動詞）」の形をとって他の名詞を修飾する。勿論、他の名詞というのはここでは後行詞（２類は先行詞）である。Ａn は、その直後の語が後行詞（２類は先行詞）であることを示す識別助詞。英語の Ａn のように「一つの」という意味ではない。

例文を見て行こう。

例： 鳩が住んでいたところの、そして多くの人が利用したところの、そして湖のそばの、大きな 駅 が焼け落ちた。

１類： 鳩-W 住む-T Ky OnD MUQ 人-W 利用する-T Ky OnD 湖 IB 大きな An **駅**-W 焼け落ちる-T。

２類： Large An **Station**-W IBL lake OnD Ky pegeon-W live-in-T OnD Ky MUQ people-W use-T burn-down-T.

（注）１類の 駅 という後行詞（**station** は先行詞）には、形容詞句や形谷詞が掛かり、どれが後行詞／先行詞なのか分かり難いので、駅の前に（**station** の前に）識別助詞 Ａn を置いている。「住んでいた」を進行形にして、

住む-In としても良い。その場合は、住む-TIn （スムタイン）となる。 尚、
「鳩が住む」 や 「人が利用する」 のが 「焼け落ちる」 より以前ではなく、
同時であること （炎の中で焼け死んだ鳩や人がいる）を示す場合は、「住む」
や 「焼け落ビる」 に過去の －T を付けずに原形表現にする。ノシロの時制
の調整は、英語の時制の一致 と少し異なるのでご注意下さい。

● UUK ウーク 「 ～するという （同格）、 ～であるという （同格）」
　　【注】 UUK は、英語の「同格の that」に相当。

例文： <u>全ての子供が学校へ行かなければならないという</u>**考え**は間違いかも
　　　　知れない。

1類： <u>全ての 子供－W 学校 UT GIM 行く UUK</u> **考え－W**
　　　　間違い GIME RI。
2類： **Idea** UUK <u>all children－W GIM go</u>
　　　　<u>UTL school</u> （ZA） GIME RI wrong.

（注）理解し易いように形容詞節に下線を引き、被修飾語を太字にした。
GIM は助動詞「ねばならない」。 GIME は助動詞「かも知れない」。

例文： <u>私は多くの人が殺された （という）</u>**事実**を報告せざるを得なかった。

1類： SE （PA） <u>MUQ 人－W 殺す－TZE UUK</u> **事実－O**
　　　　GIVI 報告する－T。
2類： SE GIVI report－T **fact－O** <u>UUK MUQ</u>
　　　　<u>REn－W kill－TZE</u>.

（注）MUQ ムーチュ は「多くの」。 －TZE タゼ は過去受動態。
GIVI ギヴィ は助動詞「～せざるを得ない」。

● XU シュー 「 ～するところのもの」
　　【注】 XU は英語の関係代名詞 what に相当。

例文： <u>私が求めている</u>のはナイフとフォークです。 （注）形容詞節に下線。

1類： <u>SE IYUS</u> **XU－W** ナイフ OnD フォーク （RI）。

2類： **XU**-W <u>SE IYUS</u> （RI） knife OnD fork.

（注） IYUS は、欲する（ IYAnS も可）。

例文： あなたは<u>私が知りたい</u>ことに答えた。

1類： ME SE 知る ＜ IYUS XU-O 答える－T。
　　　 メ セ シルン イユース シューオ コタエルタ
2類： ME answer-T XU-O SE IYUS ＞ know.
　　　 メ アンサータ シューオ セ イユースン ノウ

ここで、 XU の用い方について、もう少し知識を増やしておきましょう。

土産物店で店員に対して、「私の友達が今買ったのと同じものを私にも一つ下さい」という時の形容詞は ANO アノ。不定代名詞なら ANOn アノン。この形容詞を XU シュー に付けると以下のような意味になる（1類だけ示す）。2類は、形容詞節が XU の後（右側）に来る。XU の頭に An を付ける必要はない。

● 形容詞節 ＋ ANO XU 　アノ シュー
　　「ところのものと同じものを一つ」
● 形容詞節 ＋ ANO 2 XU 　アノ ニ シュー
　　「ところのものと同じものを二つ」
● 形容詞節 ＋ ANO 3 XU 　アノ サム シュー
　　「ところのものと同じものを三つ」

ANO があるので同じ量産品の中から別のものを選ぶことになるが、ANO がないと、友人が買ったものをその友人から取り上げて自分に下さい、と言う意味になり穏やかではない。尚、「形容詞節 ＋ Ky ANOn」でも「形容詞節 ＋ ANO XU」と同じ意味になる。

こうした場面でよく使われる形容詞は、AIDI アイディ 「異なる」 や AIMIL アイミル 「似た」 だろう（以下）。

形容詞節 ＋ AIDI XU 　　　　　「ところのものと異なるもの」
形容詞節 ＋ AIMIL XU 　　　　「ところのものに似ているもの」

これ等は其々以下と同意である。

形容詞節　＋　Ｋｙ　ＡＩＤＩｎ
形容詞節　＋　Ｋｙ　ＡＩＭＩＬｎ

ＡＩＤＩｎ　アイディン　「異なるもの」、　ＡＩＭＩＬｎ　アイミルン
「似たもの」　で不定代名詞（人でも物でもよい）。

● ＥＥＤ　エードゥ　「～するための」、「～を目的とする」
　　【注】　修飾詞（ＥＤ／ＥＤＬ）由来の節理詞なので、２類は ＥＥＤＬ となる。

例文：　これは研修生が血液をテストするための機器です。

１類：　ＴＯ-Ｗ　研修生－Ｗ　血液－Ｌ　テストする　ＥＥＤ　機器　（ＲＩ）。
２類：　ＴＯ-Ｗ　（ＲＩ）　equipment　ＥＥＤＬ　trainee-W　test　blood-L.

（注）例えば「私は雪をかくためのシャベルを買った」等は、雪をかく主語が
ないので動形容詞を使う。尚、ＥＥＤ（２類は ＥＥＤＬ）は副詞節も導く（～するた
めに）。

● ＩＩＬ　イール　「～するような（類似）」、「～に似た」

修飾詞（ＩＬ／ＩＬＬ）由来の節理詞なので、２類は ＩＩＬＬ イーッル とな
る。主に「例示する」場合に使う（Ｋｙ で間にあう場合もある）。

例文：　それは、市民がオリンピック・メダリストを歓迎したのと同じよう
な、歓迎だった。

１類：　ＴＥ　（ＰＡ）　市民-Ｗ　オリンピック・メダリスト-Ｏ　歓迎する-Ｔ
　　　　ＩＩＬ　歓迎　ＲＩ－Ｔ　。
２類：　ＴＥ　ＲＩ－Ｔ　welcome　ＩＩＬＬ　ｃｉｔｉｚｅｎ-Ｗ
　　　　ｗｅｌｃｏｍｅ－Ｔ　Ｏｌｙｍｐｉｃ-ｍｅｄａｌｉｓｔ-Ｏ.

（注）ＩＩＬ（２類は ＩＩＬＬ）は副詞節も導（英語の as や like に相当）。

形容詞節を導く節理詞は上に挙げたものの他にもある。多くは副詞節も導く

（Ｋｙ、ＵＵＫ、ＫｙＵＴ は形容詞節のみ導く）が、いずれも難しくはない
ので説明を省略して、副詞節を導く節理詞に移ろう。

１７－３　副詞節を導く節理詞

副詞節を導く節理詞は沢山あり、修飾詞由来のものが多い。修飾詞由来の節理
詞は、１類と ２類 の語尾の違い（１類の修飾詞の語尾に Ｌ 付けると ２類
の修飾詞になる）をそのまま引き継ぐ。主節 と 副詞節（多くが条件節）の順
序については、１類 や ３類 の文は、副詞節先行 ・主節後行になることが多
いだろう。何故なら、日本語、韓国語、ヒンディー語、アラブ語などでは、副
詞節先行文（主節後行）が多いので（会話はまた別だが）、それをノシロ語に
直すと、自然に副詞節先行のノシロ文になるからである。２類でも、ドイツ語
やロシア語は副詞節先行が多いようだ。

実質的に国際標準語となっている英語では、主節先行が多いものの、強調目的
で副詞節を先行させることもよくある。但し、ノシロには強調目的で副詞節を
主節に先行させる技法は無いので、副詞節先行 ・主節後行の英文を、その節
順を保ったままノシロ文に翻訳しても（それはそれで良いが）英文が持ってい
た強調効果は没却されてしまう。ノシロでは、強調は ＶＩ ヴィ や ＶII
ヴィー を使って行うので、改めて、副詞節に ＶII を付けたり、ＶII
と －ＶII とで囲む必要がある。結局、ノシロ１類 と ３類の文は 副詞節
先行 ・主節後行文が圧倒的に多くなり、２類の文は主節先行 ・副詞節後行文
がやや多くなるだろう。

以下に、主節と副詞節（しばしば条件節）の典型的な節順（節が並ぶ順序）を
公式化して示す。

例文：　私は死ぬ前に、ルーブル美術館へ行く。

１類	SE 死ぬ UUO SE ルーブル美術館 UT 行く。 （副詞節）　　　（主節 ＝ 名詞節）
２類	SE go UTL Musee du Louvre UUOL SE die. （主節 ＝ 名詞節）　　　　　　　（副詞節）

（注）節理詞 UUO（２類は UUOL）は、〜する前に（英語の接続詞 before）。

上のルールを破るとき、つまり、<u>1類で主節が副詞節に先行するとき</u>、<u>2類で</u>
<u>副詞節が主節に先行するとき</u>は、<u>1類では主節と副詞節を点（，）で区切り、</u>
<u>2類では カンマ（ , ）で区切る</u>。上例のように <u>節理詞が文中に来る場合は、</u>
<u>その節理詞が 主節 と 副詞節 を分ける形になるので、カンマは不要である。</u>
但し、<u>主節が **命令文** の場合は、節理詞の位置に関わらず、主節と副詞節の間</u>
<u>に必ずカンマを置く</u>。<u>主節が **疑問文** の場合も命令文の場合と同じ</u>。

既に述べているが、<u>ノシロ語では副詞節（屡条件節）が最初に来たからといっ</u>
<u>て、それが強調されていることにならない</u>（同条件の下で順位があるときは、
最初の語が強調されているとして良いが）ということ。<u>ノシロ語の強調は、強</u>
<u>調助詞の VI ヴィ（語を強調する）や VII ヴィー（句や節を強調）を、強調</u>
<u>したい語や句や節の前に置いて行う</u>。句や節で、強調範囲を明示しないと混乱
を生じる恐れがあるときは、VII と -VII でその範囲（副詞節）を囲む。

【注】上の例文は「死」という名詞と、UO という修飾詞（2類は UOL）を組み
合わせれば文を短くできるが、文法説明のために敢えて 節 と 節理詞 を使っ
ている。尚、UUO の代わりに IIC にすると、私は死ぬまでルーブルに行く
（行き続ける）という意味になる（熱烈なルーブルファン？）。UUO の代わ
りに AAI（期限強調）だと、遅くとも死ぬまでには行くという意味で、UUO と
殆ど同じ。

もう一つ重要な事は、副詞節の中の主語が主節中の主語と同じ場合は、副詞節
中の主語は 省略できる、ということ。省略の効果は、繰り返しを止めて、引
き締まった文にすることである。但し、この省略はノシロ語に慣れてからすべ
きだと思う。本書では、初学者を考慮して、副詞節中の主語の省略は多くの場
合 **していない**。

副詞節を導く節理詞は、この後、「仮定を表すもの」、「譲歩をあらわすも
の」、「そうでないもの」に大別してご紹介します。

17-3-1　仮定を表す副詞節を導く節理詞

EEF エーフ、 EEG エーグ、 EEK エーク、 EEL エール、 EEM
エーム、 と五つある。これ等は全て修飾詞由来なので、修飾詞の語尾の違い

（２類の修飾詞の語尾には　Ｌ　が付く）をそのまま引き継ぐ。

【注】EEK、EEL は「条件、付帯条件」に、EEM は「偽装」に分類することも
可能です。

● 　ＥＥＦ（２類は　ＥＥＦＬ）　　　「　もし　〜　ならば　」

英語の　Ｉｆ（conditional if ）に相当する。論理学の　Ｉｆ　も普通はこれで
ある。ノシロ語の仮定文は、仮定内容が事実であってもなくても同文になる。
事実と異なる仮定をする場合（英語の仮定法過去や過去完了）は、帰結文の方
に助動詞　ＧＩＴＴ　ギットゥ　を入れる。仮定文の語順は、

１類：　副詞節　＋　ＥＥＦ
２類：　ＥＥＦＬ　＋　副詞節　　　　　　となる。

【注】日本語の「もし」は英語の If よりも、if and only if（iff と略す）
にあたることが多い。この方（if and only if）は、ＥＥＦ ではなく ＥＥＧ
エーグ で表す（２類は ＥＥＧＬ エーグル）。

簡単な状況設定をしてから例文を見て行こう。

［状況設定 － Ａ］

読者が、東京に住み、読者の父親は健在で名古屋に住んでいるとしよう。
来月、父親が東京まで読者に会いに来るかどうか読者には全く分からない場合
を考える。　（注）読者というのはこの頁を読んで下さっているあなたのこと。

例文：　 もし父が私に会いに来るなら、私は父に虹橋を見せたい。
　　　　（注）副詞節（仮定文）に下線。

１類：　父－Ｗ　ＳＥ－Ｌ　会う　ＤＩ　来る　ＥＥＦ　ＳＥ　父－Ｏ
　　　　虹橋－Ｏ　見せる　＜　ＩＹＵＳ。
２類：　SE IYUS ＞ show father-O Rainbowbridge-O EEFL father-W
　　　　come DIL see SE-L.

（注）-DI（DIL）は動詞と結び付く修飾詞で「〜するために（ ＝ in order

285

to）」。1類の、見せる ＜ ＩＹＵＳ は、ミセルン イユース と読む。
2類の ＩＹＵＳ ＞ ｓｈｏｗ は、イユースン ショウ。 英語の want to
show である。 ＜ も ＞ も、「ん」と読む。節理詞 ＥＥＦ （2類は
ＥＥＦＬ）が文の中央にある（主節と副詞節の間にある）ので、点や カンマ
は不要（但し、主節が命令文のときは、念のために「点」や「カンマ」で区切
る）。 尚、虹橋（レインボウブリッジ）というのは東京湾岸のつり橋で、ちょ
っとした観光名所になっている。

（注）以下の節順でも間違いではない。1類や3類の人は会話でもない限りこ
うした節順にはしないだろうが、2類の人は時々するだろう。文にする場合
は、主節と副詞節の間に点やカンマを忘れないこと。

1類： SE 父-0 レインボウブリッジ-0 見せる ＜ IYUS、 <u>父-W SE-L</u>
　　　<u>会う DI 来る EEF</u>。
2類： <u>EEFL father-W come DIL see SE-L</u>, SE IYUS ＞ show
　　　father-0 Rainbowbridge-0.

（注）上の文で、副詞節を強調したいときは、以下のように副詞節の前に VII
を置くか、副詞節を VII と -VII とで囲む（ -VII まで必須という訳ではな
く、大抵は VII を節頭に置くだけで十分）。2類の書き手が、副詞節を（主
節よりも）最初に読んでもらえる効果はあるのだから、VII や -VII を使わな
くても良いと（強調と似た効果を出せる）考えるなら、それでも良いと思う。

1類： SE 父-0 レインボウブリッジ-0 見せる ＜ IYUS、 **VII** <u>**父-W**</u>
　　　<u>**SE-L** 会う DI 来る EEF</u> **-VII**。
2類： **VII** <u>**EEFL** father-W come DIL see SE-L</u> **-VII**, SE IYUS ＞
　　　show father-0 Rainbowbridge-0.

［**状況設定 - B**］

父が既に何年も前に死去していて、今東京に出て来ることはあり得ない場合。

例文： もし父が私に会いに来るなら、私は父にベイブリッジを見せたい。

1類： <u>父－W SE－L 会う DI 来る EEF</u> SE 父－0

　　　　虹橋－O　GITT　見せる　＜　IYUS。
２類：　SE **GITT** IYUS ＞ show father-O Rainbowbridge-O <u>EEFL</u>
　　　　<u>father-W come DIL see SE-L</u>.

事実と全く異なる仮定をしている、つまり死去した父が会いに来ることは不可
能だから、私が父にレインボウベイブリッジを見せることなどできるわけがな
い（私が父とは関係なしに一人で見に行くことはできるが）。このことを示す
ために帰結文の方に、助動詞　GITT　ギットゥ　を置く（動詞の直前
に）。仮定文には何も入れない。GITT　は、**事実と異なる仮定をして話を
進める**　場合の専用助動詞で、英語の仮定法過去や仮定法過去完了のようなも
のである。

　［状況設定 － C］

読者が友人に話しをしている（読者が友人を心配して相談にのっている）。

例文：　もし私があなた（友人）なら、私は画家になる。

１類：　SE <u>ME RI EEF</u> SE 画家-E **GITT** EQKAZ。
２類：　SE **GITT** EQKAZ painter-E EEFL <u>SE RI ME</u>.

これも事実と異なる仮定をしている（私があなたである筈がない）から GITT
を帰結文に入れる（これは典型的なアドバイス文であり GITT がなくても意味
は分かるけれど入れることにしよう）。EQKAZ エチュカズ　は　「〜に成る」
（＝ become）。読者が画家以外の道を目指しているのか、それとも画家を目指し
ていて、自分と境遇や性格が似ている友人にも同じように画家を目指せと説得
しているのか、その辺りは文章の前後をもっと良く読まなければ分からない
（ここでは、それは示されていない）。この表現は英語ならアドバイス文の一種
で仮定法過去で表すところだが、ノシロ文法は事実と異なる仮定であっても仮
定文の方は変わらない。簡単な文なので　ME-E　としなくても良い。画家 や
painter の後ろの -E も省略可。

　［状況設定 － D］

読者が、熱心に勉強したかどうかを誰にも（読者にも）言わない無口な友人に
話しかける。　（注）読者は、友人が熱心に勉強したかどうか、知らない。

例文：　もしあなたが熱心に勉強していたら、合格通知が明日来るだろう。

1類：　ME　熱心に　勉強する-T　EEF　合格通知-W　明日　来る-R。
2類：　Acceptance　letter-W　tomorrow　come-R　EEFL　ME　hard
　　　　study-T.

［状況設定 － E］

読者が、試験に落ちたのは熱心に勉強しなかったため、と公言している友人に
話しかける。つまり読者は友人の不勉強を知っている。

例文：　もしあなたが熱心に勉強していたら、合格通知は明日来るだろう。

1類：　ME　熱心に　勉強する-T　EEF　　合格通知-W　明日　GITT　来る-R。
2類：　Acceptance　letter-W　tomorrow　GITT　come-R　EEFL　ME　hard
　　　　study-T.

（注）時を表す修飾詞 ED（2類は EDL）を使って、明日 ED　や　EDL
tomorrow としても良い。合格通知など来るはずがないことを知っていて言っ
ている（だから GITT が付く）。

［参考］　仮定の節理詞は使わないが、事実と反対の状況に基いて願望を述べ
る表現がある。かなわぬ願いやかなう筈がない事を「かなえば（良いのに）な
ー」と述べるもので、それには動詞 IYX イユシュ　を使う。この場合は、
仮定の副詞節はない（省略）ので、いきなり主節が現れることになる。

例文：　私がカメラを（今）持っていたらなー。

1類：　SE　SE　カメラ-O　TUV　My　IYX。
2類：　SE　IYX　My　SE　TUV　camera-O.

（注）TUV トゥーブ は「持つ」(have)。　IYX　は 「かなわないけれど
望む」。英語の wish に相当。

例文：　私がカメラを　（過去のあの時）　持っていたらなー。

1類： SE SE カメラーO TUV－T My **IYX**。
2類： SE **IYX** My SE TUV－T camera－O.

● EEG （2類は EEGL） 「もし ～ ならば」

排他的 if つまり英語の iff で、日本語の「もし ～ なら」は
EEF（L） よりも、この EEG（EEGL）に近い。例えば、「明日もし
晴れならピクニックに行く」 という文を EEF を使って書くと、「晴れ
なかった場合は、ピクニックに行くこともあるし、行かないこともある」 と
いう意味になるが、 EEG を使えば、「晴れなかった場合は行かない」の
一つに決まってしまうのである。つまり EEG だと、ピクニックに行くのは
晴れた場合のみに限定される。

● EEK （2類は EEKL） 「 ～と仮定して 」 （仮定、条件）
　【注】形容詞節も導く。

例文： <u>摩擦はないと仮定して</u>計算せよ。　　　　　（注）副詞節に下線。

1類： <u>摩擦－W NAI RIZ EEK</u>、 YO 計算する。
2類： YO calculate, <u>EEKL friction-W NAI RIZ</u>.

（注）以下でも間違いではない。命令文（主節）と副詞節だから、両者の間
に、点やカンマを入れる。主節が疑問文のときも同様。尚、ノシロでは、副詞
節を先行させても強調とは看做さない。

1類： <u>摩擦－W NAI RIZ EEK</u>、 YO 計算する。
2類： <u>EEKL friction-W NAI RIZ</u>, YO calculate.

1類： YO 計算する、 <u>摩擦－W NAI RIZ EEK</u>。
2類： YO calculate, <u>EEKL friction-W NAI RIZ</u>.

● EEL （2類は EELL （エーッル） 「～する限り仮定、条件」

例文： <u>あなたが彼等を助ける限り</u>、私はあなたを助ける。

（注）　副詞節に下線。

1類　：　<u>ME FEN-O 助ける EEL</u>　SE ME-O　助ける。
2類　：　SE help ME-O <u>EEFL ME help FEN-O.</u>

● EEM（2類は EEML）　「 あたかも ～ のような（に）」（仮
定、偽装）　（注）　形容詞節も導く。

例文：　<u>彼女は自分が全て知っているかのように</u>話した（実は全く知らない
か、一部しか知らないのに）。　（注）　副詞節に下線。

1類：　<u>DAFE 全てO 知る EEM</u>　DAFE　話す－T。
2類：　DAFE talk-T <u>EEML DAFE know all-0.</u>

17-3-2　譲歩を表す節理詞

● EEN（2類は EENL）　「 たとえ ～ でも 」、
「仮に ～ だとしても」　（譲歩の even if ）

例文：　<u>たとえ彼が間違いを犯しても</u>、誰も不平を言わない。
（注）副詞節に下線。

1類：　<u>MAFE 間違い-0 犯す EEN</u> NAI JE 不平-0 言う。
2類：　NAI JE say complaint-0 <u>EENL MAFE make mistake-0.</u>

（注）NAI JE は英語なら no one （nobody）。以下も可
（REnN レンヌ は人々）。

1類：　<u>MAFE 間違い－O 犯す EEN</u> REnN－W 不平－O
NAI 言う。
2類：　REnN－W NAI say complaint－O <u>EENL
MAFE make mistake－O.</u>

17-3-3　その他の節理詞　（仮定や譲歩以外）

先ず、修飾詞由来のものから紹介しよう（下表）。節理詞に導かれる節は、
「**主語＋動詞**」という骨格を持つが、その**主語**が主節内の主語と同じ場合は節
理詞に導かれる節の**主語**を省略できる。これはしつこくなるのを防ぐためで、
英語でも同じこと（但し、ノシロに慣れるまでは主語を書き出しても何も悪い
ことはない）。

修飾詞は１、２類で語尾が異なり（１類の修飾詞の語尾に L を付けたものが
２類の修飾詞になる）、節理詞もその語尾の違いを引き継ぐ。尚、<u>以下の殆ど
の節理詞は形容詞節も導く</u>ことができる（＊ 印 を付けたものは副詞節のみを
導く）。

節理詞	読み方	意味（使い方）	参考
AAB/AABL （１類/２類）	アーブル/ アーブル	SがVする<u>ということについて</u> 例：委員会はSがVしたことについて 議論する。 (注)目的節を単に My で表すのと比 べ、Sが行った様々な行為の中からS がVしたことを特に取り立てるという 感じが出る。	about that S+V concerning that S+V
AAC/AACL	アーツ/ アーツル	SがVする<u>ということの代わりに</u> 例：SがVする代わりに、CがDする	instead of that S+V
AAE/AAEL	アーエ/ アーエル	SがVする<u>ことを除いて</u> 例：SがVする(である)ということを 除いて	except that S+V
AAF/AAFL	アーフ/ アーフル	SがVする<u>後で(の)</u> 例：Sが出発した後に(の)	after S+V
AAG/AAGL	アーグ/ アーグル	SがVする<u>ということに対抗して</u> 例：S国がミサイルを発射するのに対 抗してZ国は迎撃ミサイルを撃つ	against that S+V
AAI/AAIL	アーイ/ アーイル	SがVする<u>までには</u> 例：日が沈むまでには洗濯を終える	by the timw S+V
AAN/AANL	アーヌ/ アーヌル	SがVすることと比べて〜 例：Sが３ヶ国語を放すのと比べて (対して)Zは３種の楽器を演奏する	compared with that S+V

AAS/AASL	アース/アースル	S が V して以来 例：S が勝利<u>して以来</u>、多くの災難が起きた	since S+V
AAT/AATL	アートゥ/アートゥル	～するところで（場所）。 以下のいずれも可。 ●副詞節か形容詞節 + AAT … S が V する場所で 例：あなたは今居る所に留まれ！ M1：YO ME RIZ AAT 留まる。 M2：YO stay AATL ME RIZ. 　　（Stay where you are.） （注）留まる、は IDyREZ だが RIZ でも良い。 ● 副詞節か形容詞節 + AAT + 場所 … S が V する場所で 例：ここは私が本を失った場所です。 M1：TOA-W (PA) SE 本-O 失う-T AAT 　　場所 RI。 M2：TOA-W RI place AAT SE lose-T 　　book-O. (This id the place 　　where I lost my book.) （注）TO より TOA（この場所、ここ）の方が良い。 例：以前私達が会った場所で会おう。 M1：SEN IUEB 会う T AAT 場所　AT 　　LECC 会う M2：LECC meet ATL the place AATL 　　SEN IUEB meet-T. (Let's meet 　　at the place we met before.) ● 副詞節か掲揚施設 AATTI … S が V する場所で、場所の 例：ここは私が本を失った場所です。 M1：TOA-W SE 本-O 失う T AATTI 　　(RI)。 M2：TOA-W (RI) AATLTI SE lose-T 　　book-O.　(this is where I lost	where S+V

<table>
<tr><td></td><td></td><td>my book.）
（注）AATTI は場所と言う名詞を含む語で文を短くできる。
● 形容詞 + Ky + 場所 + AT
… S が V する場所で（の）
例: ここは私が本を失った場所です。
M1: TOA-W SE 本 0 失う-T Ky 場所（RI）。
M2: TOA-W（RI）place Ky SE lose-T book-0.
例: その人は私が本を失った場所で財布を失った。
M1: FE（PA）SE 本-0 失う-T Ky 場所 AT 財布-0 失う-T。
M2: FE lose-T purse-0 ATL place Ky SE lose-T book-.</td><td></td></tr>
<tr><td>AAU/AAUL</td><td>アーウ/
アーウル</td><td>S が V することによって。
例 S が V した（である）ことによって C は D となった。
（注）受動態の修飾詞 AU と同じ。</td><td>by that S+V</td></tr>
<tr><td>IIC/IICL</td><td>イーツ/
イーツル</td><td>S が V するまで(ある時点までの動作の継続。
例: 私は相手が非を認めるまで戦うぞ。</td><td>until/upto S+V</td></tr>
<tr><td>IID/IIDL</td><td>イードゥ/
イードゥル</td><td>S が V すると言う理由で、〜なので。
例: ダークホース校が優勝したので</td><td>since S+V</td></tr>
<tr><td>IIE/IIEL</td><td>イーエ/
イーエル</td><td>S が V する（である）限り。
論点が古代の気候である限り、私は参加しない。</td><td>as far as concerned S+V</td></tr>
<tr><td>IIF/IIFL</td><td>イーフ/
イーフル</td><td>S が V であるということについては、〜についてどうかと言えば。
例: S が V である（する）ことについては、委員会は既に結論を出している。
AAB と同じだが、逆転結論が出そうな場合や、改めて論を立てる時は IIF の方が向いている。</td><td>as for that S+V</td></tr>
</table>

293

IIL/IILL	イール/ イーッル	Sが V するのと同様に 例：漁師が魚を取るのと同様に、狩人は獣を捕る。	as, as much as S+V
IIM	イーム/ イームル	Sが V する（である）ということから。 例：その事件は彼が彼女に会ったことから始まった。	from that S+V
IIN	イーヌ/ イーヌル	Sが V すると言うことの中に。 例：真実はAがゾロアスター教徒であったということの中にある	in that S+V
IIRP	イールプ/ イールプル	Sが V するということの背後に。 例：彼がそんな犯罪を犯したことの背後には	back of that S+V
IIY	イーユ/ イーユル	Sが V する（である）ということに加えて	in addition to that S+V
IIZ	イーズ/ イーズル	Sが V するということと共に。 例：Sが獲物を追い立てると共に、Cは太鼓をたたいて大きな音を出す	with that S+V
UUC	ウーツ/ ウーツル	Sが V すること無しに（無く）。 例：議員が議決すること無しに、その法律は自然成立するだろう。 例：その木は人々が守り育てること無しに大木になった。 例：疑問点が解決されること無しに、その新薬は製品化された。	without that S+V
UUO	ウーオ/ ウーオル	Sが V する前に（の）。 例：Sが V する前に、CはDする。	before S+V
UUP	ウープ/ ウープル	Sが V することに基づいて、Sが V するということを見る（推論の根拠）。 例：Sが V する（である）ことに基づいて、CはDする。 例：Sが V することからすると、CはDする。	based upon S+V seeing that S;V
UURP/UURPL	ウールプ/ ウールプル	Sが V する間に。 例：Sが V する間に、CはDする。	while S+V
UUS/UUSL	ウース/	SはV するけれども。	though S+V

	ウースル	例：SはVするけれど、CはDする。	
UUY/UUYL	ウーユ/ ウーユル	SがVするその先に、SがVであると いうことの先に（以遠に）。 例：SがVする先には、いずれCがD することが予想される。	beyond S+V
UUZ/UUZL	ウーズ/ ウーズル	SがVするということ以外に。 例：東京都は保育所を作る以外に、就 学金を増やす。	besides S+V
EEA/EEAL	エーア/ エーアル	SがVする時に。 （注）以下のいずれも可。 ● 副詞節か掲揚施設 ＋ EEA ● 副詞節か掲揚施設 ＋ EEA ＋ 時の-T ● 副詞節か掲揚施設 ＋ EEATI ● 形容詞節 ＋ Ky ＋ 時の-T ＋ EA	when S+V
EEB/EEBL	エーブ/ エーブル	SがVするには、 SがVするのは	to 不定詞
EEC/EECL	エーツ/ エーツル	SがVする程に	to 不定詞
EED/EEDL		SがVするための、ために 例：その部屋は、学生たちが休息する ために作られた	to 不定詞 (in order to do)
EEJ/EEJL		SがVする間に、SがVしながら 例：SがVする間に、CはDする （注）S＝CならSを省略して良い	while S+V
EEP/EEPL		SがVするのに応えて、〜に反応して 例：SがVしたのに応えてCはDする	in replying to that S+V
EERP/EERPL		SがVするのに係りなく、 〜に関係なく	regardless of that S+V
EET/EETL		SがVするのを棚上げして 例：SがVしたことを脇に置いて、C はDする	putting that S+V side
EEY/EEYL		SがVするということを含めて 例：SがVすることを含めて、CはD する	including S+V

| EEZ/EEZL | | SがVする場合に
例：退学処分されたものが万一再登録
する場合、そのクラスは開講されない
かも知れない | for the case that
S+V |

【注】ＥＥＪ／ＥＥＪＬ は、Version 2.7 で追加された（平 28.09.01）。この節理詞は、この後登場する節理詞 ＰＬＰ と似ているが、EEJ／EEJL は主に異なる主語が其々の動作を行う場合に使われ（例：父親が梯子を支えているうちに息子は枝を切った）、ＰＬＰ は異なる主語が行う動作の相関等を表す場合に使う（例：価格が上がるにつれて需要は減少した）。つまり、EEJ/EEJL は英語の while で、PLP は英語の as に近い。尚、PLP は修飾詞由来の節理詞ではない（オリジナルの節理詞）ので、１、２類で同形となる。EERP/EERPL は、「その戦争が<u>どう決着しようと</u>ロシアは衰退する」（<u>Regardless</u> how the war ends, Russia will decay.）」のような文を作る。

★　重　要　★

上表中の、ＥＥＡ（時）、ＡＡＴ（場所）、ＩＩＤ（理由）は、疑問詞のＨＥ（いつ）、ＨＯ（どこ）、ＨｙＡ（なぜ）と混同しがちである。

ノシロ語では本当に疑問がある場合しか疑問詞を使わない。以下の三つの例文には疑問は含まれないので、疑問詞は使わず、ＥＥＡ や ＡＡＴ や Ｋｙを使う。　（注）副詞節に下線。

例文：　<u>母がその家を訪れた時</u>、彼はテレビを見ていた。

１類：　<u>母－Ｗ　ＢＯＩ　家－Ｏ　訪れる－Ｔ　ＥＥＡ</u>　ＭＡＦＥテレビ－Ｏ　見る－ＴＩn。

２類：　ＭＡＦＥ　watch－ＴＩn　ＴＶ－Ｏ　<u>ＥＥＡＬ</u>
　　　　<u>mother－Ｗ　visit－Ｔ　ＢＯＩ　house－Ｏ</u>

（注）この文に「疑問」は全然ないので、疑問詞 ＨＥ（いつ？）は使わない。

例文：　私は<u>高僧鑑真が上陸した場所</u>へ行った。　　（注）　形容詞節に下線。

１類：　ＳＥ　<u>高僧鑑真-Ｗ　上陸する-Ｔ　ＡＡＴ</u>　場所　ＵＴ　行く-Ｔ。

2類： SE go-T UTL place AATL highmonk Ganjin-W land-T.

1類： ＳＥ　高僧鑑真－Ｗ　上陸する－Ｔ　ＡＡＴＴＩ　ＵＴ　行く－Ｔ。
2類： ＳＥ　ｇｏ－Ｔ　ＵＴＬ　ＡＡＴＬＴＩ　ｈｉｇｈｍｏｎｋ
Ｇａｎｊｉｎ－Ｗ　ｌａｎｄ－Ｔ．

1類： ＳＥ　高僧鑑真－Ｗ　上陸する－Ｔ　Ｋｙ　場所　ＵＴ　行く－Ｔ。
2類： ＳＥ　ｇｏ－Ｔ　ＵＴＬ　ｐｌａｃｅ　Ｋｙ　ｈｉｇｈｍｏｎｋ
Ｇａｎｊｉｎ－Ｗ　ｌａｎｄ－Ｔ．

（注）この文には「疑問」はないので、疑問詞 HO（どこ ?）は使わず、AAT
アートゥ や AATTI アーッティ や Ky キュ を使う。

例文： 孤児達は、米人の養母が７０歳まで働き続けた理由を、知っている。

1類： 孤児達-W　アメリカ人　養母-W　７０歳　IC　働く　＜　UKOAS-T
Ky　理由-O　知っている。
2類： Orphans-W　know　reason-O　Ky　American　foster　mother-W
UKOAS-T　＞　work　ICL　70.

（注）ＩＣ イツ（ICL イツル）は、～まで。ＵＫＯＡＳ は、続ける。この
文が、もし「孤児達はアメリカ人の養母が７０歳まで働き続けた理由を尋ね
た」なら、疑問があるから ＨｙＡ（なぜ ?）を使うことになる。では、「孤
児達は理由を想像した」ならどうか（多少とも疑問を含む感じ）。私はどちら
でも良いと思います。

最後に、節理詞と修飾詞と準動詞の相関を総まとめにしてご案内します。

名詞節を導く**節理詞** 1類/2類	形容詞節を導く**節理詞** 1類/2類	副詞節を導く**節理詞** 1類/2類	名詞と結び付く修飾詞 1類/2類	動詞と結び付く修飾詞 1類/2類	準動詞
My					-M
Dy					-D
	Ky				-K
					-KE
	UUK/UUKL		UK/UKL		

	XU			
	AAT/AATL 〜する場所 の	AAT/AATL 〜する場所で	AT/ATL の場所の	
	EEA/EEAL 〜する時の	EEA/EEAL 〜する時に	EA/EAL 〜の時の、 の時に	
	EEZ/EEZL 〜する場合 の	EEZ/EEZL 〜する場合に	EZ/EZL 〜の場合の、 の場合に	
	EEB/EEBL 〜するには	EEB/EEBL 〜するには	EB/EBL 〜には	BI/BIL 〜するには、 するのは
		EEC/EECL 〜するほど	CI/CIL 〜ほど	CI/CIL 〜するほどの
	EED/EEDL 〜するため の	EED/EEDL 〜するために	ED/EDL 〜を求める	DI/DIL 〜するための するために
		EEF/EEFL 〜するならば	EF/EFL 〜ならば	FI/FIL 〜ならばの、 〜ならば
		EEJ/EEJL 〜しながら、 〜しつつ	EJ/EJL 〜の行為と共 に	JI/JIL 〜しながら の、しながら
	EEM/EEML あたかも〜 するような	EEM/EEML あたかも〜す るように	EM/EML あたかも〜の ような あたかも〜の ように	
	IIL/IILL 〜するよう な	IIL/IILL 〜するように	IL/ILL 〜のような、 ように	
	KyUT 〜するとこ ろの			

298

【注】XU シュー は英語の関係代名詞 what のように後行詞（2類は先行詞）を含む。 KyUT キュートゥ は、英語の関係代名詞 that や which に相当。Ky より用法が大分窮屈になるが、英語の関係代名詞が好きな人は KyUT の方を好むかも知れない。

上表中の、AAT アートゥ（2類は AATL）, EEA エーア （2類は EEAL）, EEZ エーズ（2類は EEZL）については、下表のように語尾に TI を付けて名詞化できる。名詞化すると、XU（英語の関係代名詞 what）のように節理詞と後行詞（2類は、先行詞と節理詞） が一体化するので、一々 「場所」、「時」、「場合」という語を書き出す必要がなくなり、文中で AATTI－W （～する場所は。英語なら単に where ではなく place where となる）や AATTI－O （～する場所を）や AATTI－E （～する場所） のように用いることができる。もっとも、AAT、EEA、EEZ は簡単な文では、「場所」、「時」、「場合」という語を書き出さなくても意味が通ることが多いので、以下の三語の出番は少ないでしょう。

1類	読み方	意味	2類	読み方	意味は1類と同じ
AATTI	アーットゥティ	～する場所	AATLTI	アートゥルティ	
EEATI	エーアティ	～する時	EEALTI	エーアルティ	
EEZTI	エーズティ	～する場合	EEZLTI	エーズルティ	

17－4　修飾詞に由来しない節理詞

修飾詞と無関係なので修飾詞の語尾の違い（2類には L が付く）を引き継ぐことはなく、1類、2類が同形 となる。大抵は副詞節を導くが、PLA, PLI, PLP, PLE, PLO, TWA, TWI は形容詞節を導くこともできる。

節理詞	読み方	意味
ALES	アレス	～しないなら、～しない限り　（＝unless）
NVAL	ヌヴァル	～しないように（lest）
NVEE	ヌヴェー	～できないように（so that S + can not .....）
PLA	ノフ	～の少し前に（little before）

PLI	プリ	〜の直前に（immediately before）
PLP	プルプ	〜と同時の、〜につれて（同時連動の、相関して） （at the same time / as ）
PLE	プレ	〜の直後に（immediately after）
PLO	プロ	〜の少し後に（little after）
PEEC	ペーツ	〜になって初めて（やっと） （例： <u>1960年に多くの病院が水没して初めて</u> <u>（やっと）</u>、政府は必要な対策を講じた）
PEEN	ペーヌ	〜もさることながら（例： <u>AがBであることも重要</u> <u>（さることながら）</u>ではあるが、CがDすることは更 に重要だ）
SZA	スザ	〜を見ると、〜を考慮すると（seeing that ---）。 UUP / UUPL も可
TWA	トゥワ	〜の場合に備えて（例： 彼女が溺れる場合に備え て．．．）
TWI	トゥイ	〜という条件で（例： Aは現金を先払いするという条 件で）
YUD	ユードゥ	〜するように（so that one do）
YUM	ユーム	〜できるように（so that one can do）

【注】ALES アレス は英語の接続詞 unless に相当。PLP プルプ は英語の接続詞 as に近く、二つの事象の相関等を述べる場合に格好の接続詞である（故に、科学や数学の文章に多く使われる）。 例：「 X がこう動くにつれて、Y はこう動く」 や、「価格が上がるにつれて、需要はこう減少する」）。これに対し、先に学んだ EEJ / EEJL は while に近く、特に相関や関連を意識する必要はない（偶然の一致などもOK）。SZA は、英語の Seeing that 〜 だから普通の推論に加えてややのんびりした推論でも良く、「〜から見たところ、〜からすると」の意。修飾詞 UP / UPL （ウプ/ウプル）の派生語である節理詞 UUP / UUPL （ウープ/ウープル）は、英語の based upon that 〜 であり、どちらかと言うと明確な根拠に基づく推論や主張に向く。

上表の中から、比較的よく使われそうな、以下の四つを見ておこう。

● ＮＶＡＬ　ヌヴァル　〜 しないように

例文：　私は、彼が失敗しないように、良い作業マニュアルをあげた。

1類：　<u>MAFE　失敗-O　する　NVAL</u>　SE　MAFE　良い　作業マニュアル
　　　あげる-T。

2類：　SE　give-T　MAFE　good　work-manual　NVAL　MAFE　make
　　　mistake-O.

（注）主節は、ＳＯＯＶ（２類は、ＳＶＯＯ）の文だから、以下も可。

1類：　<u>MAFE　失敗-O　する　NVAL</u>　SE　MAFE-O　良い　作業マニュアル-O
　　　あげる-T。

2類：　SE　give-T　MAFE-O　good　work- manual-O　NVAL　MAFE　make
　　　<u>mistake-O</u>.

● 　ＮＶＥＥ　　ヌヴェー　　　〜 できないように

例文：　彼等は、囚人達が牢破りできないように、鉄格子に電流を流した。

1類：　<u>囚人-W　TE-O　破る　NVEE</u>　FEN　電流-O　鉄格子　UT　流す-T。

2類：　FEN　supply-T　electricity-O　UTL　bar　<u>NVEE　prisonor-W
　　　break　TE-O</u>.

（注）上の文は、以下のように　GIMA　と　NVAL　を使って書き直せる。

1類：　<u>囚人-W　TE-O　GIMA　破る　NVAL</u>　FEN　電流-O　鉄格子
　　　UT　流す-T。

2類：　FEN　supply-T　electricity-O　UTL　bar　<u>NVAL　prisonor-W
　　　GIMA　break　TE-O</u>.

● 　ＹＵＤ　　ユードゥ　　　〜 するように

例文：　彼等は、判事が更に訴訟を検討するように、判事に幾つかの新しい書
類を用意した。

1類：　<u>判事-W　訴訟-O　更に　検討する　YUD</u>　FEN　判事　幾つかの

301

　　　　　新しい　資料　用意する-T。

2類：　FEN　prepare-T　judge　some　new　document　<u>YUD　judge-W</u>
<u>further　consider　case-O</u>.

1類：　<u>判事-W　訴訟-O　更に　検討する　YUD</u>　FEN　判事-O　幾つかの
　　　　　新しい　資料-O　用意する-T。

2類：　FEN　prepare-T　judge-O　some　new　document-O　<u>YUD　judge-W</u>
<u>further　consider　case-O</u>.

● 　YUM　　ユーム　　　〜　できるように

例文：　　同窓会は、彼等の野球ビムが試合に勝つことが<u>できるように</u>最高のコ
ーチを送った。

1類：　<u>FENI　野球ビム-W　試合-O　勝つ　YUM</u>　同窓会-W　最高の
　　　　　コーチ-O　送る-T。

2類：　Alumni-W　send-T　best　coach-O　<u>YUM　FENI　baseball-team-W</u>
<u>win　tournament-O</u>.

（注）上の文は、YUD（YUM の代わりに）を使って以下のようにも書ける。助動
詞 GIMA（＝can）が必要。

1類：　<u>FENI　野球ビム-W　試合-O　GIMA　勝つ　YUD</u>　同窓会-W　最高の
　　　　　コーチ-O　送る-T。

2類：　Alumni-W　send-T　best　coach-O　<u>YUD　FENI　baseball-team-W</u>
<u>GIMA　win　tournament-O</u>.

以上で１７章を終わります。皆様ずっと読み続けて下さり本当に有難うござい
ました。後は、第１８章の「自然詞」（これは簡単過ぎてご免なさいと言わな
ければならない程簡単です）と、第１９章の文法と一体化して使われる「ノシ
ロ基本単語」の一覧表だけです（１９章は必要が生じた時に、その単語の意味
や使い方を見て頂くだけで十分です）。　　■

第18章 自然詞、手紙、翻訳例

18−1 自然詞、他

感嘆詞、擬音語、擬態語、動植物や自然の発する生の音声や放射をひっくるめて**自然詞**と言うことにします。感嘆詞は今のところ **AA** アー、**OO** オー、**SOO** ソー の三つをノシロ語の標準感嘆詞として覚えておくだけで良いでしょう。擬音語等は読者各位の印象や、各自が住まう社会や国で継承されて来たオノマトペをそのまま発音したり書いたりするだけですが、対話の相手が理解できるように説明してあげる方が親切ですね（虫の鳴き声等は各国で表現がかなり違うので）。あとはノシロ語を実際に試してみるだけですが、最初は恐らく会話よりも手紙やeメールでノシロ語を書くことになると思うので、手紙の書き方（形式）について少しだけ述べておきましょう。

18−2 手紙の書き方 （形式）

手紙を書くときの最小限の形式を以下にご案内します。

1類の語順で、主として日本語の単語を使って手紙を書く場合は、手紙の最初に **FIINA／日本語** と書く。これは挨拶と共に、相手に対して、自分が1、2類のいずれの語順で書いたのか、何語の単語を使って手紙を書いたのか伝えるためである。FIINA／日本語 と書いても相手が 「日本語」 を読めないと思ったら、FIINA／Japanse としておけばよい。ノシロ語を使って、FIINA／NIHOnGO とか FIINA／NIHOn_LOGOS と書くのが理想だが、ノシロ語が普及するまでは、 FIINA／Japanese とする方が安全確実で相手に親切でしょう。

2類の語順で主として英単語を使って書く場合は ALOO／English と書き、主としてドイツ語の単語を使うなら ALOO／Deutsch と書く。日本語の語順で書くが、英単語を多用するという場合は FIINA／English とする。相手が日本語の単語は全く解らないが、英単語なら解るという場合はこの方が親切であろう。時には、2類の文型で手紙を書いてみたいと思っても、生の英語では英米人と同じレベルの英語を書くのが難しい

という人は、ノシロ2類と英単語を使って書けば良いのである。この場合は、手紙の最初に　ALOO／English　と書くことになる。

以下に簡単な手紙の見本を示す。日本人の佐藤太郎さんが、SNS上で日本人のペンフレンドを求めるノルウェイの女性がいることに気付き、その女性にノシロ語でメールを送る場合を想定します。以下はかなりかしこまった書き方ですが、SNSですからもっと気楽（例えば HAIKEI や KEIG は落とすとか）な形式で返信しても良いでしょう。

＊＊＊＊＊＊＊＊＊＊＊＊＊＊＊＊＊＊＊＊＊＊＊＊＊＊＊＊＊＊＊＊＊＊

FIINA／English　　　　　　　　　　　M23. 07. 07.

<u>MEI offer EP</u>

DS, Ema Olsen

HAIKEI

SE MEI homepage-O enjoy-T OnD ME
Japanesee-friend-O seek My know-T.
SE 26 RI OnD Tokyo AT Hosei AnXNIIV
AT computer-science-O study。
PLII ME SE-O e-mail-O send。

KEIG

佐藤太郎　　SATO Taro
satotaro-55@ggmail. co

＊＊＊＊＊＊＊＊＊＊＊＊＊＊＊＊＊＊＊＊＊＊＊＊＊＊＊＊＊＊＊＊＊＊

（訳）

こんにちわ、ノシロ1類の語順で書き／英単語を多用します。

２０２３年 ７月７日

あなたの申し出に応えて

エマ　オルセン様

拝啓

私は　あなたの　Webページを楽しみました、　そして　あなたが　日本人の　e友達を　求めていることを　知りました。　私は２６才で東京にある法政大学でコンピューターサイエンスを勉強しています。　私に　eメールを　送って下さい。

敬具

佐藤太郎　　ＳＡＴＯＯ　Ｔａｒｏ
ｓａｔｏｔａｒｏ－５５＠ｇｇｍａｉｌ．ｃｏ

＊　＊　＊　＊　＊　＊　＊　＊　＊　＊　＊　＊　＊

（解説）

Ｍ２３．０７．０７．　は、赤２３年７月７日の意（西暦２０２３年７月７日）。ＥＰ　は、修飾詞　「〜に応えて」。自分の方から最初の手紙を書く場合は　ＡＢ（修飾詞の「〜について ＝ ａｂｏｕｔ」）を用いて、ＭＥＩ　Ｗｅｂｐａｇｅ　ＡＢ　とする。２類で書きたい場合は、ＡＢＬ　ＭＥＩ　Ｗｅｂｐａｇｅ　（About your Webpage の意 ）とする。ＨＡＩＫＥＩ　と　ＫＥＩＧ　は、日本語から採ったもので意味も同じ。初めての手紙や、自分の両親、先生等にあらたまった手紙を書く場合に付けるのが原則だが、常時使ったからといって悪いわけではない。HAIKEI　や　KEIG を省くなら、最後の文も　PLII　ME　の代わりに　LyPA　ME　を使い LyPA　ME　SE-O　e-mail-O　send.　で良いでしょう。AnXNIIV アンシュニーヴ は国際標準単語で「大学」の意。英語の University を使っても勿論良い。enjoy-T エンジョイタ　は、楽しんだ。動詞の過去はどんな場合も「動詞原形＋Ｔ」でenjoyed ではない。日本語を使うなら、楽しんだ、ではなく、楽しむ－Ｔ。

305

* * * * * * * * * * * * * *

必要に応じて、以下の記号を使えばノシロ文は一層分かり易くなるでしょう。

	記号と使い方	例、注意
氏名であることを知らせる方法	: : で囲む	:OHTANI Shohei: :MR, OHTANI Shohei: :BROWN Mary: :DS, BROWn Mary:
組織名	: ;	: UN ; : FBI ; : IBM ;
地名	; ;	; New York ; ; Tokyo ;
専門用語	| |	| DNA | | H_2O |
ブランド	_ _	_Sony_ _IBM_ _Apple_
強調したい個所を示す。	VI を置く。VII と -VII で挟む。太字や斜体字にする。下線を引く。	強調したい単語の頭に VI を置く。句や節を強調するときはその部分を VII と -VII で挟む。強調する語や部分を太字、斜字にしたり下線を引く。
引用であることを示す。	引用は、 > < や " " で挟む。e メールでは、引用した部分の行頭に > を置くだけでも良い。	引用は、引用した部分を > < や " " で挟む。
会話	1 類は「 」で囲む。 2 類は ' ' で囲む。	「お元気ですか ？」 'How are you ？'
TO の対象を明確にする方法	TO－1 と ^1 語や句や文 1^ とを組み合わせる。 TO－2 と ^2 語や句や文 2^ とを組み合わせる。 TO－3 と ^3 語や句や文 3^ とを組み合わせる。	TO-W（これは）では不明確なときは、TO-1-W と表記して、TO の対象部分を ^1 対象部分 1^ とする。もう一つあるなら、TO-2-W として、対象部分を ^2 対象部分 2^ とする。以下同様に。
BOI の対象を明確にする方法	BOI－1 と ~1 語や句や文 1~ とを組み合わせる。	上と同じ要領だが、BOI（あれ、それ）の場合は ^ ではなく ~ を使う。

306

| BOI－2 と
˜2 語や句や文 2˜ とを
組み合わせる。
BOI－3 と
˜3 語や句や文 3˜ とを
組み合わせる。 | |

【注】海外向けのメールでは、日本語の 、 や 。 は当分無理なので、相当する記号として、 ，（コンマ） や ．（ピリオド） を使おう。

18－3 翻訳例

ゲーデルの 「**不完全性定理**」 と 「**法華経、第十六品**」 のノシロ語訳

手紙に続いて、ほんの少しで誠に申し訳ないのですが、論理学の有名な定理と世界の名作をノシロ語に翻訳してみました。先ず、「**不完全性定理**」 の一節。

＞＞＞＞＞＞＞＞＞＞＞＞＞＞＞＞＞＞＞＞＞＞＞＞＞＞＞＞＞

the consistency of the system P is not provable in P, provided P is
consistent. (K. Godel).

【注】Methods of Logic, Quine と Frege & Godel から。

＞＞＞＞＞＞＞＞＞＞＞＞＞＞＞＞＞＞＞＞＞＞＞＞＞＞＞＞＞

★ 1類の文

P-W IBn-UIITRA RI EEK AnKIM-IGS UB IBn-UIITRATI-W P IN
DE-ILUFBL RI。

★ 2類の文

IBn-UIITRATI-W UBL AnKIM-IGS P RI DE ILUFBL INL P EEKL P-W
RI IBn-UIITRA.

（**解説**）
有名な第二不完全性定理で、「Ｐが無矛盾ならば、公理系Ｐの無矛盾性はその公理系Ｐの内部では証明できない」（本書の第１章でも触れた）。数学の定理ですが哲学的な含蓄があります。１類は SCV、２類は SVC の簡単な文です。

IBn ＝ 無、UIITRA ＝ inconsistant、 EEK（EEKL）＝ と仮定した場合、 AnKIM ＝ 公理、 IGS ＝ 系、 AnKIM-IGS ＝ 公理系（単に、AGSIS システム としても良い）、 UB（UBL）＝ of、 IBn-UIITRATI ＝ 無矛盾性、 IN（INL）＝ in、 ILUFBL ＝ provable、 DE-ILUFBL ＝ unprovable。

次は、大乗仏教の代表的な経典である法華経（ほけきょう）第十六品の冒頭部分から。

＞ ＞ ＞ ＞ ＞ ＞ ＞ ＞ ＞ ＞ ＞ ＞ ＞ ＞＞ ＞ ＞ ＞ ＞ ＞ ＞ ＞ ＞ ＞ ＞

皆謂今釈迦牟尼佛出釈氏宮　去伽耶城不遠
座於道場　得阿耨多羅三藐三菩提　然善男子
我實成佛己來　無量無邊

【注】作者は不明。サンスクリット本ではなく、クマラジーバ尊師の漢訳と The Threefold Lotus Sutra（Kosei Publishing Co.）を拝借しました。

＞ ＞ ＞ ＞ ＞ ＞ ＞ ＞ ＞ ＞ ＞ ＞ ＞ ＞＞ ＞ ＞ ＞ ＞ ＞ ＞ ＞ ＞ ＞ ＞

★　１類の訳文。

MEN PA Saka REnTR IM Sakamuni-Buddha-W NAI AUTAn IKTAM EA Gaya AT EDPRA-O UKOAS-T、 OKyLI IAALAI-O AQyUVS-T My XIAn. DIA EDyFOL、ADFALI SE AHLIM AUTAn IKTAM EA Buddha-E GIL EQKAZ-T。

★　２類の訳文

MEN XIAn My Sakamuni-Buddha-W IM Saka REnTR UKOAS-T EDPRA-O AT Gaya EAL NAI AUTAn IKTAM , OKyLI AQyUVS-T IAALAI-O.

DIA EDyFOL、 ADFALI SE GIL EQKAZ-T Buddha-E
EAL AHLIM AUTAn IKTAM .

（解説）
MEN = 貴方達は。PA = 1類専用の区切り助詞（文の中にある節の初めを示す
す）、IM = ～から（～出の）、Saka = 釈迦、 REnTR = 種族、 Sakamuni-
Buddha = シャカムニブッダ（仏陀のこと）、 NAI = no/not、 AUTAn = 遠い、
IKTAM = 昔、 EA (EAL) = 時を表す修飾詞で 「～の時に」、
NAI AUTAn IKTAM EA で、さほど遠くない昔に。EDPRA = 修行、 UKOAS =
続ける、OKyLI = その結果、IAALAI = 悟り、AKyUVS = 達成する、XIAn
= 思う（XIAn の主語は MEN あなた達）。この XIAn の前に、推量の助動詞
GIME（かも知れない）を置く必要はないだろう（仏陀は確実に見抜いている
で）。最初の文の主語は MEN、 動詞は文末の XIAn。この XIAn の目的節
は、一行目の Saka から 次々行の My まで。PA はその目的節がこの位置から
始まることを示す。 DIA = 親愛なる、 EDyFOL = 弟子たち、 ADFALI = 実は
（in fact）、AHLIM = 数え切れぬ、究極の。GIL = 継続の助動詞。EQKAZ = ～
になる（BIIKE は友好単語なので使わない）。-E は省略可。2 類では区切り助
詞 PA は不要。Buddha に付けた、補語を示す -E もノシロに慣れて来たら
1、2 類共に省略可。

遂に18章まで終えました。長くお付き合いを頂き本当に有難うございます。
お楽しみ頂けましたでしょうか。残る第19章は、文法と一体化した「ノシロ
基本単語のまとめ」ですから、基本単語が曖昧なときに文法辞書を引くような
気持ちで参照して頂くだけで良いでしょう。■

第19章　ノシロ基本単語（一覧表）

ノシロ文法と一体化した主な基本単語です。最重要の66語に ◎ を付す。

品詞等	基本単語		意味、注意	対応する英語
疑問詞	? 又は ESK エスク	◎	疑問文の文頭に。会話では ? や ESK を エ と発音してよい。	英語は ? を文末に置 くが、ノシロは文頭
	ENA　エナ		反語（文頭に ENA を置く）	
	ETOn エトン		付加疑問（文末に ETOn を置く）	
	HA　ハ	◎	何	what
	HI　ヒ	◎	どちら	which
	HU　フー	◎	誰（フではなくフーと読む）	who
	HE　ヘ	◎	何時（いつ）	when
	HO　ホ	◎	何処（どこ）	where
	HyA　ヒャ	◎	何故（なぜ）。語に掛る疑問助詞	why
	HyAA ヒャー		何故（なぜ）。文全体に掛る	why
	Hy　ヒュ		どんな、どれ程 （状況、様子、程度）	how
	HyE　ヒェ	◎	どのように（方法）	how
命令	YO　ヨ	◎	命令文（文頭に置く）	
	YOI　ヨイ		強い命令文（文頭に置く）	
肯定	YUP ユープ	◎	はい	Yes
	YUPn ユープン		はい（強調）	Yes, of course
否定	NAI　ナイ	◎	否定	No
	NAIn ナイン		否定（強調）	never
	NAIJE ナイジェ		誰も〜ない	no one
	NAIT ナイトゥ		誰も、何も〜ない	none
	NAITIn ナイティン		何もない	nothing
	NAWEA		何処にもない	nowhere

	ナウェア			
	NAIDE		いずれでもない	neither
	ナイデ			
	NOA ノア		いずれでもない	nor
	NAIPA		部分否定専用	no
	ナイパ			
	NAIDLI		殆ど〜ない	hardly
	ナイドゥリ			
	NAISEL		めったに 〜 しない	seldom
	ナイセル			
	NAIMOA		もはや〜ない、これ以上は〜ない	no more
	ナイモア			
挨拶	FIINA	◎	1類の挨拶。挨拶と共に、自分が	Hello/How are you ?
	フィーナ		1類の話者であることを伝える。	
	ALOO アロー	◎	2類の挨拶。挨拶と共に、自分が	Hello/How are you ?
			2類の話者であることを伝える。	
	HAU ハウ		おはよう	Good morning
	BOnSOWAA		こんばんわ	Good night
	ボンソワー			
	DAMIHI		ちょっと失礼	Excuse me (us).
	ダミヒ			
	IDyUTE		ちょっと待って	Wait a minute.
	イデューテ			
	SEAn セアン		なるほど（そうですか）	I see.
	LASII		はてな、さてどうしよう	Let's see.
	ラスィー			
	NA ナ		はい、ほらね	Here we are (go).
	MABLUK		おめでとう	Conglaturations !
	マブルーク			
	ASAnTE	◎	ありがとう	Thank you.
	アサンテ			
	KAMSA		ありがとう	Thank you very much.
	カムサ			
	PARAKAALO		どういたしまして	Not at all.
	パラカーロ			
	GUTグートゥ		良い、格好いい	Fine ! Nice !

311

ALIn アリン		格好いい	Nice！ Cool！
SMAKKLyANA スマックリャナ		お大事に。スマクリャナではなく スマックリャナ と発音する	Take care of yourself.
KWAHELI クワヘリ	◎	さようなら	Goodby
ABIAnTO アビアント		ではまた	See you soon.
BAIZA バイザ		ところで、話変わって	By the way，Well ……
WELKAM ウェルカム		ようこそ	Welcome
IZVINII イズヴィニー	◎	ごめんなさい	Sorry
IZVINIITIE イズヴィニー ティエ		申し訳ありません	I am sorry.
YEELA イェーラ		がんばれー	Go！ Come on！
QAAMO チャーモ		気楽に〜を楽しんで下さい。例： QAAMO Japan 日本を楽しんで！	Enjoy 〜． ex. Enjoy Japan！
GUTENAAS グーテナース		あなたに幸運あれ	Good Luck
GUTEPOOL グーテポール		良くなりますように	
AHA GATEE アハ ガテー		神よ、お加護を	
AHUL GATEE アフール ガ テー		宇宙の意志よ、救いを	
POONA ポーナ		可愛そうに	
SOO POONA ソー ポーナ		何と可愛そうな	
APSIAALE アスピアーレ		同情します	
KOnDOLAATI		お悔やみ申し上げます	

312

		コンドラーティと読む	
	XPAADA シュパーダ	さあ行くぞ、さあやるぞ	
	WAn NI SAM ワン ニ サム	一、二の三	
	REDII Dan レディー ダン	用意ドン	
会話構文	? PLII ME 〜	して頂けますか（最丁寧） エスクプリーメと読む	Would you please do 〜 ?
	PLII ME 〜 ◎ プリーメ	して頂けますか（丁寧）	Will you do ?
	LyPA 〜 リュパ	〜して下さい	Pls do something for me.
	YAL SE 〜 ヤル セ	〜してあげましょうか	Shall I do (for you) ?
	XAL SEN 〜 シャル セヌ	さあ一緒に〜しましょう	Shall we do ?
	LECC 〜 レッツ	さあ一緒に〜しよう	Let's do 〜.
	ASPO SE 〜 アスポ セ	〜すれば良いのですか	Am I suppose to do ?
	MAIT ME 〜 マイトゥ メ	あなたは〜した方が良いですよ	You had better do
	WADO ME 〜 ワド メ	あなたは〜すればよいのに	Why don't you do
	ESTI / ESTII エスティ	〜はいかが（提案、勧め） ESTII は エスティーと読む	How about -- ?
	YLE a b ユレ	あなたは a が b するのを 承認して下さい（承認命令）。 （注）b は動詞	Let a b (a に b させて)
	YBL a b ユブル	あなたは a に b させなさい （使役命令。例: 私にそこへ行かせ て下さい）	Let a b ex. Let me go there.
数	0 XUNyA シューニャ		0 0
	0 XUNA		0 0

シューナ			
1 WAn ワン		1	1
2 NI ニ		2	2
3 SAM サム		3	3
4 SII スィー		4	4
5 LIMA リマ		5	5
6 ZEKS ゼクス		6	6
7 SABAA サバー		7	7
8 WIT ウィトゥ		8	8
9 KOO コー		9	9
10 TIO ティオ		10	10
100 STO スト		100	100
1000 MILA ミラ		1000	1000
10000 MAn マン		10000	10000
10000 の2乗 OK オク	0 が 8個付く		100000000
10000 の3乗 TERA テラ	0 が 12個		1E+12
10000 の4乗 JIn ジン	0 が 16個		1E+16
DAI ダイ	何番目	-- th	
KARS カルス	何倍	time	
KRAn クラン	何回	time	
EI (EIL) エイ (ル)	～ごとの、ごとに （修飾詞）	every	
ISBI イスビ	～をこえる	over	
TISBI ティスビ	以上	=<	
INOL イノル	未満	<5	

314

	TINOL ティノル	以下	<=
	TEn テン	点、小数点	.
	FEn フェン	分数。 2/5 は NI FEn LIMA	/
	KRn クルン	半分。 = 1/2 = 0.5	half
	WAnNIS ワンニス	半分。 1/2 (KRn と同じ)	
	WAnSAMS ワンサムス	三分の一。 1/3	
	WAnSIIS ワンスィース	四分の一。 1/4	1/4
	WAnZ ワンズ	一体化する	
	WAnS ワンス	一体化させる、一つにする	
演算	JOO ジョー	べき、指数	
	PLS プルス	足す	
	MINS ミヌス	引く	
	KARS カルス	掛ける	
	FEn フェン	割る、〜分の	
	TOOn トーン	等号 (=)	
	DAn ダン	>	
	DAnT ダントゥ	>=	
	XAn シャン	<	
	XAnT シャントゥ	<=	
	HInTOOn	≠ (≠ がないときは *=*)	
	YAKTOOn	≒ (≒ が無いときは /=/)	
時	AHT アフトゥ	時 (変化することで実存を確保し ようとする意志、意欲)	time (universal 'will' to survive by creating changes and/or difference)
	TAIM タイム	時、時間	time period
	SAMAE サマエ	時刻	time point
	SAAL	年	year

サール

YE　イェ	月		month
NE　ネ	日		date
WIIK	週		week
ウィーク			
WIIK EnD	週末		weekend
DEI　デイ	曜		day
XI　シ	時		hour
NAATI	分		minute
ナーティ			
MyO　ミョ	秒		second
KAn　カン	～間、期間		period
PROI　プロイ	朝		morning
PROIn	午前		morning
プロイン			
TIAn	正午		noon
ティアン			
AFTIAn	午後		afternoon
アフティアン			
PROVIDE	昼		daytime
プロイデ			
PROIDEST	真昼		center of daytime
	プロイデストゥ　と読む		
AFTIAnSE	夕方、夕暮れ、黄昏		evening
	アフティアンセ　と読む		
EXTE	晩		late evening
エシュテ			
Ny'I　ニュイ	夜		night
AUDI Ny'I	深夜		deep night
	アウディ　ヌュイ　と読む		
Ny'InT	真夜中		mid-night
ニュイントゥ			
AAJI　アージ	今日		today
BUKAS	明日		tomorrow
ブーカス			
2BUKAS	明後日		dat after tomorrow

	ニブーカス		
	HTES フテス	昨日	yesterday
	2HTES	おととい	day before yesterday
	ニフテス		
	IUNAS	最近	recently
	イウナス		
	IUNAST	直近	very recently
敬称	MR, マール	MR, はノシロ式。ノシロ式では 水田 は MIZTA で良い。	MR, MIZTA SEnTARO 又は、SEnTAROO。
		MR. は英語式。英語式では Mr. Sentaro MIZUTA が最多だが 軍隊や大学では 氏名 の順も可 （右の例文の下二例）。	英語式は以下全て可。 MR. Sentaro MIZUTA Mr. Sentaro MIZUTA MR. MIZUTA Sentaro Mr. MIZUTA Sentaro
	DS, ダース	DS, はシロ式	DS, DOE Susan
		DS. は英語式	DS. DOE Susan
氏名、 他	:DOE Susan： ；New York； :UN； |conductor| _SONY_	人名は、氏、名の順で書く。 :DOE Susan： ドウ スーザン 地名 ；New York； ニューヨーク 組織名、会社名（国際連合） 専門用語 （導体） ブランド名 （ソニー）	:DOE Susan： 氏　　名 ；New York；
人称代名詞	SE　セ　◎	私は	I
	ME　メ　◎	あなたは	You
	FE　フェ　◎	かの人は	The person
	MAFE マフェ ◎	彼は	He
	DAFE ダフェ ◎	彼女は	She
	JE　ジェ　◎	誰か	One
	TE　テ　◎	それは	It
	SEI　セイ　◎	私の	My
	SEN　セヌ　◎	我々は	We
	SENI　セニ　◎	我々の	Our
	SEL　セル	私自身	Myself

	SELI セリ		私自身の	Myself's
	SENL セヌ ル		我々自信	Ourself
	SENLI セヌリ		我々自身の	Ourself's
	SEM セム		私のもの	Mine
	SENM セヌム		我々のもの	Ours
指示代 名 詞、他	TO ト	◎	これ（指示代名詞、指示形容詞）	This/this
	TON トヌ		これ等	These/these
	TOA トア		此処、ここで、ここへ	here
	TOATDE トアトゥデ		こちら側	this side
	TOT トトゥ		この時、この度	this time
	TONE トネ		この日	this day/today
	TORA		この時代	this era
	TOSA		この時刻	this time
	TOTA		この時間	this time
	TOEEL トエール		このまま	as this is
	BOI ボイ	◎	それ、あれ（指示代名詞、指示形 容詞）	that
	BOIN ボイヌ		それ等	those
	BOIATDE ボイアトゥデ		そちら側、あちら側	that side
	BOIE ボイエ		そこ、そこで、そこへ	there
	BOIT ボイトゥ		あの時	that time
	BOINE ボイネ		あの日	that day
	BOISA ボイサ		あの時刻	that time
	BOIRA ボイラ		あの時代	that era
	BOITA		あの時間	that time

318

ボイタ
BOIEEL　　　　　　　あのまま、そのまま　　　　　　as that is/as it is
ボイエール
SED　セドゥ　　　　　当該の　（指示形容詞）　　　　said/that/the
LEST　　　　　　　　形容詞や副詞の意味を極めて弱め
レストゥ　　　　　　る
LEE　レー　　◎　　形容詞や副詞の意味を弱める
FAA　ファー　◎　　形容詞や副詞の意味を強める
FAST　　　　　　　　形容詞や副詞の意味を極めて強め
ファストゥ　　　　　る
TU　トゥー　　　　　過ぎて（〜　には -- 過ぎる）　too (ex. too small)
SEIM　セイム　　　　同じ　　　　　　　　　　　　same
YAK　ヤク　　　　　約、おおよそ　　　　　　　　about/approximately
SOQI　ソチ　　　　　そんなもの　　　　　　　　　such/that
OOL　オール　　　　全て　　　　　　　　　　　　all
ANO　アノ　　　　　別の　　　　　　　　　　　　another
ANOn　アノン　　　　別のもの　　　　　　　　　　another one
AZER　アゼル　　　　他、他者、他のもの、他の　　other
IIQI　イーチ　　　　各々、一つ　　　　　　　　　each
IILA　イーラ　　　　どちらか　　　　　　　　　　either
UUBO　　　　　　　　両方　　　　　　　　　　　　both
ウーボ
XAO　シャオ　　　　少量　　　　　　　　　　　　some/few
SOM　ソム　　　　　少量　　　　　　　　　　　　some
MUQ　　　　　　　　多量　　　　　　　　　　　　many/much
ムーチュ
MST　　　　　　　　大部分、殆ど　　　　　　　　most
ムストゥ
SGL　スグル　　　　単数　　　　　　　　　　　　single
PLU　プルー　　　　複数　　　　　　　　　　　　plural
ENII　エニー　　　　どんな、如何なる　　　　　　any
KALE　カレ　　　　常に、必ず　　　　　　　　　always/ absolutely
コピュ　　RI　リ　　　◎　　〜です　　　　　　　is/ are
ラ動詞
準コピ　RIKOn　　　　　　〜から成る、　　　　　　　consist (vi) of　の

319

ュラ動詞	リコン		～からできている	'of ' は AJ/AJL
存在動詞	RIZ　リズ		存在する	exist/be
容認動詞	LEEN　レーヌ		～させる、～させておく	let
使役動詞	BLE　ブレ	◎	～させる	causative vb (have)
	BLU　ブルー		～させる（BLE より丁寧）	causative vb (polite)
受け身動詞	G H　グフ		～される、～してもらう	get (have) + O + done
仮定動詞	IYXS　イユシュス		事実に反する事を望む	wish
代動詞	DU　ドゥー		～する（一般動詞でもある）	verb (do)/proverb (do)
準動詞	M（動詞-M）ム		ということ（動名詞）	verb + ing (gerund)
	D（動詞-D）ドゥ		かどうか	whether / if
	K（動詞-K）ク		～する（動形容詞。名詞を修飾する限定用法）。日本語の連体形	
	KE（動詞-KE）ケ		という状態（動形容詞。補語となる叙述用法）	
助動詞	GIKA　ギカ		～してもよい（許可）	may
	GIKI　ギキ		～した方が良い（強い勧め）	had better do
	GIK　ギク		～するぞ（意思、決意）	will (resolution)
	GIKE　ギケ		今にも～しそう	be about to do
	GIKO　ギコ		～し終わったところ（完了）	just completed
	GILA　ギラ		～したことがある（経験）	experience
	GILI　ギリ		～に違いない	must (sure)
	GILU　ギルー		ずっと～している（継続）	continuity
	GILE　ギレ		喜んで～する	glad to do
	GILO　ギモ		思いきって～する	dare to do
	GIMA　ギマ	◎	～できる（可能）	can
	GIMI　ギミ		～すべき（義務、当然）	should
	GIM　ギム		～せねばならない（強い義務）	must (obligation)
	GIME　ギメ	◎	～かも知れぬ	may

320

	GIMO　ギモ	〜の筈（当然、理論的に）	should, naturally
	GINA　ギナ	以前は逆だが	though opposite before
	GINI　ギニ	以前は中立だが	though nutral before
	GISA　ギサ	業として、いつも	occupation
	GISE　ギセ	〜しがち、傾向的にし易い	likely to do
	GIVA　ギヴァ	いやいや〜する	unwillingly do
	GIVI　ギヴィ	〜せざるを得ない	can't help doing
	GIVLI　キヴリ	動作が及ばない（蹴ったが相手に当たらなかった）	action doesn't reach to the object
	GIVn　ギヴン	空しく〜する（〜したが徒労に終わる）	do in vain
	GIVOI　ギヴォイ	ひょっとしたら 〜 かも知れぬ	might (least probability)
	GIUD　ギウドゥ	謙遜、丁寧	would
	GITT　◎　ギットゥ	帰結文中に置いて事実と反対の事を言う(英語の仮定法過去、過去完了)	
要素助詞	W　ワ（主語-W）	名詞節（主節と従属節）と修飾節（形容詞節と副詞節）中の主語。〜は、〜が（-W）	subject marker
	O　オ（目的語-O）	名詞節（主節と従属節）中の目的語。〜を、〜に（-O）	object marker
	E　エ（補語-E）	名詞節(主節と従属節)中の補語（-E）。（注）あまり使われない	comple. marker
	L　オル（目的語-L）	修飾節（形容詞節と副詞節）中の目的語。〜を、〜に（-L）	obj marker in modif. cl.
	Q　エチュ（補語-Q）	修飾節(形容詞節と副詞節)中の補語（-Q）。（注）あまり使われない	comple. mark in modif. cl.
追加助詞	SLE　スレ	〜も（前置）	also (pre positioned)
	MO　モ	〜も（後置）	also (post positioned)
省略助詞	-ui　ウイ	等々（主に、名、動に後置）。閉鎖子音の後に -ui を置く。	etc./and so on (= -mn)
	-mn　ムン	等々（主に、名、動に後置）。母音	etc./and so on

			の後に -mn を置く。			(= -ui)
先(後)行詞助詞	An	アン		先行詞や後行詞の語頭に置くので先行詞助詞、後行詞助詞と呼ぶ (1、2類で共通)。		
区切り助詞	PA	パ		1類用		
	ZA	ザ		2類用		
強調助詞	VI	ヴィ		強調（語を強調するとき使う）		
	VII	ヴィー		強調（句や節を強調するとき使う）		
疑問助詞	HyA	ヒャ		なぜ（疑問詞として既出）		
時制助詞	T	タ	◎	過去（-T）		
	R	レ	◎	未来（-R）		
進行助詞	In	イン	◎	進行（-In）		
態助詞	ZE	ゼ	◎	受動態（-ZE）		
連結助詞	<	ン		1類用（例、歌う < したい）日本語なら「歌いたい」となる。		
	>	ン		2類用（例、want > sing）		want to sing
変換助詞	TI	ティ		元の語を名詞に変換する		
	En	エン		同上		
	NA	ナ		形容詞に変換		
	BL	ブル		同上		
	ILU	イルー		(動詞を) 形容詞か副詞に変換		
	S	ス		他動詞に変換		
	P	プ		同上		
	Z	ズ		自動詞に変換		
	B	ブ		同上		
譲歩助詞	HRA	フラ		どんな～であろうと		
	CRA	ツラ		～次第		up to
	NRA	ヌラ		～だとしても		

	VRA	ヴラ	～さえ	even
尊敬助詞	JIA	ジア	尊敬、丁寧（主に、名詞、代名詞の語頭に置く）	
	LA	ラ	尊敬丁寧（主に動詞の語頭に置く）	
放置助詞	BBU	ブブー	～のままにする、のままになって（動詞の語尾が B なら DDU）	regrettably
接頭語	AAP-	アープ	超～	super-, meta-, ultra-
	BA-	バ	～しそこなう （～しそこない）	fail(ure) to (do)
	DE-	デ	逆～	de-, un-, non-
	DEP-	デプ	不可能	un-
	EL-	エル	自己～	self--
	EQU-エチュー		有～	
	GO-	ゴ	～ごとに(の)。修飾詞 EL/EIL も可	every ～ （GO-2NE で2日ごと、即ち1日置き = every 2 days)
	HAn-	ハン	反～、抗～	un-, anti-
	HI-	ヒ	被（動作を受ける人）	
	HIn-	ヒン	非～	de-, un-
	HL-	フル	防～	anti-。HAn より弱い
	IBn-	イブン	無～	
	IYNI-	イユニ	要～、必要～	形、名詞でもある
	KA-	カ	可能な～、疑い	possible-
	KOI-	コイ	共～	co- (共学、共分散)
	KRn-	クルン	半～、半分ほど、部分的	
	LEIT-レイトゥ		故～	
	LIM-	リム	最～、最も	L-形容詞、でも良い
	MI-	ミ	未～、未だ(否定、肯定共に使う)	not yet
	MTO-	ムト	元～	former-, ex-
	NAn-	ナン	難～	very hard-
	OLE-	オレ	過（小、少）	less (=LEE)
	OOL-	オール	全～	all-
	OVR-	オヴル	過（多、大）	over (=FAA)
	PAX-	パシュ	部分的～	partial-

	POS- ポス	以後の〜	post-
	SAI- サイ	再〜	re-
	XIn- シン	親〜	pro-
	ZEn- ゼン	前〜	pre-
接尾語	AT アットゥ	場所、〜場	place/large facility
	AA アー	行為者	one who do (act)
	II イー	被行為者	one who was done
	FAn ファン	愛好家	mathematics fan
	ILT イルトゥ	専門家を目指す人	who aim to be mathe.
	IST イストゥ	専門家	profes. mathematician
	ISM イスム	〜主義	ex. socialism
	IUE イウエ	〜最初、優先	
	IULA イウラ	〜最後	
	JIn ジン	〜主義者	ex. capitalist
	In イン	〜中（修飾詞も可）	ex. AKyRAK-In = under construction
	VIL ヴィル	〜化	Finlandization
	NAE ナエ	〜無し	-less
構成詞	OnD オンドゥ ◎	そして、及び	and
	OnP オンプ	そして、及び	
	OnS オンス	そして、及び	
	OA オア ◎	又は	or
	OAP オアプ	又は	
	OAS オアス	又は	
	OI オイ	又は	
	OIP オイプ	又は	
	OIS オイス	又は	
	OU オウ	又は	
	OUP オウプ	又は	
	OUS オウス	又は	
	NOA ノア	いずれでもない	nor
	OENI オエニ	それゆえ	therefore
	OERA オエラ	しかし他方では	

324

	OKyLI オキュリ		その結果	
	ONEVI オネヴィ		それにも拘わらず	
	On　オン		〜 対 − （交換。例：1米ドルにつき 108円）	
	OnJ　オンジュ		〜しながら -- する	while S + do (ing) and do
	OOZ　オーズ		何故ならば	because
	ORIE　オリエ		加えて、更に	
	OST オストゥ		そして（複数の行為が同時にスタート）	
	O2ST オニストゥ		そして（同時にスタートし同時に終わる）	
	OTO　オト		〜と -- の対称。 例：美と愛の対称	
	OTT オットゥ	◎	しかし	but
	OV　オヴ		〜 対 --（例：巨人 対 阪神）	vs
	OZK　オズク		その場合には（前文を受けて次の文に繋ぐ）	
	OZn　オズン		それから、その後、すると	
	OZUn オズーン		その後しばらくして	
修飾詞 （名詞、 代名 詞、動 名詞と 結合	AB / ABL アブ/アブル	◎	〜について	about
	AC / ACL アツ/アツル		〜の代わりに	instead of
	AD / ADL		〜に拠れば	according to
	AE / AEL	◎	〜を除いて	except for
	AF / AFL	◎	〜の後の、後で（時）	after
	AG / AGL	◎	〜に対抗して	against
	AI / AIL		〜までには（期日、期限）	by
	AJ / AJL		〜から（成る）、	consist of の 'of' に

		～で（できている）	相当
		アジュ/アジュル と読む	
AK / AKL		～を横切って	across
AL / ALL		～があれば、～が居れば	with (by existance of)
AM / AML		～の間の、間で	among, between
AN / ANL		～と比べて	compared to
アヌ/アヌル			
AO / AOL		～の上の、上で	above
AP / APL		～の向かい側の、向かい側に	opposite
ARP / ARPL		～の周りの、周りに	around
		アルプ/アルプル と読む	
AS / ASL		～以来の、以来	since
AT / ATL	◎	～で（場所）	at, in
AU / AUL		～を通る、通りぬけて	through
AX / AXL		～の割りには	considering
		アシュ/アシュル と読む	
AY / AYL	◎	～による、～によって（手段）	by, with
アユ/アユル		（受動態の文で頻出する）	
AZ / AZL		～としての（同格候補、可能性）	as
IA / IAL		～を経由した、～を経由して	via
IB / IBL		～の側（そば）の、～の側で	by
IC / ICL	◎	～までの、～まで（或る時点まで	until, upto
イツ/イツル		の動作や状態の継続）	
ID / IDL		～のせいの、～のせいで、なので	because of / due to
IE / IEL		～という単語中の文字や音声	
IF / IFL		～に関する限り（他はともかく）	as far as concerned
IG / IGL		～上手な、～上手に	good in
IK / IKL		～の前の、前で	in front of
IL / ILL	◎	～に似た、～のような、～ように	like, as
イル/イッル			
IM / IML		～からの、～から	from
IN / INL		～の中の、の中で	in, inside
イヌ/イヌル			
IO / IOL		～の利益の為の、為に	for, for the sake of
IP / IPL		～に並行した、～に並行して	parallel to

IRP / IRPL	〜の後ろの、後ろで イルプ/ルプル と読む	behind, back of
IS / ISL	〜の外の、の外で	outside
IT / ITL	〜の中へ	into
IU / IUL	〜の最中の、〜の最中で	in the midst of
IX / IXL	〜への途中の、〜への途中で イシュ/イシュル と読む	via (at the way of N.Y.)
IY / IYL イユ/イユル	〜に加えての、〜に加えて	in addition to
IZ / IZL ◎	〜と共に、〜付きの、〜と一緒の	with
UA / UAL	〜にとって（例、彼にとって難しい）	to 〜（ex. good news UAL him）
UB / UBL ◎	〜の（所属）	of
UC / UCL ◎ ウツ/ウツル	〜無しの、無しで	without
UD / UDL	〜下の、下で（数量、程度、位置）	under ex. 5 UD 自然数 = 4, 3, ...（5より小さい自 然数）. ex. 机 UD 猫 （机下の猫）
UE / UEL	〜に（驚く、怒る、喜ぶ）	at, with（喜怒哀楽の原 因）
UF / UFL	〜から離れた、離れて	off
UG / UGL	方位角度で	at
UJ / UJL	〜の姿で、〜の状態で ウジュ/ウジュル と読む	in 〜 ex. 素足で歩く、制服 で（通学する）
UK / UKL ウク/ウクル	〜という、〜としての、〜である 例：シカゴ市長 UK （シカゴ市長として）。 2類は UKL mayor of Chicago	as / of as mayor of Chicago
UL / ULL ウル/ウッル	〜に似ず、とは異なり	unlike
UM / UML	〜以内の、以内で	within
UN / UNL ウヌ/ウヌル	〜に接する、接して、の上に	on ex. 天井 UN 蜂 （天井に泊まっている

327

	コード		意味	英語
	UO / UOL	◎	～以前の、～以前に（時）	before
	UP / UPL		～に基づいた、～に基づいて	upon
	URP / URPL		～の間の、～の間に（期間）ウルプ/ウルプル	during
	US / USL		～だけど、～に反して	despite
	UT / UTL	◎	～の方向の、～の方向へ	to
	UU / UUL ウー/ウール		～に続く、～に続いて	next to
	UX / UXL		～になりすまして ウシュ/ウシュル と読む	in the disguise of
	UY / UYL ウユ/ウユル		～の先（以遠）の、～の先（以遠）に	beyond
	UZ / UZL		～の他の、～の他に	besides
	EA / EAL	◎	～の時の、時に	at（省略可能な場合も）
	EB / EBL		～には、～のは	for / to不定詞
	EC / ECL エツ/エツル		～ほどの、～ほどに	as / to不定詞
	ED / EDL		～のための、～を求めて	for / seeking
	EE / EEL		～を相手の、～を相手に	
（名、代動、形副と結合）	EF / EFL	◎	もし ～ ならば	if
	EG / EGL		もし ～ ならば	if and only if (= iff)
（名、代動名詞と結合）	EI / EIL エイ/エイル		～ごとに、～の度に	every ～。接頭語の GO- も可
	EJ / EJL エジュ/エジュル		～の行為と共に、他の行為	with, as, while
	EK / EKL		～ と仮定しての、～と仮定して	suppose ～
	EL / ELL エル/エッル		～ の限り、～する限り	as long as
	EM / EML		あたかも ～ のような （に）	as if
（名、代	EN / ENL		たとえ ～ でも、 ～としても	even if

動、形 副と結 合)	エヌ/エヌル			
(名、代 動名詞 と結合)	EO / EOL		〜にあたる、〜に対応する	for, to
	EP / EPL		〜に応えて（の）、〜に反応して	reply to
	ERP / ERPL		〜と別に、〜に関係無く エルプ/エルプル と読む	regardless of
	ES / ESL		〜へ行く途中の、〜への途中で	
	ET / ETL		〜を棚上げした、して、 脇に置いて	
	EU / EUL		〜に沿った、に沿って、に順じて	in accordance with
	EX / EXL		〜のもとで エシュ/エシュル と読む	
	EY / EYL エュ/エユル		〜を含めた、〜を含めて	including
	EZ / EZL		〜の場合の、〜の場合に	
修飾詞 (動詞と 結合)	BI / BIL ビ/ビル	◎	〜するには、〜するのは （副詞用法のみ）	to不定詞
	CI / CIL ツィ/ツィル		〜する程、〜する程の （形、副、二つの用法）	so 形容詞 + as + infinitive
	DI / DIL ディ/ディル	◎	〜するための、するために （形、副、二つの用法）	to不定詞
	FI / FIL フィ/フィル		もし〜なら	if
	GI / GIL ギ/ギル		もし〜なら（排他的）	iff （only if）
	JI / JIL ジ/ジル		〜しながら、別の〜する中で	while, as
節理詞 (修飾詞 に由来 しない)	My　ミュ	◎	ということ 名詞節を導く	that
	Dy　デュ		かどうか 名詞節を導く	whether
	Ky　キュ	◎	ところの	that/who/which

329

			形容詞節を導く	
	XU　シュー	◎	ところのもの	what
節理詞	UUK / UUKL		形容詞節を導く	
			という（同格）。	同格の that
（修飾詞	ウーク/		形容詞節を導く	
に由来	ウークル			
する）				
	AAB / AABL		〜ということについて	
	AAC / AACL		〜ということの代わりに	
			アーツ/アーツル　と読む	
	AAE / AAEL		〜ということを除いて	
	AAF / AAFL		〜の後で、に	
	AAG / AAGL		〜に対抗して	
	AAI / AAIL		〜までには（期日）	by the time
	AAN / AANL		〜ということと比べて	
			アーヌ/アーヌル　と読む	
	AAS / AASL		〜以来	since/since then
	AAT / AATL		〜で（場所）	
	AATTI /		〜する場所	
	AATLTI		アーッティ/アートゥルティ	
	AAU / AAUL		〜によって	
	IIC / IICL		〜まで（将来時（点）までの動作	until
			の継続。イーツ/イーツル　と読む	
	IID / IIDL		〜という理由で、〜なので	because/since
	IIE / IIEL		〜に関する限り	
	IIF / IIFL		〜については	
	IIL / IILL		〜のような、〜のように	like, as
	IIM / IIML		〜から	
	IIN / IINL		〜ということの中に	
			イーヌ/イーヌル　と読む	
	IIRP / IIRPL		〜の後ろに	
			イールプ/イールプル　と読む	
	IIY / IIYL		〜に加えて	
			イーユ/イーユル　と読む	
	IIZ / IIZL		〜と一緒に	with

UUC / UUCL	◎	～無しで	without that S + V
		ウーツ/ウーツル と読む	
UUO / UUOL		～の前に	before
UUP / UUPL		～に基づいて	
UURP/		～する間に	
UURPL		ウールブ/ウールプル と読む	
UUS / UUSL		～だけれども	
UUY / UUYL		～以遠に	
		ウーユ/ウーユル と読む	
UUZ / UUZL		～の他に	
EEA / EEAL		～する時の、時に	
EEATI/		～する時	
EEALTI		エーアティ/エーアルティ と読む	
EEB / EEBL		～するには、～するのは	
EEC / EECL		～する程の、～する程に	
		エーツ/エーツル と読む	
EED / EEDL		～するための、～するために	
EEF / EEFL	◎	もし～なら	if
EEG / EEGL		もし～なら（排他的）	if and only if (= iff)
EEJ / EEJL		～しながら、別の～する	while, as
EEK / EEKL		～と仮定して	
EEL / EELL		～する限り	
EEM / EEML		あたかも～のような（に）	
EEN / EENL		たとえ～でも、仮に～としても	even if
EEP / EEPL		～するにつれて、～に呼応して	
EERP/		～に拘わりなく	
EERPL		エールブ/エールプル と読む	
EET / EETL		～を棚上げして	
EEY / EEYL		～を含めて	
		エーユ/エーユル と読む	
EEZ / EEZL		～する場合に	
EEZTI/		～する場合	
EEZLTI		エーズティ/エーズルティ と読む	

節理詞 （修飾詞	ALES アレス	もし～しないなら、 ～ではないなら	unless

に由来

しない)

	NVAL ヌヴァル	〜しないように	so that one do not
	NVEE ヌヴェー	〜できないように	so that one can not do
	PLA　プラ	〜するために	
	PLI　プリ	〜する程に	
	PLP　プルプ	〜するには	
	PLE　プレ	〜する時に	
	PLO　プロ	〜するにつれて、に反応して	
	PEECA ペーツァ	〜して初めて -- する	
	PEEN ペーヌ	〜を棚上げして	
	SZA　スザ	〜から見て、〜からすると	Seeing that 〜
	TWA　トゥワ	〜を含めて	
	TWI トゥウィ	〜する場合に	
	YUD ユードゥ	〜するように	so that one do
	YUM ユーム　◎	〜できるように	so that one can do
副/助詞	AnC 〜 アンツ	〜よりも（AnC 〜 RAAZA -- ） 用の助詞（〜 よりも -- を）	than/compared to
副/助詞	RAAZA 〜 ラーザ	むしろ 〜（AnC 〜 RAAZA -- ） 用の助詞（〜 よりも − を）	rather/would rather
自然詞	AA　アー	あー	Ah
	OO　オー	おー	Oh
	SOO　ソー	それ程、そんなに、非常に	so

【注】修飾詞の中、読み方が明白なものには フリガナ を省略しました。又、
2列目のスペースが狭いので、4列目に読み方を書いた場合もあります。
【注】3類の挨拶語は SALAM サラム を予定しています。

19章（最終章！）はこれで終わりです。お楽しみ頂けましたでしょうか ？
読者各位には最後までお付き合いを頂き誠に有難うございました。■

（後記）　読者各位には、恐らく第８章辺りまで読み進んだ段階で、公平で合理的な国際言語は夢ではなく、「こうして現にでき上がっている」のだということを実感して頂けたと思います。然し、念のために申し上げますが、私達は世界の defacto standard となっている英語を恨んだり英語学習に反対してはいけません。世界中の最先端の知識が英語で発表されるだけでなく、殆どの国際取引や国際協力は英語を使って行われていることをお忘れなく。この現実を無視したら国際社会で忽ち干上がって損をしてしまいます。

．．．それでも、やはり現代の言語世界の不公平感は私たちの心に残ると思います。歴史を振り返ると、何によらず不公平や不合理は少しづつ改められて来たと思います。私は言語だって当然にそうだと思います。公正や公平は大切だと考える人々や、時代の先を見抜かなければならない「社会のリーダー」に成ろうとする人は、この事を常に頭に置いておくべきではないでしょうか。

ノシロ語の学習と言っても、呆気ないほど簡単ですから、殊更に気構える必要は無く、長い時間を割く必要もありません。暇な時や、これは面白いと思った時だけやってみて下さい。最初はゲーム感覚や遊び心で、友人同士ノシロ語で挨拶してみたり、２類の文を書いてみることをお勧めします。２類は合理化された英語のようなものですから（３単のＳも、冠詞も、動詞や形容詞の不規則変化も、クジラ文も有りません）、２類を利用した新英作文（準英作文と言うべきか）は楽しい言語ゲームになると思います。更に、英語に限らずどの自然言語を学ぶ場合でも、先んじてノシロ語をやっておけば、公平性や合理性という視点から、その言語を冷静に見ることができるようになる筈です。

今一度、本書を手にして下さった読者各位に対し敬意を表し、深く厚くお礼を申し上げます。いつの日か公平でより合理的な言語世界が実現されることを祈りつつ筆を置きましょう。読者各位のご健勝をお祈り致します。

水 田 扇 太 郎　令和５年夏（２０２３年）

（著者略歴）1947 年東京生まれ。法政大工学部卒、加州大経済学修士課程卒、ＮＹ市大経済学博士課程中退。住商機電貿易、住友商事、日本板硝子、NSG-America 等に勤務。長く海外業務に携わる傍ら普遍言語作りに取り組む。

新ノシロ語
国際普遍言語は可能だ

2023 年 9 月 10 日　初版第 1 刷発行

著　者　水田扇太郎
発行者　谷村勇輔
発行所　ブイツーソリューション
　　　　〒466-0848 名古屋市昭和区長戸町 4-40
　　　　TEL：052-799-7391 / FAX：052-799-7984
発売元　星雲社（共同出版社・流通責任出版社）
　　　　〒112-0005 東京都文京区水道 1-3-30
　　　　TEL：03-3868-3275 / FAX：03-3868-6588
印刷所　モリモト印刷